最新 HR 疑难问题解决方案

左祥琦　许佳琦 / 著

法律出版社

图书在版编目(CIP)数据

最新HR疑难问题解决方案/左祥琦,许佳琦著.—
北京:法律出版社,2013.9
ISBN 978-7-5118-5356-1

Ⅰ.①最… Ⅱ.①左…②许… Ⅲ.①劳动法—案例—
中国 Ⅳ.①D922.505

中国版本图书馆CIP数据核字(2013)第213927号

最新HR疑难问题解决方案	左祥琦 许佳琦 著	责任编辑 刘秀丽 装帧设计 马 帅

开本 720毫米×960毫米 1/16
印张 19.75 **字数** 238千
版本 2013年9月第1版
印次 2013年9月第1次印刷
出版 法律出版社
编辑统筹 独立项目策划部
总发行 中国法律图书有限公司
经销 新华书店
印刷 廊坊市精彩印刷有限公司
责任印制 张建伟

法律出版社/北京市丰台区莲花池西里7号(100073)
电子邮件/info@lawpress.com.cn
销售热线/010-63939792/9779
网址/www.lawpress.com.cn
咨询电话/010-63939796/9632

中国法律图书有限公司/北京市丰台区莲花池西里7号(100073)
全国各地中法图分、子公司电话:
第一法律书店/010-63939781/9782
西安分公司/029-85388843
重庆公司/023-65382816/2908
上海公司/021-62071010/1636
北京分公司/010-62534456
深圳公司/0755-83072995

书号:ISBN 978-7-5118-5356-1
定价:48.00元
(如有缺页或倒装,中国法律图书有限公司负责退换)

前　言

许多用人单位反映,涉及劳动法领域的图书,尽管随处可见,但能真正解决 HR 实际问题的图书却少之又少。特别是当遇到 HR 难题时,再想找一本可以借鉴的图书,更是难上加难。在当今的中国企业中,由于劳资双方的利益冲突越来越大,因此劳资博弈氛围也越来越浓。虽然用“道高一尺,魔高一丈”来形容劳资博弈不是很恰当,但因劳动者维权意识,特别是群体维权意识的提高,使得资方代表——企业管理者们在处理一些疑难劳资问题时,往往会感到束手无策。

本书的出版目的,正是为了帮助用人单位厘清劳资冲突背后的症结所在,从实务操作的角度,帮助用人单位出谋划策,找到可行且有效的疑难问题解决方案,促进劳资合作关系朝着平稳与和谐的方向发展。

本书作者是劳动法实战专家,书中凝聚了其常年为世界 500 强企业担任 HR 法律顾问、解决疑难劳资纠纷、辅导企业裁员、处理罢工事件等方面的成功经验。其中【典型现象】画龙点睛式地提出 HR 工作中遇到的难题。而【案例展示】所讲述的一个个鲜活案例,会让您感到似曾相识,就像发生在您身边的故事,作者借此引出所要探讨的 HR 疑难问题;在【追本溯源】环节,作者带您追溯问题产生的根源,并探明每个劳资冲突症结所在，以便对症施策；在【专家锦囊】中，作者从实战的角度，针对相应的 HR 疑难问题，给出具有可操作性的解决方案，包括：问题处理思路或原则，解决问题的方式、方法，操作注意事项等；最后通过【法条重现】进一步让您加深对相关法律规定的印象与理解。

另外，本书以最新劳动法律法规，如修订后的《劳动合同法》、《劳动争议调解仲裁法》、最高人民法院关于审理劳动争议案件的最新司法解释，以及各地法院最新出台的处理劳动争议案件指导意见或当今司法实践中的通行做法等，作为参考依据，深刻地解析在当今新形势下，作为用人单位管理人员，应该采取哪些措施和方法预防和妥善处理劳资疑难问题，避免劳资危机的出现。

本书的读者对象主要包括如下人员：(1)用人单位总经理、副总经理、人力资源总监或副总监、法务总监或副总监等高级管理人员；(2)用人单位人力资源经理(主管)、法务经理(主管)，以及其他相关部门的经理(主管)等中层管理人员；(3)用人单位人力资源部门负责招聘、薪酬福利、员工关系及劳动争议处理等方面的管理人员；(4)企业工会干部、法律顾问、劳动争议调解员等；(5)负责处理劳动争议案件的法官、仲裁员、律师、法律工作者等；(6)劳动行政部门的公务员、劳动监察员、主攻劳动法、劳动关系或人力资源专业的学生，以及其他致力于研究劳动法或人力资源管理的人士。

目 录

第一单元　招　　聘

☞ 知情权与隐私权如何平衡?

典型现象

招聘面试可以涉及这样的个人隐私吗?

用人单位在与劳动者订立劳动合同前(即招聘过程中)基于本单位的人才录用标准和人力资源管理的需要,有必要了解劳动者是否能胜任本职工作,这样用人单位就享有了知悉劳动者与应聘职位相关的私人信息的权利,此种权利受到法律的承认和保护。例如,用人单位在签订劳动合同前可以了解劳动者的从业经历、学历等。而用人单位在行使知情权了解劳动者有关信息时可能涉及劳动者的隐私,此时用人单位知情权便与劳动者隐私权发生冲突。用人单位怎样恰当地行使知情权而不侵犯到劳动者的隐私权,就成了用人单位管理者应掌握的必备工作技巧。下面案例中,单位的面试官问应聘女孩子的“三围”以及是否有男朋友等涉及个人隐私的问题,是否侵害了应聘女生的隐私呢?

案例展示

岳某,女,是某高校应届毕业生。最近,她和其他同学一样,正在为自己毕业后的就业问题发愁。

一天,经学校推荐,她来到某合资企业进行面试。

凭着自己的实力,岳某一路过关斩将,直到最后一关:与部门负责人(一位中年男考官)单独面谈。应聘时常遇到尴尬的事件以前媒体曾多次报道，同寝室的室友也曾遇到过类似的事情，于是警觉性很高的岳某便带上自己的微型录音机，对面试过程偷偷进行了录音。

经过几个一般性的提问后，中年男考官突然问道："你有男朋友吗?"这个问题让岳某有些措手不及，不知如何回答才能让考官满意。想了一下，她决定硬着头皮据实回答："有。"男考官似乎很热衷这类话题，接下来的一系列问题让岳某心慌脸热："你赞成婚外性行为吗?""你现在与男朋友过同居生活吗?""今后如果客户对你提出一些非分要求，你为了不得罪客户，应怎样应对呢?"面对不断的发问和男考官那咄咄逼人的眼光，岳某只能无奈地搪塞应付。对岳某的回答，男考官显然不太满意。接下来，意犹未尽的考官又问起岳某的胸围、腰围和臀围(俗称"三围")尺寸是多少，对于考官的这类问题，岳某心里早已厌烦透了，但为了不得罪考官，以免丧失被录用机会，岳某忍着屈辱说出了自己的三围尺寸。没想到，考官居然从自己的办公抽屉里拿出一个皮尺，要亲自测量核实一下岳某的"三围"。实在无法忍受的岳某，十分恼怒地抓起背包，冲出了面试办公室。

想到自己的应聘遭遇，岳某仿佛被人强迫吞下一只苍蝇，难受至极。于是，凭借手里的录音资料，将这家企业的行为通过媒体曝了光。同时，以自己的隐私权受到侵害为由，岳某把这家企业和那个面试考官一起告上了法庭。

该案例引出的问题是：难道用人单位可以利用招聘的机会，随意询问或了解求职者的一切情况或信息吗？为了缔结劳动合同，在与劳动者建立劳动关系之前，用人单位可以了解求职者的哪些情况和信息？不可以了解哪些情况和信息？

追本溯源

知情权和隐私权的由来

与一般民事合同一样，劳动合同的订立需经过双方充分协商，并在协商一致的基础之上订立。而一旦订立，非经双方协商变更或法定原因，一般不得变更合同内容、解除合同或终止合同的履行。因此，订立劳动合同是一件非常严肃的事情。为了使劳动合同当事人在缔结劳动合同时，能够对对方有一个比较全面的了解，避免或减少今后劳动争议的发生，《劳动合同法》对当事人在缔约过程中的知情权作出了规定。所谓知情权，简单地说，就是指劳动合同当事人了解有关信息的权利。

《劳动合同法》规定，在用人单位招用劳动者时，用人单位有权了解劳动者与劳动合同直接相关的基本情况，劳动者应当如实说明。这一规定，说明用人单位在和劳动者缔约过程中享有知情权。这里所说的知情权也是有限制的，用人单位只能了解劳动者与劳动合同直接相关的基本情况，除此之外，用人单位无权过问劳动者的其他个人情况。

隐私权是自然人保守自己的生活秘密不被他人知道的、与公共利益无关的私人私密的权利。在我国，法律明确规定保护隐私权。比如，2009 年 12 月 26 日公布、自 2010 年 7 月 1 日起施行的《侵权责任法》第 2 条规定："侵害民事权益，应当依照本法承担侵权责任。本法所称民事权益，包括生命权、健康权、姓名权、名誉权、荣誉权、肖像权、隐私权、婚姻自主权、监护权、所有权、用益物权、担保物权、著作权、专利权、商标专用权、发现权、股权、继承权等人身、财产权益。"

著名思想家孟德斯鸠曾经说过："一切有权力的人都容易滥用权力，这是万古不易的一条经验。有权力的人们使用权力直到遇到有界限的地方才休止。"在现代社会中，权利与权利的冲突是一种较为普遍的现象。之所以会出现这种现象是由于权利之间的相互性。权利之间的相互性指的是人们在充分自由活动的空间，两个权利间无法找到一个互不侵犯的界限。依据用人单位知情权，用人单位希望知道自己员工更多的事，这其中就难免涉及劳动者不愿意他人知道或他人不便知道的信息。而作为劳动者，自然不愿他人了解或干涉个人私事。隐私权则赋予了劳动者保护自己私事不被他人知道的权利，于是在劳动者隐私权与用人单位知情权之间不可避免地产生了矛盾与冲突。

当今的现实情况是，劳动者希望通过采用劳动者隐私权保护，在自己与用人单位之间具有一定人身依附性的雇佣关系之时，为自己保留一片属于自己的天空，进而维护自己作为人的尊严。而对用人单位而言，却希望对自己员工了解得越多越好，哪怕是劳动者不愿他人知道或他人不便知道的那些信息、劳动者不愿他人干涉或他人不便干涉的个人私事和劳动者不愿他人侵入或他人不便侵入的个人领域，他们认为这样做有利于全面评价劳动者，做到知人善用。也就是说，从劳动者的角度看，他们要求私人生活和私人空间不受他人非法干扰，借此获得心灵的安宁，保持人格的独立与尊严。从用人单位的角度看，劳动者本身就是用人单位的重要财富之一，劳动者素质的高低直接影响其经济效益的好坏，因此他们要求全方位了解劳动者。

可见，劳动者隐私权与用人单位知情权在本质上是冲突的。两者都是受法律保护的正当权益，都体现了社会公共政策的需要。过分强调劳动者隐私权将导致企业经营管理秩序混乱、效率低下、缺乏市场竞争力；而对用人单位知情权的保护过多又会导致法律无视劳动者的基本人权和人格尊严局面的产生。如何协调两者的矛盾成为立法者不得不面对的两难选择。在现实生活中用人单位侵犯劳动者隐私权的案例日益增多，而这两种权利都是法律应当保护的权利，这就造成司法实务机关在审理案件时左右为难，而隐私权事关一个人的尊严，处理不好就有可能造成社会的不稳定，因此协调好劳动者隐私权与用人单位知情权的冲突与矛盾显得十分重要与迫切。

☆ ‖ 专家锦囊

招聘单位怎样操作才能充分行使知情权且不侵犯个人隐私？

（一）在法律允许的范围内，了解并核实求职者的相关情况

用人单位首先应该懂得，由于劳动关系是隶属关系和平等关系的矛盾综合体，用人单位为了与劳动者缔结劳动关系，在建立劳动关系的协商过程中，以一定方式了解劳动者与劳动合同直接相关的基本情况，是理所当然的，也是合法的。我国法律目前对个人隐私的保护是有限度的，个人隐私被局限在合法的、合乎公共道德准则和社会需要

的范围内。在劳动者求职或者应聘的过程中，劳动合同尚未成立，劳动关系尚未建立，因此劳动者的隐私披露义务是一种先合同义务。这些义务包括一定的信息披露义务，比如劳动者的身体健康状况、工作经历、知识技能和职业操守等情况。换句话说，用人单位在与劳动者订立劳动合同前基于本单位的人才录用标准和人力资源管理的需要，往往会了解劳动者与应聘职位相关的私人信息，诸如以往的从业经历、学历等，以便初步判断劳动者是否可以胜任本职工作。

建议用人单位在与劳动者建立劳动关系之前，应充分利用知情权，了解该劳动者的健康状况、学历、以前的工作经历、专业知识和工作技能等与从事具体工作有关的情况。不但如此，还应在决定录用该劳动者之前，对其所提供的上述主要信息进行必要的核实与审查。其实，这种核实与审查是对用人单位知情权享有和保障的有效环节，也是要求劳动者履行告知义务的必要手段。一些企业常常因为省事而不愿花时间对拟招人员进行必要的录用审查以证实其提供的信息是否真实和准确。为此，由于劳动者在出身、学历、工作经历等方面造假，欺骗企业，误使企业招聘并由此给企业造成损失的案例不在少数。尤其是对于高薪聘用的高层管理人员，录用审查就显得更为重要，否则就会出现人财两空，甚至影响企业正常生产经营活动。此时，即使企业依法采取解除劳动合同的方式维护自身权益，但对企业而言，招聘工作实际是失败的。目前，用人单位采用下列手段，了解并核实劳动者的相关信息，都是合法的，且不构成对劳动者隐私权的侵害：

(1)在国家高等教育官方网站上，利用“《中国高等教育学历认证报告》网上查询系统”检索查询，拟录用劳动者所提供学历证明的真实性。

(2)给劳动者以往的工作单位发出《背景调查函》，了解劳动者在为前雇主工作时的表现、工作能力或水平及离职原因等。

(3)查阅该劳动者人事档案，从其人事档案中了解劳动者以往的工作履历、受教育情况及获得的学历、个人成长、政治面貌、品德作风等个人情况。

利用上述三种方法,用人单位可根据法律规定及自身需要了解并核实劳动者的相关信息,如身份、工作经历、目前职业、离职原因、学历水平、健康状况、职业技能、竞业限制及个人联系方式等信息。其中应该重点了解并核实拟录用者的教育背景、工作经历以及与原劳动关系的转接问题等。

(二)用人单位知情权的范围仅限于与缔结劳动合同有关的信息

用人单位在行使知情权时,应当明确知道:知情权的范围是与缔结劳动合同有关的信息,即劳动者与劳动合同直接相关的基本情况和相关信息。与建立劳动合同关系不相关的或不直接相关的劳动者个人信息,不是企业知情权可以了解的范围,如果企业非要了解或擅自打探,就可能涉嫌侵犯到劳动者的隐私权。上述案例中的企业,利用招聘的机会,询问和了解岳某对婚外性行为的看法和态度,超出了其知情权的范围。这些问题不但与缔结劳动合同无关,而且触犯了岳某的个人隐私。因此,岳某完全有权在面试中,拒绝对这些提问的回答。当然,岳某通过媒体将此事向社会曝光并提起诉讼,也是作为弱者的劳动者,在无奈的情况下,采取的抵制、教训用人单位,以及与用人单位的这种超越权限行为进行斗争的方式之一。

另外,还需要提醒用人单位注意的是:知情权行使的时间是在缔约过程之中,劳动合同尚未订立,劳动者和用人单位为了缔结劳动合同而相互了解对方。没有缔约意愿的人无权了解他人的各方面情况。

(三)用人单位应该清楚劳动者享有的知情权的内容和范围

由于权利和义务是对等的,因此法律在赋予用人单位知情权的同时,也赋予了劳动者了解用人单位相关信息的权利,即劳动者的知情权。《劳动合同法》第 8 条规定:“用人单位招用劳动者时,应当如实告知劳动者工作内容、工作条件、工作地点、职业危害、安全生产状况、劳动报酬,以及劳动者要求了解的其他情况……”该条款合理界定了劳动者知情权的内容和范围。

我国的现状是,在实际操作过程中,用人单位的知情权行使得非常充分。当用人单位面试劳动者的时候,什么问题都可以直接问,一般来说，这些问题劳动者都要回答，因为现在劳动力供大于求，如果劳动者不配合用人单位的面试，就可能失去被聘用的机会，所以用人单位知情权的行使几乎没有什么障碍。但劳动者知情权的行使是有障碍的，或者说是未能充分行使的。

劳动者作为弱者，与用人单位相比本身就有着相对弱势的地位，再加上目前我国的劳动力市场是个买方市场，即劳动力的供给远远大于需求。这样就使劳动者的弱势特征更加明显。比如，劳动者在求职时，为了得到一份工作，来挣钱维持自己的生机，一方面要面对众多其他求职者的竞争；另一方面对用人单位提出的对自己不利的要求还得委曲求全。长期这样下来，就使用人单位滋生出一种对求职者居高临下的心态，不能平等地对待求职者。有些企业在与求职者面试以及协商过程中，采取的是有选择策略，只愿意告知工作岗位的基本情况、劳动报酬及基本福利状况，至于劳动者感兴趣的劳动条件、内部规章制度以及企业发展前景等问题，企业就含糊其辞或一概不回答。有的企业甚至采取欺骗手段，以允诺优厚物质条件等虚假信息来招聘急需的员工。也许企业能达到招聘的短期目的，但从长远来看，是得不偿失的。一来，劳动者对关键信息不知情的就会产生劳动者不受单位规章制度约束的法律后果；二来，因劳动者不能获得足够的信息会导致入职后现实与预期相去甚远，很有可能萌生辞职的念头，这也是企业留不住员工的原因之一。此时，企业将面临招聘和离职成本增加的双重经济风险，并且容易埋下今后引发劳动争议的隐患，不利于劳动关系和谐发展。

本书作者认为，保证劳动者在就业时充分地了解用人单位的情况，以及招聘单位保障与求职者在相互沟通后，使求职者能够获得与用人单位对等的信息，保证劳动者在与用人单位签订劳动合同时，真正享受平等、自愿、协商一致的待遇，这对劳动者和用人单位今后履行劳动合同，建立稳定和谐的劳动关系是十分必要的。

用人单位在求职者行使知情权时应注意下列问题：(1)知情权行使的时间是在缔约过程之中。(2)知情权的范围是与缔结劳动合同有关的信息,用人单位的商业秘密则不属于知情权的范围。(3)用人单位对劳动者提供的个人信息,应负有保证信息真实性的义务。

法条重现

《中华人民共和国劳动合同法》

(2007 年 6 月 29 日公布　自 2008 年 1 月 1 日起施行　2012 年 12 月 28 日修正　《修正决定》自 2013 年 7 月 1 日起施行)

第八条　用人单位招用劳动者时,应当如实告知劳动者工作内容、工作条件、工作地点、职业危害、安全生产状况、劳动报酬,以及劳动者要求了解的其他情况;用人单位有权了解劳动者与劳动合同直接相关的基本情况,劳动者应当如实说明。

《中华人民共和国侵权责任法》

(2009 年 12 月 26 日公布　自 2010 年 7 月 1 日起施行)

第二条　侵害民事权益,应当依照本法承担侵权责任。

本法所称民事权益,包括生命权、健康权、姓名权、名誉权、荣誉权、肖像权、隐私权、婚姻自主权、监护权、所有权、用益物权、担保物权、著作权、专利权、商标专用权、发现权、股权、继承权等人身、财产权益。

☞ 招聘时怎样避免就业歧视?

典型现象

招聘广告中最常见的就业歧视内容

既然在招聘时用人单位有用工自主权,想录用谁就可以录用谁,不想录用谁就可以不录用谁。那么,能否在招聘广告上写"只招男性"呢?哪些内容属于就业歧视?

案例展示

2012 年 10 月,广州某商贸有限公司(以下简称商贸公司)在对外刊登的招聘广告中，清楚地写明，招聘的职位是销售人员，该职位“只招男性”。

正在找工作的一位应届毕业女生——温语轩（化名）看到了上述招聘广告，愤愤不平地说道：“销售人员并不是只能男性担任的工种。我在大学时也有兼职销售的工作经历，专业也适合，我觉得自己完全可以胜任这份工作。”于是，温语轩向商贸公司投递了自己的简历，提出应聘该职位。

等了几天，公司的回复始终没有来。于是她拨通了商贸公司人事部的电话，虽然一再向对方解释本人虽然是女性但完全可以胜任这份销售工作，但对方在电话中仍然坚持一句话：“本公司的销售职位只招男生。”“为什么只因为我是女生，你们就不能招用呢？”温语轩这一提问，没有得到公司的解答。

至此，温语轩的这次求职就这样吃了闭门羹。

2012 年 11 月 6 日，温语轩来到广州市越秀区人力资源和社会保障局，向他们投诉了商贸公司在招聘过程中的性别歧视行为。

接到投诉后，广州市越秀区人力资源和社会保障局劳动监察大队展开了调查。了解事实后，劳监队介入了投诉案件并认定，商贸公司在招聘环节存在对女性求职者的就业歧视行为，该行为违反了《劳动法》和《就业促进法》的相关规定。2013 年 1 月 15 日，温语轩和商贸公司代表在越秀区人力资源和社会保障局劳动监察大队的调解下，达成了调解协议：商贸公司自动纠正错误歧视行为，并承诺不再出现类似行为。而且在 2013 年 1 月 21 日，商贸公司在其公司主页、“智联招聘”广告页刊登道歉信；同时支付温语轩快递费、电话费、交通费等因投诉产生的费用共 600 元，并赔偿精神损失费 1 元。

不久，商贸公司的网站上，果然在“企业最新动态”栏目中刊登了该公司的致歉信。在致歉信上，商贸公司表示：“我司在 2012 年 10 月 21 日的智联招聘中将招聘销售的职位限制为男性。这是我司人力工作人员由于缺乏两性平等的就业理念导致，对女性应聘者造成的伤害，我司表示诚挚的歉意！我司现承诺自动纠正所有歧视行为，并保证以后不再出现类似行为，希望两性就业平等的理念在您的倡导和我们的共同努力下深入人心，并能建立相应的法律规范。”

后来，很多媒体在社会上报道了此事，媒体界一致认为，类似招聘中搞性别歧视被投诉，求职者最终获赔偿及道歉，自 2008 年《就业促进法》施行以来还从未发生过，该案应该是全国首起同类案例。对于纠正招聘中存在严重的性别歧视现象将具有积极意义。

追本溯源

招聘条件中，哪些属于就业歧视？哪些不属于就业歧视？

从劳动法学原理的角度来说，在劳动力市场中，劳动者和用人单位均具有市场主体资格。劳动者可以根据自身的素质、意愿和劳动力市场价位，选择用人单位。这就是所谓的劳动者拥有的选择职业权。根据权利对等的法律原理，招聘单位当然也有权根据生产经营需要和工作岗位特点，按照面向社会、公开招用、全面考核、择优录用的原则，选用一定数量、相应质量的劳动者。这就是我们通常所说的用人单位用工自主权。

上述劳动者的选择职业权和用人单位的用人自主权，共同决定了用人单位和劳动者在招聘与应聘中，拥有“双向选择”的平等法律地位。因此，许多招聘用人单位的管理者想当然地认为，既然是“双向选择”，用人单位当然有权自主确定本单位的录用条件。在录用条件中规定，只招用“男性”的求职者，属于用人单位行使用人自主权的权限范围。殊不知，在招聘工作中，除了要遵从“双向选择”原则外，作为用人单位还应当遵守保障劳动者就业机会平等的原则。

（一）就业机会平等原则

就业机会平等原则是指一切有劳动能力和就业愿望的人不分种族、性别、民族、血统、社会出身、门第、血型等自身状况，在寻找职业时都能机会均等地，按照自己的兴趣、爱好和专业技能，自由地选择职业。这种为劳动者提供平等就业机会，保障劳动者行使平等就业权的法律原则，是社会公平原则在劳动者就业问题上的体现，反映了劳动者的愿望和要求，也体现了社会的文明程度。

（二）现实中存在的就业歧视

就业机会的不均等往往是用人单位基于特定的原因而人为造成的。根据中国现行立法规定，主要是指因用人单位基于对某一民族、种族、性别、宗教信仰的偏见而造成的。在就业男女平等、保障妇女权益方面，国家出台了一系列法律法规，包括《劳动法》、《妇女权益保障法》、《就业促进法》等。其中，《劳动法》第13条特别强调了妇女享有与男子平等的就业权利，在录用职工时，除国家规定不适合妇女的工种或岗位外，不得以性别为由拒绝录用妇女或提高对妇女的录用标准。

然而在现实中，即使有这些法律法规规范双方的法律关系，在劳资双方劳动合同缔结过程中，仍存在比较严重的性别歧视和其他种种就业歧视。目前，除了性别歧视外，就业歧视现象还有很多，例如以下的一些歧视：

1."户口歧视"，有的用人单位要求应聘者必须具有本地户口。甚至有些地方政府也推波助澜，公然违背国家政策，干预本辖区内用人单位的用工自主权利，要求用人单位优先录用本地人。

2."地域歧视"，河南人的形象近年来被大肆破坏，许多用人单位明确规定不招收河南人。还有的用人单位拒招东北人。

3."相貌歧视"，有些用人单位在挑选求职者时，优先录用相貌好的而不是成绩好的。许多女大学生为了找工作无心学习，而是忙于化妆打扮，甚至拍摄十分暴露的写真集以"扮靓"简历。

4."乙肝歧视"，这种歧视已经引起全国一亿多乙肝病毒携带者的强烈反应。其实，没有传染性的乙肝病毒感染者是可以就业的。根据《全国病毒性肝炎防治方案》规定，乙肝病毒携带者除不能献血及从事直接入口的食品和保育员工作外，可以照常工作。

5."血型歧视"，有的用人单位竟然对应聘者的血型提出要求，如必须为O型血或B型血，不能为AB型血等。

6.“姓氏歧视”,有的用人单位拒绝录用姓“裴”的,理由是“裴”和“赔”同音,不吉利。

(三)正确区分何为“就业歧视”

众所周知,平等就业权是指平等获得就业机会的权利,是社会平等在就业方面的必然要求。维护就业平等的权利,就必须要反对社会上林林总总的就业歧视行为。从这个角度讲,反就业歧视,无论宣传还是立法,其积极意义都毋庸置疑。

然而,反就业歧视须先厘清何为“就业歧视”,不能把用人单位设置基本的、必要且合理的招聘条件,都说成是“就业歧视”。目前,社会上也有一种不正确的倾向,就是将用人单位开出的所有招聘条件都视作歧视,如企业开出“择优录用”条件后,就认为是对成绩差的求职者的就业歧视;企业招用熟练技术工人时,开出“有一定同岗位工作经验”条件时,就说是对没有工作经验人的歧视,等等。对此许多用人单位就疑惑了,如果将用人单位开出的所有招聘条件都视作歧视,都要加以反对,那么,用人单位还有用工自主权吗?

一家翻译公司如果招一名英文翻译,难道开出“英语八级以上”的条件不可以吗?

某企业招用野外高空作业的人员时,开出“身体健壮”的条件,难道有问题吗?

财务公司招用会计时,开出“要有会计资格证书”的条件,难道不是必需的吗?

某科研机构在招聘研究员时,把具有“较高学历”作为录用条件,不是理所当然的吗?

某公司招聘总经理,要求有“2 年以上管理工作经验”,不是很正常的吗?

很显然,用人单位开出的上述招聘条件都是正当的,不属于就业歧视。应该认识到,用人单位但凡招人,总要设定一定的招聘条件,而但凡有招聘条件,就意味着有不符合条件的人,被排除在了招聘范围之外。

现实中,一些用人单位其实没想搞就业歧视,甚至怕被扣上搞就业歧视的帽子。但由于不能厘清就业歧视的界限,因此在开展对外招聘工作时,总有一种如履薄冰的感觉,心中没底,最困惑的是:怎样写招聘广告才能实现企业要表达的意图且不会有搞就业歧视的嫌疑?

☆‖专家锦囊

怎样操作可以既不涉嫌就业歧视,又能充分行使用人自主权?

用人单位首先要搞清,什么样的招聘条件才构成歧视,可能涉嫌违法,什么样的招聘条件不属于歧视,完全属于用工自主权的范畴。

(一)"就业歧视"的界定标准

就业歧视是指基于与工作内在要求无关的一些因素,而进行的不合理的差别对待。反对就业歧视并不是不可以选择最适合这个工作岗位的人,而是不能预先假定某些人就是不适合某些职位,尤其是不能提出和工作内容没有必然联系的要求,否则就可能涉嫌歧视。

从反对歧视,追求平等概念的历史演化来看,我们可以发现,追求平等是历史永恒的主题,有学者表示,"追求平等的历程几乎没有终点"。人们在追求平等的过程中也不难发现,差别或者区别对待总是如影随形。柏拉图曾经说:"不加区别的平等也即是一种不平等。"

1. 歧视的存在基础是差别,是个人之间差别的存在。就业歧视就是一种因求职者个人之间的差别而进行的"分别看待",然而事实上,并不是所有的分别对待都不合理,现实中的事物在客观上存在许多差异,因而也需要根据差异的情况采取差别对待,在一定方面和程度上,应当允许合理地分别对待。

2. 用人单位根据职位的性质、需求及其他相关因素仍然可以限定招聘的条件,这是"合理差别"。一般来说,如果不是特定的行业,用人单位不得对求职者的自然属性如性别、年龄、相貌、血型、属相、籍贯以及其他一些社会属性如户籍等因素进行限制,因为这些自然属性是个人不能选择的,也很难通过后天努力加以改变,对上述的这些自然属性及部分社会属性作出的种种限制则构成就业歧视，这种限制不为法律所容忍。

3. 与此相对应，如果限制的是经过后天学习、训练而形成的社会属性，比如阅历、能力等，这种限制则不能构成就业歧视，应该理解为“合理差别”，这种合理差别应当为法律所容忍。例如：有的用人单位招聘管理人员，规定有相关管理经验的优先录用；招聘技术专业人员，规定有相关学历的优先录用，或者懂外语的优先录用；招聘礼仪性岗位，规定外貌端正的优先录用等，都是根据岗位特征设置的招聘条件，都不能归入就业歧视之列。

4. 另外，对于依法设定的“限制录用”不仅不属于就业歧视，还是用人单位的应尽义务。例如，国家在女工劳动保护规定中明确规定，禁止女职工从事矿山井下劳动。因此，煤矿在招井下采煤工时只能招男性，不招女性，就不属于对女性的就业歧视。

5. 同理，用人单位依法设立“优先录用”条件的，也不属于就业歧视。例如，《上海市见义勇为人员奖励和保护办法》第 16 条规定：“被授予见义勇为先进分子荣誉称号的人员报考学校或者应聘就业时，在同等条件下，学校、单位应当优先录取、录用。”根据这一规定，在用人单位的招聘广告中如出现“凡被政府授予见义勇为荣誉称号的人员，可在同等条件下优先录用”的表述，则不属于就业歧视。再如，《劳动合同法》第 41 条第 3 款规定，用人单位依法裁减人员，在六个月内重新招用人员的，应当在同等条件下优先录用被裁减的人员。据此，用人单位如在同等条件下，优先录用之前被裁减的人员，也是完全正确的，不能说成是对其他求职者的就业歧视行为。

（二）用人单位正确操作，避免“就业歧视”的嫌疑

本书作者认为，目前我国企业在招聘广告中往往使用一些简单且概念性的词语，对求职者提出，诸如：“年龄在 35 岁以下”，“大学本科以上学历”，“具有北京市户口”，“中共党员”，“未婚”等要求，而这种要求很难让求职人员看出与工作内容有什么必然联系，如果没有必然联系，就可能涉嫌就业歧视。换句话说，这种招聘广告的写法，因不能

体现所提招聘条件与工作内容之间的必然联系，就很容易让人感觉是在搞就业歧视。本书作者建议广大用人单位，应改变一下招聘广告的写法，最好能参考一下下面一些国外企业的做法。

有些外国企业的招聘广告会对职位的工作内容和要求描述得非常详细，请应聘者自行对照自己是否能够胜任，同时也是招聘中考量应聘者是否称职的一个重要依据。但与工作内容没有必然联系的要求，比如年龄、性别、民族、籍贯、政治面貌，婚姻状况，这些要求一般都是不会出现在招聘广告中的，在面试的过程中也不得询问求职者这些问题，否则很可能要面临就业歧视诉讼。

用人单位应该明白，用工自主权不意味着招聘行为完全不受约束。用人单位可以优中选优，但应给劳动者参与竞争的机会。这一点不但对劳动者公平，对企业其实也会带来好处。例如，某公司在招聘一位副总经理时，董事长因对女性有偏见，故对招聘经理说，你们给我提供的候选人一定要是男性。但招聘经理很清楚，如在招聘广告中写"只招女性"则属于就业歧视，于是在招聘广告中并没有对性别提出要求。因此，自然会有一些女性求职者向该公司邮箱投了应聘简历。为了符合董事长要招男性的要求，招聘经理在筛选应聘简历时，首先看男性的简历，当看遍了投进来的所有男性简历后发现，没有一个可以符合公司对副总经理职位说明书要求的条件，于是，招聘经理向董事长汇报时说，"目前没有找到符合副总经理条件的男性求职者，但我从女性投来的简历中发现，有两位求职者的背景和履历比较符合公司的要求，不知您是否愿意面试一下这两位女性？"看到董事长摆出要拒绝的样子，招聘经理赶紧补充了一句话，"现在男性高管特别难招，如果您非要招男性，可能很长时间不一定能找到合适的人选，不如您先看一下我说的两位女候选人，万一……"在招聘经理的劝说下，董事长才勉强同意面试一下女候选人。令董事长没想到的是，其中一位女候选人在面试时给董事长留下的印象和感觉非常好，并使其最终决定聘用该女性求职者为公司的副总经理。这位女副总上任后的工作表现和取得的优秀业绩，更是令董事长刮目相看，半年后又把该女副总提升为常务副总。通过这件事，彻底改变了董事长对女性的偏见，为此董事长还特意跟招聘经理说："以后在招聘时可再也不能歧视女性了，只要是人才，不论男女，我们都要。"

综上所述，反对就业歧视首先要搞清楚什么是就业歧视？什么不是就业歧视，然后还要搞清就业歧视带来的危害。这样一方面有利于我们将反对的矛头集中起来，指向那些应该反对的真正的就业歧视，避免胡子眉毛一把抓，以更快、更有效地消除就业歧视；另一方面，则体现了对招聘单位选人自主权的尊重，是在招聘单位用人自主权与应聘者权利之间寻找一个平衡点，在正常的人才竞争与就业歧视之间，划出一条明确的界限。

法条重现

《中华人民共和国劳动法》

（1994 年 7 月 5 日公布　自 1995 年 1 月 1 日起施行　2009 年 8 月 27 日修正）

第十二条　劳动者就业，不因民族、种族、性别、宗教信仰不同而受歧视。

第十三条　妇女享有与男子平等的就业权利。在录用职工时，除国家规定的不适合妇女的工种或者岗位外，不得以性别为由拒绝录用妇女或者提高对妇女的录用标准。

《中华人民共和国就业促进法》

（2007 年 8 月 30 日公布　自 2008 年 1 月 1 日起施行）

第二十六条　用人单位招用人员、职业中介机构从事职业中介活动，应当向劳动者提供平等的就业机会和公平的就业条件，不得实施就业歧视。

第二十七条　国家保障妇女享有与男子平等的劳动权利。

用人单位招用人员，除国家规定的不适合妇女的工种或者岗位外，不得以性别为由拒绝录用妇女或者提高对妇女的录用标准。

用人单位录用女职工，不得在劳动合同中规定限制女职工结婚、生育的内容。

第三十条 用人单位招用人员,不得以是传染病病原携带者为由拒绝录用。但是,经医学鉴定传染病病原携带者在治愈前或者排除传染嫌疑前,不得从事法律、行政法规和国务院卫生行政部门规定禁止从事的易使传染病扩散的工作。

第三十一条 农村劳动者进城就业享有与城镇劳动者平等的劳动权利,不得对农村劳动者进城就业设置歧视性限制。

《中华人民共和国妇女权益保障法》

(1992年4月3日公布 自1992年10月1日起施行 2005年8月28日修改公布 《修改决定》自2005年12月1日起施行)

第二十二条 国家保障妇女享有与男子平等的劳动权利和社会保障权利。

第二十三条 各单位在录用职工时,除不适合妇女的工种或者岗位外,不得以性别为由拒绝录用妇女或者提高对妇女的录用标准。

各单位在录用女职工时,应当依法与其签订劳动(聘用)合同或者服务协议,劳动(聘用)合同或者服务协议中不得规定限制女职工结婚、生育的内容。

第二十五条 在晋职、晋级、评定专业技术职务等方面,应当坚持男女平等的原则,不得歧视妇女。

《女职工劳动保护特别规定》

(2012年4月28日国务院令第619号公布 自2012年4月28日起施行)

附录:女职工禁忌从事的劳动范围

一、女职工禁忌从事的劳动范围:

(一)矿山井下作业;

(二)体力劳动强度分级标准中规定的第四级体力劳动强度的作业;

(三)每小时负重6次以上、每次负重超过20公斤的作业,或者间断负重、每次负重超过25公斤的作业。

☞ 如何避免因入职体检惹争议？

典型现象

对于这样的入职体检结果，企业可以拒绝录用吗？

对已经步入工作岗位的人们来说，入职体检早已司空见惯，各类型企业都会将入职体检作为员工入职前的必要程序之一，只是所检项目有所不同。但近些年，越来越多的反对用人单位因体检不合格而拒绝录用的案例，引起了社会各界的热议，从拒绝录用乙肝病毒携带者争议案，招聘教师拒绝录用艾滋病者争议案，到反对招考公务员进行妇科项目检查的媒体呼吁等，让用人单位对招聘员工时的下列问题产生了很大的困惑：

入职前应否进行体格检查？

可以进行哪些项目的体检？

怎样进行体检？

绝对不能进行哪些项目的体检？

在哪些情况下，用人单位能因体检项目不合格拒绝录用劳动者？

下面案例中王某的入职体检结果，能否成为企业拒绝录用他的合法理由，请看案例及专家分析。

案例展示

王某因对现有工作不是很满意，便在工作之余，通过某招聘网站向一些正在招人的单位投了自己的简历，上海某某技术有限公司（以下简称技术公司）看到王某的简历，认为王某的工作经历和技能等基本符合该技术公司的招聘条件，后经过与王某面试，技术公司向王某发出了录用通知书，表示该公司已决定录用王某。

该录用通知书中对试用期、薪资标准等作了说明，并明确其将在王某提供必要的录用资料后为其办理相应的聘用手续。报到前须到公司指定的医院进行体格检查（以下简称“体检”），如果体检不合格，将不能被录用；体检不合格的情况包括传染病、生理缺陷、职业障碍等。

第二天，王某到公司指定的医院进行了体检，并于当天向原工作单位提出辞职，一周后原单位同意王某辞职。王某很高兴地来到新单位技术公司报到，没想到，新单位看到王某的体检报告中有“左肾缩小，左肾复发囊肿，左肾复发性结石”评估结论后，以其体检不合格为由，拒绝录用王某。

听到这个意外的消息，王某一下呆住了：在原单位已经辞职，新单位又不要自己，我该怎么办呢？下个月上哪儿拿工资？没工资，房贷怎么还？何时才能找到下一个工作？生活怎样继续……这一系列的问题，在王某的脑子中不断涌现。

越想越委屈的王某，把技术公司告上了法庭。王某在起诉书中称，技术公司录用通知书中明确体检不合格的情况为“传染病、生理缺陷、职业障碍”三种，自己左肾囊肿及结石并不属于体检不合格的情况。录用通知书明确表达了录取本人的意向，导致本人辞去原工作，现在技术公司拒绝录用本人，造成失业及劳动收入损失14,800元，要求技术公司予以赔偿。

被告技术公司在法庭抗辩道，我公司发给王某的录用通知书明确告知体检不合格不能录用，王某确有不适应工作的身体情况，不符合我公司的新员工录用前招聘体检标准及录用通知书规定的标准，故我公司不录用原告是有依据的。其次，王某在未与我公司正式签署劳动合同前自行与原单位解除劳动关系，由此引起的损失属王某自身过错，不能归责于我公司。建议法庭驳回王某的诉讼请求。

法院经审理后判决，技术公司应对王某的合理损失承担70%的赔偿责任，按王某在原工作单位的收入每月5000元的标准，认定王某失业及再就业期间的合理损失总额为12,500元，技术公司应承担8750元。

法院缘何作出如此之判决呢？

追本溯源

用人单位制定的招聘体检标准是否具有法律效力？

本案中的技术公司在庭审时称，之所以认定王某体检不合格，是因为王某左肾囊肿及结石属于录用通知书中所称的职业障碍。其依据是技术公司的新员工录用前招聘体检标准中记载了肾功能异常的内容，王某的病情符合该情况。当法庭审理后发现，技术公司的新员工录用前招聘体检标准和聘录用通知书中载明的职业障碍中，并未明确王某体检的情形属于肾功能异常的范围，并且技术公司未提供权威的医疗机构意见来证明王某体质确无法承受其岗位要求，故本案中应推定王某左肾囊肿及结石不属于职业障碍的范围。此外，技术公司也无证据证明曾向王某告知过该标准，故王某据此拒绝录用王某，缺乏依据。对于劳动合同的订立存在过失，应在其过错范围内承担相应的赔偿责任。

法庭认为，王某收到技术公司发出的录用通知书，并不意味着劳动合同已成立。王某应当知道体检合格是签订正式劳动合同的前提条件，但王某在体检当天，即正式体检报告尚未出来时，体检结论尚处待定状态的情况下，就向原单位提出辞职，显然有违必要的审慎义务，也是造成其目前无业状态的原因，可适当免除技术公司的赔偿责任。

综合上述情况，法院酌定被告技术公司应对原告王某的合理损失承担 70% 的赔偿责任。

由本案引发的思考有下列两个方面：

1. 用人单位在新员工录用前是否可以进行体格检查？用人单位与新员工建立劳动关系的目的是让员工提供劳动，因此录用的新员工应满足所招岗位需要的劳动能力。这里所说的劳动能力，即劳动者所拥有的体力和脑力（智力）的总和，一般从劳动者的身体健康状况和精神健康状况上来确定劳动能力的有无及大小，通过体格检查（即体检）能判断劳动者是否满足岗位所需的劳动能力。因此，用人单位在新员工录用前完全可以，并且很有必要，进行体格检查。

2. 用人单位制定的招聘体检标准是否具有法律效力？对于用人单

位招聘时所使用的体检标准，如法律有规定的，应根据法律规定执行；如法律没有禁止性规定的，用人单位原则上可以根据岗位要求，对录用劳动者的身体状况设定相应的健康条件，但前提是不违反法律的禁止性规定和原则精神。《中华人民共和国就业促进法》对公平就业、反对就业歧视作了专章规定，特别是第30条规定，“用人单位招用人员，不得以是传染病病原携带者为由拒绝录用。但是，经医学鉴定，传染病病原携带者在治愈前或者排除传染嫌疑前，不得从事法律、行政法规和国务院卫生行政部门规定禁止从事的易使传染病扩散的工作。”可见，健康标准、体检标准并非各用人单位可以随意设定的。根据公平原则和反对就业歧视的法律精神，企业设定与用工相关的健康标准，必须以劳动者身体状况确实不符合岗位要求作为基本前提和条件，任意扩大范围或随意解释标准的行为违反了法律原则，属于就业歧视，应为无效。从诉讼证据角度分析，用工单位如要援引某条内部健康标准将劳动者拒之门外，则必须提供充分的科学依据，证明劳动者的身体状况的确不适合岗位要求，否则该抗辩事由对劳动者不能产生约束力。本案中，被告技术公司在其录用通知书及新员工录用前招聘体检标准中，对录用员工的健康标准所作的规定，任意扩大了体检不合格的范围，且又未提供证据说明原告王某的身体状况不符合岗位要求，故技术公司以王某体检不合格为由拒绝录用的行为，不能得到司法机关的认可。

☆ 专家锦囊

招聘单位应怎样正确理解和运用入职体检?

（一）在招聘工作中，用人单位对于没有锁定为录用候选人的求职者，不需要对其进行体检

换句话说，只有对于已经作为录用候选人的求职人员，才有必要对其进行体检。

（二）用人单位制定的招聘体检标准，要与所从事的工作有直接关系，或者列明从事该岗位工作所必须具备的身体条件

下列一些条件都是完全合理合法的：

* 某企业招聘缝纫工、服装裁剪工,要求体检视力要达到 1.0 以上。(因为视力不好者,无法保证工作质量。)

* 招聘高空作业中的脚手架操作工,要求血压正常。(不能有高血压症,否则一旦犯病在高空作业中就很容易发生人身危险或安全事故)

* 某学校招聘为小学生开车的校车司机,要求不能有器质性心脏病、癫痫病、眩晕症、精神病、痴呆等妨碍安全驾驶的疾病。(因为有上述疾病的校车司机可能对他自己、学生或其他司机造成太大的危险)

* 某饭店招聘厨师,要求不能有病毒性肝炎、活动性肺结核、渗出性皮肤病,以及有其他妨碍食品卫生疾病的。(因为厨师如果有上述疾病,可能直接会影响到消费者的身体健康,为了公共利益,不能录用有这种疾病的人)

* 某搬家公司招聘装卸工,要求四肢灵活有力,可负重 30KG 以上。(达不到这个身体条件,就无法胜任工作)

(三)用人单位制定的招聘体检标准,不能带有违法内容

如不能违反《就业促进法》的下列规定:“用人单位招用人员,不得以是传染病病原携带者为由拒绝录用。但是,经医学鉴定,传染病病原携带者在治愈前或者排除传染嫌疑前,不得从事法律、行政法规和国务院卫生行政部门规定禁止从事的易使传染病扩散的工作。”

(四)体检项目的设置要“与工作需要有关”

在设置体检项目时,最好不要设置和工作没有直接关系的检查项目。比如,感染(导致艾滋病的)HIV 的教师对工作场所的其他人不构成直接威胁,因此,招聘教师的体检就可以不设置 HIV 的检查项目;但如感染了 HIV 的外科医生,对接受其手术的患者就会构成直接威胁,因此在招聘外科医生时,体检项目就应该设置检查 HIV。

(五)对于法律有明确要求、必须要进行上岗前体检的岗位,用人单位必须要进行体检

如《职业病防治法》第 32 条第 1 款规定:“对从事接触职业病危害的作业的劳动者,用人单位应当按照国务院卫生行政部门的规定组织

上岗前、在岗期间和离岗时的职业健康检查,并将检查结果如实告知劳动者。职业健康检查费用由用人单位承担。"因此,用人单位对从事接触职业病危害的作业的劳动者,必须组织其在上岗前,到有资质的医疗机构进行职业健康检查。

(六)体检一定选择在正规的医疗机构

曾经有这样一个案例:某公司安排新招聘的员工体检时,没有在正规医院进行,而是在一个没有行医许可资质的"黑医院"进行,体检过程中因工作人员业务水平差且粗心大意,导致一位新员工被感染成"丙型病毒性肝炎"。该公司认识到,此事故与没有安排新员工在正规医院进行有直接关系,故公司对此事有不可回避的责任。刚开始,公司从法律责任和人道主义的双重角度进行了赔偿和慰问。让 HR 和公司管理层挠头的是,该员工家长前后 3 次找到公司要求继续索赔,每次都是又哭又闹,严重干扰了公司领导的日常办公。最后的要求没有得到满足时,家长扬言要状告该公司并将此事通过媒体曝光。无奈,为了息事宁人公司特聘请了一位律师,从中反复协调,经过讨价还价,又给了一定的赔偿,最终才让此事尘埃落定。

(七)对于拟录用的候选人最好在其体检结果出来并评估为合格后,再向其发出录用通知书

这样做可以避免候选人因过早地拿到录用通知书而向原单位递交辞职报告,一旦事后体检不合格没被录用,此时其与原单位又已经解除了劳动合同,就很可能造成其失业的被动局面。

法条重现

《中华人民共和国就业促进法》

(2007 年 8 月 30 日公布 自 2008 年 1 月 1 日起施行)

第三十条 用人单位招用人员,不得以是传染病病原携带者为由拒绝录用。但是,经医学鉴定传染病病原携带者在治愈前或者排除传染嫌疑前,不得从事法律、行政法规和国务院卫生行政部门规定禁止从事的易使传染病扩散的工作。

《关于进一步规范入学和就业体检项目维护乙肝表面抗原携带者入学和就业权利的通知》

(2010 年 2 月 10 日　人社部发〔2010〕12 号)

一、进一步明确取消入学、就业体检中的乙肝检测项目

医学研究证明,乙肝病毒经血液、母婴及性接触三种途径传播,日常工作、学习或生活接触不会导致乙肝病毒传播。各级各类教育机构、用人单位在公民入学、就业体检中,不得要求开展乙肝项目检测(即乙肝病毒感染标志物检测,包括乙肝病毒表面抗原、乙肝病毒表面抗体、乙肝病毒 e 抗原、乙肝病毒 e 抗体、乙肝病毒核心抗体和乙肝病毒脱氧核糖核苷酸检测等,俗称"乙肝五项"和 HBV - DNA 检测等,下同),不得要求提供乙肝项目检测报告,也不得询问是否为乙肝表面抗原携带者。各级医疗卫生机构不得在入学、就业体检中提供乙肝项目检测服务。因职业特殊确需在入学、就业体检时检测乙肝项目的,应由行业主管部门向卫生部提出研究报告和书面申请,经卫生部核准后方可开展相关检测。经核准的乙肝表面抗原携带者不得从事的职业,由卫生部向社会公布。军队、武警、公安特警的体检工作按照有关规定执行。

入学、就业体检需要评价肝脏功能的,应当检查丙氨酸氨基转移酶(简称转氨酶,ALT)项目。对转氨酶正常的受检者,任何体检组织者不得强制要求进行乙肝项目检测。

二、进一步维护乙肝表面抗原携带者入学、就业权利,保护乙肝表面抗原携带者隐私权

县级以上地方人民政府人力资源社会保障、教育、卫生部门要认真贯彻落实就业促进法、教育法、传染病防治法等法律及相关法规和规章,切实维护乙肝表面抗原携带者公平入学、就业权利。各级各类教育机构不得以学生携带乙肝表面抗原为理由拒绝招收或要求退学。除卫生部核准并予以公布的特殊职业外,健康体检非因受检者要求不得检测乙肝项目,用人单位不得以劳动者携带乙肝表面抗原为由予以拒绝招(聘)用或辞退、解聘。有关检测乙肝项目的检测体检报告应密封,由受检

者自行拆阅；任何单位和个人不得擅自拆阅他人的体检报告。

☞ 如何甄别与处理求职者的虚假信息？

典型现象

求职者提供的个人信息不完全属实，可否认定为“欺诈”？

一方面为了提高招聘效率，另一方面本着充分相信求职者的善意，许多企业对于求职人员的简历和面试中的自我介绍不持任何怀疑态度，致使让一些不符合职位要求且不诚实的人蒙混过关。直到将其录用并与之建立劳动合同关系后，才逐渐发现问题。比如，某求职人员自称是某某大学毕业，工作后发现其拿到的是结业证书而不是毕业证书；再如，一个人自称在某某大企业集团做过某某职位，入职后发现其工作能力很差，经过调查发现，他在某某大集团里面根本不是正式员工，而是大学毕业后找不到工作而到该企业打短工。

经历过上述情况后，一些用人单位为了防范求职人员的不诚信，大都在《应聘人员登记表》中增加了要求求职者声明，其所提供的个人信息均为真实的承诺：“如有任何个人信息不属实，均可视为本人实施了欺诈行为，劳动合同订立后公司可随时单方解除”。这些用人单位以为，有了这样的承诺，将来如果发现新员工在招聘时提供的个人信息有任何的虚假，均可以认定为劳动合同无效，进而单方解除员工的劳动合同。但殊不知，这样的认识并不一定完全正确。用人单位能够仅凭这样一个承诺，就高枕无忧了吗？

案例展示

一天，年轻漂亮的刘某向正在招聘的某保健品公司递交了个人简历，应聘市场部经理一职。笔试通过后，刘某根据公司的要求填写了《应聘人员登记表》，之后又进行了面试。两个星期后，刘某接到公司的录用通知书，要求她到公司报到。刘某到公司报到当天，填写了《员工入职登记表》并办理了相关入职手续，签订了两年期的劳动合同。

工作两个月后，刘某时常有些恶心的感觉，偶尔还有过一两次的呕吐，到医院一检查，医生诊断确认刘某为"早孕"。刘某的上司市场部总监得知此事后，很不高兴，认为刘某怀孕后就会对工作很不利，于是找刘某谈话：你作为市场部经理刚刚入职两个月，还没为公司作出任何贡献，就怀孕了，这也太说不过去了，公司是不能容忍的。我劝你赶紧辞职，回家踏踏实实保胎等着生你的小孩吧，免得公司今后找你的麻烦。刘某认为总监的说法没有道理，并明确表示怀孕是自己正当的权利，绝对不会因此辞职。

一周后，公司向刘某发出了解除劳动合同通知书，解除的理由并不是因为刘某怀孕，而是称刘某提供虚假个人信息，采取欺诈手段与公司订立了劳动合同，现根据相关法律规定，解除与刘某之间的劳动合同。

刘某否认自己提供过虚假个人信息。人力资源部经理拿出刘某当初填写的《应聘人员登记表》和《员工入职登记表》说，你在工作履历中写道"2008 年 1 月—2012 年 12 月在某某公司任市场部经理"，现在经我们核实，你这句话有两个地方是虚假的：一是你在该公司实际的入职时间是 2008 年 4 月，而不是你所说的 2008 年 1 月；二是你仅是从 2012 年 5 月以后的 7 个月时间里在该公司任职市场部经理，之前的 4 年里你仅是市场部的一个市场推广专员。因此，你在该公司任经理仅"7 个月"而非"5 年"。并且，你在填写上述登记表时曾书面声明过，你所提供的个人信息均为真实的，同时承诺："如有任何个人信息不属实，均可视为本人实施了欺诈行为，劳动合同订立后公司可随时单方解除"。事到如今，你还有什么可说的？

刘某解释道，入职登记表中我的工作经历时间，确实存在时间差三四个月的可能，因为填写时凭印象写的没太注意，但并非有意为之；关于"经理"职位的问题，我只填写了离职时的职位，公司并没有要求填写更早的职位。从真实性的角度来看，我的这种写法并不假，最多属于信息不周全而已。因此,公司不能据此解除我的劳动合同。

此时,刘某的解释已经不起作用了,公司表示不会收回已经作出的决定。刘某随即委托律师向当地劳动争议仲裁委员会申请仲裁,要求撤销公司解除劳动合同的决定,恢复劳动关系。

庭审过程中,保健品公司表示,《劳动合同法》规定,采取欺诈、威胁等手段订立的劳动合同无效,同时该法第8条还规定,"用人单位有权了解劳动者与劳动合同直接相关的基本情况,劳动者应当如实说明"。公司让员工填写《员工入职登记表》,员工必须真实地反映个人信息情况,刘某在其个人的工作经历上向公司提供的信息有虚假的成分,就属于欺诈行为,根据《劳动合同法》规定,因欺诈导致合同无效的,无过错方可以行使合同解除权。因此,公司解除其劳动合同的决定并无不当。

尽管公司在仲裁庭据理力争,但最终仍得到了败诉的结果。仲裁庭认为,刘某所填写的工作经历中,其在某某公司入职时间点上的出入,并不构成实质意义上的"欺诈"。关于"经理"职位的问题,刘某只填写了离职时的职位,属于信息不周全,不构成"欺诈"。因此,裁决结果是,撤销公司作出的解除劳动合同决定,恢复双方的劳动合同关系,并由公司向刘某支付仲裁审理期间的全部工资。

追本溯源

怎样认定求职者所提供的不实信息或资料是否属于欺诈?

从以上案例可以看出,即使劳动者作出了"如有任何个人信息不属实,均可视为本人实施了欺诈行为,劳动合同订立后公司可随时单方解除"的承诺,也不能保证员工在招聘时提供的个人信息有任何的虚假,均可以认定为劳动合同无效,进而单方解除员工的劳动合同。从现在的司法实践以及大家的普遍认知来看,劳动者如有伪造学历、编造主要工作履历等与用人单位签订劳动合同的,会被认为是欺诈,由此签订的劳动合同会被认定为无效。另外,有关工作技能、职业准入资格等与建立劳动合同直接相关的个人信息,劳动者如有造假,也可能构成欺诈，导致劳动合同无效。除此之外，其他个人信息的不完全属实，一般来说不构成欺诈，诸如：在填写工作履历时漏写了一个在某企业很短的工作经历；在填写入职登记表时，隐瞒了自己已婚的婚姻状况等。这些与建立劳动合同不直接相关的个人信息，即使不属实，仲裁和司法实践中，一般也不会认定为是劳动者的欺诈行为，其劳动合同无法认定为无效。进而用人单位不能据此与这样的劳动者解除劳动合同。

事实上，当用人单位事后发现某个劳动者学历造假或有伪造主要履历的行为，司法机关可以认定是其采取欺诈手段订立的劳动合同无效，但此时往往也已经给用人单位带来了一定的损失和用人风险。例如，一家汽车电器企业发生过一起员工卷款 80 万元潜逃事件，事情发生后，这家企业马上报了案，经公安系统调查后发现，该名犯罪嫌疑人系高中文化程度，曾在其他企业工作期间因偷窃被给予过开除处分。得到这个信息之后，这家企业的人力资源部负责人震惊不已，原来，3 个月前，该名犯罪嫌疑人是作为具有国内名牌高校硕士学位的特殊人才引进的！

由此可见，用人单位在决定录用前对应聘人员所提供个人信息真实性进行必要的背景调查，将应聘者的主要信息在招聘时核实清楚，才是防患于未然的有效措施。

☆ 专家锦囊

怎样通过背景调查，
核实求职者个人信息的真实性？

（一）背景调查的目的

一般来说，采用背景调查，可以证实求职者的教育和工作经历、个人品质、交往能力、以往工作业绩和工作能力等信息。背景调查的目的至少有两个：

1. 核实应聘者所提供资料的真伪。受趋利避害思想的影响，应聘者为了扩大其被录用的机会，提交给企业的信息往往不是十分准确，通过背景调查来核实应聘者提供资料的真伪，可以将不合格的应聘者及时淘汰。

2. 发现一些与工作有关而求职者可能隐瞒的背景信息。应聘者不但可能篡改个人的就业经历和教育背景，对一些他认为会影响其就业机会的不良背景信息，诸如职业道德、团队精神、心理卫生、行为操守等方面的负面信息，应聘者一般都会略去，而这些东西如不及时发现，将来很有可能就是一种潜在的威胁。

(二)背景调查的方法

背景调查至少从三个方面进行：身份背景调查、学历背景调查、工作背景调查。

1. 身份背景调查，可以通过收取应聘人员身份证、户口簿、护照等个人信息证件来进行，一般的方式是通知应聘人员带证件的原件和复印件，审核原件，留复印件。关于身份证的信息，目前网上有很多验证身份证号的软件和网站，可供核实。

2. 学历背景调查，目前有多种途径，审核毕业证原件只是其中的一个环节，但是目前假证泛滥，且伪造技术越来越高，因此在审核毕业证原件的同时还要辅以必要的验证方式。最简单，也是最常用的验证方式有两种。第一种，是到教育部学历验证中心的网站上去验证，在此网站查询的结果比较权威，除军校学历及自考学历外，数据库中一般都包含各个层次的学历数据。第二种，是与证书发放所在院校的学籍管理部门取得联系，对学历证书进行审核或确认。

3. 工作背景调查，常用的方式主要有四种：档案查询、电话调查、商业信函和传真调查、面谈法。(1)档案查询方便快捷，但可能无法获得企业需要的信息；(2)电话调查经济快速，但信息的准备率不高；(3)商业信函和传真调查便于记录归档，但反馈的时间和效果不能保证；(4)面谈法可以深入全面地了解应聘者的能力及之前的绩效表现，但是成本较高，而且非常依赖于对方的配合程度。

(三)背景调查需注意的事项

用人单位进行背景调查应注意以下问题：

1. 事先告知被调查者。调查之前,用人单位应事先向应聘者说明,在正式录用其之前有背景调查这一环节,最好能让应聘者以书面的形式签名同意用人单位对其进行背景调查,以免日后引起不必要的纠纷。

2. 只调查与工作有关的情况。在现实招聘过程中,企业没有必要也不可能对应聘者的方方面面甚至细枝末节进行背景调查。一般情况下,企业应根据招聘岗位的工作性质来安排调查内容。如果应聘者所应聘的岗位职责重大,背景调查的重点应放在其过往的工作经历及业绩;如果应聘的岗位经常接触到企业的商业秘密或重要科技成果,调查重点应放在其个人的信用记录是否良好;如果应聘岗位涉及财务系统,则调查重点应放在其品德、信用记录和家庭状况等。总之,企业须谨记,背景调查内容一定要和工作高度相关,并且要以书面形式记录,以证明企业将要作出的录用或拒绝决定是有依据的。

3. 及时核对信息。用人单位将背景调查中得到的信息与应聘者提交的材料进行核对,如发现有不符的地方,最好再用其他的调查方式证实其准确无误,并且确信这个负面信息与应聘岗位的工作密切相关。最后,在完全核实准确后,再作出是否录用的决定。

法条重现

《中华人民共和国劳动合同法》

(2007 年 6 月 29 日公布　自 2008 年 1 月 1 日起施行　2012 年 12 月 28 日修正　《修正决定》自 2013 年 7 月 1 日起施行)

第二十六条　下列劳动合同无效或者部分无效:

(一)以欺诈、胁迫的手段或者乘人之危,使对方在违背真实意思的情况下订立或者变更劳动合同的;

(二)用人单位免除自己的法定责任、排除劳动者权利的;

(三)违反法律、行政法规强制性规定的。

对劳动合同的无效或者部分无效有争议的,由劳动争议仲裁机构或者人民法院确认。

第三十九条　劳动者有下列情形之一的,用人单位可以解除劳动合同：

（一）在试用期间被证明不符合录用条件的；

（二）严重违反用人单位的规章制度的；

（三）严重失职，营私舞弊，给用人单位造成重大损害的；

（四）劳动者同时与其他用人单位建立劳动关系，对完成本单位的工作任务造成严重影响，或者经用人单位提出，拒不改正的；

（五）因本法第二十六条第一款第一项规定的情形致使劳动合同无效的；

（六）被依法追究刑事责任的。

《最高人民法院关于审理劳动争议案件适用法律若干问题的解释》

（2001年4月16日公布　法释〔2001〕14号　自2001年4月30日起施行）

第十四条　劳动合同被确认为无效后，用人单位对劳动者付出的劳动，一般可参照本单位同期、同工种、同岗位的工资标准支付劳动报酬。

根据《劳动法》第九十七条之规定，由于用人单位的原因订立的无效合同，给劳动者造成损害的，应当比照违反和解除劳动合同经济补偿金的支付标准，赔偿劳动者因合同无效所造成的损失。

第二单元　劳动合同签订与续订

☞ 小心！别误入员工制造的未签合同陷阱

‖ 典型现象

人事经理没签劳动合同，企业应付双倍工资吗？

用人单位与劳动者建立劳动关系应当订立书面劳动合同，按照《劳动合同法》的规定，用人单位如果在员工入职一个月内没有与其订立书面劳动合同，则从第二个月起用人单位应该按该劳动者 2 倍月工资的标准向其发放未订劳动合同期间的工资。

有了上述法律规定后，用人单位纷纷对订立书面劳动合同一事给予重视，要求人力资源部（以下简称"人事部"）一定要及时依法与员工订立书面劳动合同，杜绝任何未订立书面合同而形成事实劳动关系的违法现象出现。按理说，这样的用人单位应该不会再因为未与员工签订书面劳动合同而带来单位需向员工支付两倍工资的损失了，可事实并不完全如此。

‖ 案例展示

李某在北京某机械制造公司（以下简称"机械公司"）担任人事经理。前不久，李某向公司递交辞职报告并从该公司离职。过了两个星期后，出乎该公司意料的是，李某向当地劳动争议仲裁委员会递交了仲裁申请书，称其在该机械公司工作的 10 个月时间里，公司一直没有与其订立书面劳动合同，故要求该公司按《劳动合同法》的规定，按 2 倍月工资的标准向其发放未订劳动合同期间的工资。

劳动争议仲裁委受理此案后，机械公司答辩道：李某入职后被我公司聘为人事部经理。按照我公司规定，公司的劳动合同是由公司人事部负责与每个员工签订，并加盖公司劳动合同专用章。在李某任职人事经理期间，公司为了规范劳动合同签订工作，曾召开专门会议，要求人事部对所有员工的劳动合同订立情况进行清理和规范，采用有效手段杜绝不签书面劳动合同的现象。李某系人事部经理，负责该项工作，理应知道本人应及时与用人单位订立书面劳动合同，而且这也属于李某工作岗位应尽职责。故，不订立书面劳动合同的责任在李某而不在单位，公司不同意向李某支付未订书面劳动合同期间的2倍工资。

该公司在仲裁庭审时，向仲裁庭提供了总经理办公室《关于规范本公司劳动合同签订工作的通知》，以证明公司曾要求人事部与所有员工签订书面劳动合同。同时，公司还向仲裁庭提供了该公司与其他员工订立的书面劳动合同，以证明公司已与其他员工订立了书面劳动合同，且这些其他员工的书面劳动合同是由人事经理李某作为公司一方的代表在劳动合同上签的字。

仲裁庭在庭审结束后认为：李某在该公司的工作岗位是人事部经理，（公司法定代表人曾书面授权李某）负责代表公司与所有员工签订劳动合同，而其本人也是属于签订劳动合同范围内的人员之一，现在全公司的人员都与公司签订了劳动合同，唯独其作为人事部经理没有签订合同，这显然是李某本人的不作为。因此，对李某因不订立书面劳动合同要求机械公司支付2倍工资的请求，仲裁委员会不予支持，裁决驳回其仲裁请求。

公司拿到胜诉的裁决书很高兴，以为此事就此有了定论。可没想到，李某不服裁决向当地法院提起了诉讼，且经过法院二审后作出的最终判决结果与仲裁完全相反，终审判决是：机械公司因未与李某签订书面劳动合同应向李某支付2倍工资。

面对上述判决，公司领导为之愕然。为什么会是这样的结果呢？

追本溯源

为什么这种没有职业道德的人事经理可以胜诉?

法院认为,虽然李某在该公司的工作岗位是人事部经理,且公司法定代表人曾书面授权李某代表公司与所有员工签订劳动合同,但是李某自己的劳动合同应该有公司法定代表人或其授权的其他人代表公司与李某签署。而不能由李某代表公司与自己签订劳动合同,否则就违背了合同由两个以上主体签订的基本原则,这种劳动合同即使签署了,也应该是无效的。换句话说,与李某签订劳动合同不能是李某本人的职责,而是公司法定代表人的职责。

2010年9月7日《北京市东区法院劳动争议案件研讨会会议纪要》中第4条内容如下:

四、公司高管人员或人事部门负责人未与用人单位签订书面劳动合同并向用人单位索要双倍工资差额的,应否支持?

现行劳动法律并未将高管人员排除在适用范围之外,用人单位(或其董事会)亦应与高管人员签订书面劳动合同,否则应依法支付双倍工资;但高管人员属于上级单位委任或政府主管部门任命的除外。同样地,用人单位亦应依法与人事管理部门负责人签订书面劳动合同;除用人单位有证据证明人事管理部门负责人存在恶意隐匿劳动合同文本行为的之外,人事管理部门负责人亦有权索要未签劳动合同双倍工资的差额。

根据上述会议纪要的精神,法院作出判决:机械公司因未与李某签订书面劳动合同应向李某支付2倍工资。

以上判决结果似乎对企业不是很公平。有些人认为,毕竟机械公司已明确要求人事部门与所有员工签订书面劳动合同,李某代表机械公司已与其他员工均签订了书面劳动合同,唯独自己的合同没有签订。这表明李某是在明知不签劳动合同违法的情况下,并没有向公司法定代表人"提示"基于本人身份的特殊性应另行授权其他人代表公司与自己签订书面合同,因此存有为了谋取自己利益故意损害机械公司利益的嫌疑。

实际上，本书作者也很同情机械公司的遭遇，并十分痛恨人事经理李某这种缺乏职业道德和职业操守的行为。但从我国现有的法律上看，还找不到有关李某应履行上述“提示”义务的规定。因此，我们只能从职业道德上谴责李某，而在司法审判中，法院还是要依法作出对用人单位不利的处理决定。

☆ 专家锦囊

企业与高管或人事负责人签合同的注意事项

目前，相对于《劳动合同法》实施之初，因用人单位不签订书面劳动合同而提起仲裁或诉讼的案件数量已大为减少，但此类案件出现一个新的特点，即个别当事人利用担任公司人事部工作人员的职务便利，在离职时，取走了自己的劳动合同。仲裁机构或法院在审理案件时，依据证据尽可能地还原客观事实，但由于仲裁或诉讼受到双方的举证能力、证据证明力的大小等多种因素的制约，所能还原的只是法律事实，与客观事实有可能存在偏差。因此，用人单位应在劳动合同签订和保管的一些细微之处加强管理，以防个别没有职业道德的人利用工作之便，钻空子后讹诈单位。

现实中，下列人员的劳动合同签订及相关问题往往容易被忽视，本书作者提醒广大用人单位要引起注意：

1. 现行劳动法律并未将高管人员排除在适用范围之外，用人单位亦应与高管人员签订书面劳动合同，否则应依法支付双倍工资。

2. 用人单位应特别注意依法与人事管理部门负责人签订书面劳动合同。否则，出现上述案例的情况，人事经理没签书面劳动合同，用人单位将十分被动。

3. 对于负责保管本单位员工劳动合同的人员，其本人的劳动合同应该由其他人员负责保管。曾经出现过这样的案例，秦某担任某公司人力资源部助理，负责保管员工档案及全体员工签署后的、由公司留存的一份劳动合同原件。其中，也包括秦某自己的那份劳动合同原件。工作 10 个月后，秦某辞职并提请劳动争议仲裁。秦某在仲裁申请书中称，因公司没有与其签署过书面劳动合同，故应向其依法支付双倍工资。看到秦某的说法，公司觉得很怪异：明明签过书面劳动合同的，为什么秦某却说没签过呢？公司领导让人事经理赶紧将秦某的合同从档案柜中找出来，但人事经理翻遍了档案柜，找到了其他所有人的劳动合同，却唯独没找到秦某的劳动合同。“一定是秦某利用负责保管员工档案的工作之便，在其离职前偷偷把自己那份劳动合同拿走了！”人事经理恍然大悟地对公司领导说。“虽然应该就是这么回事，但你没证据呀！”领导感慨道。也正是因为没有证据，公司只能承担败诉的结果了。因此，本书作者建议，对于负责保管员工劳动合同原件的人员，其本人留存给单位那份劳动合同原件不应由其本人管理，而应该由单位另行安排别人来管理。只有这样，对于用人单位才够安全。

法条重现

《中华人民共和国劳动合同法》

（2007 年 6 月 29 日公布　自 2008 年 1 月 1 日起施行　2012 年 12 月 28 日修正　《修正决定》自 2013 年 7 月 1 日起施行）

第十条　建立劳动关系，应当订立书面劳动合同。

已建立劳动关系，未同时订立书面劳动合同的，应当自用工之日起一个月内订立书面劳动合同。

用人单位与劳动者在用工前订立劳动合同的，劳动关系自用工之日起建立。

第八十二条　用人单位自用工之日起超过一个月不满一年未与劳动者订立书面劳动合同的，应当向劳动者每月支付二倍的工资。

用人单位违反本法规定不与劳动者订立无固定期限劳动合同的，自应当订立无固定期限劳动合同之日起向劳动者每月支付二倍的工资。

《中华人民共和国劳动合同法实施条例》

(2008年9月18日 国务院令第535号公布 自公布之日起施行)

第五条 自用工之日起一个月内,经用人单位书面通知后,劳动者不与用人单位订立书面劳动合同的,用人单位应当书面通知劳动者终止劳动关系,无需向劳动者支付经济补偿,但是应当依法向劳动者支付其实际工作时间的劳动报酬。

第六条 用人单位自用工之日起超过一个月不满一年未与劳动者订立书面劳动合同的,应当依照劳动合同法第八十二条的规定向劳动者每月支付两倍的工资,并与劳动者补订书面劳动合同;劳动者不与用人单位订立书面劳动合同的,用人单位应当书面通知劳动者终止劳动关系,并依照劳动合同法第四十七条的规定支付经济补偿。

前款规定的用人单位向劳动者每月支付两倍工资的起算时间为用工之日起满一个月的次日,截止时间为补订书面劳动合同的前一日。

第七条 用人单位自用工之日起满一年未与劳动者订立书面劳动合同的,自用工之日起满一个月的次日至满一年的前一日应当依照劳动合同法第八十二条的规定向劳动者每月支付两倍的工资,并视为自用工之日起满一年的当日已经与劳动者订立无固定期限劳动合同,应当立即与劳动者补订书面劳动合同。

☞ 代签劳动合同隐患大

典型现象

为什么由其他员工代签的
劳动合同会给企业带来麻烦?

随着劳动合同法的实施,为了避免因未及时与劳动者签订书面劳动合同而承担双倍工资的不利后果,绝大多数企业均能及时安排员工办理签订书面劳动合同的手续。但目前一些用人单位,在订立劳动合同时，并没有很严格和认真地对待合同的签订形式和程序要求，随意代签的情况时有出现，由此产生了一系列的劳动纠纷。

案例展示

李某大学毕业后，与十几名同学一起进入某国有公司工作，并与该公司签订了为期一年的劳动合同。劳动合同即将到期时，公司打算与李某等一起入职的员工续签劳动合同，但恰巧李某当时在外地洽谈业务暂时回不来，无法履行签约手续。李某所在的部门经理为了保证公司交办的这项续签合同工作能按时完成，就让李某的好友、公司的另一个员工张某替李某在劳动合同上签了字，劳动合同的内容与前一份劳动合同的内容一致，劳动合同期限也是一年。

一年的时间转眼即将过去了。一天，公司向李某发出了一份书面通知。通知中称，公司与李某续签的一年期劳动合同到期后，公司决定不再与其续签劳动合同。据此，双方的劳动合同期满终止。请李某在其合同期满日或之前办理工作交接等离职手续。

李某收到通知后向公司提出质疑：什么叫劳动合同期满终止呀？公司就没有与我续签过劳动合同。也就是说，这一年来，公司与我只有事实劳动关系，没有合同。因此我认为，公司无权以合同期满终止为由，让我离职；不但如此，公司还应该向我支付未签劳动合同这一年的双倍工资。

面对李某的质疑，部门经理找来张某："我让你替李某在续签的合同上签字时，不是嘱咐过你要先征得李某的同意嘛！怎么回事？难道你没将代签合同的事告诉李某吗？"

"我当时是想先电话征得他的同意，但电话没打通。"张某回忆着说，"不过，李某那次出差一回来，我马上就把自己帮他代签劳动合同一事告诉了他，他当时并未表示任何异议。"

"你胡说八道！"李某对着张某回应道，"你从来就没跟我提过什么代签合同的事，你有什么证据证明跟我说过？"

张某对此无言以对。

"如果你今天拿不出证据,我明天就去劳动仲裁,让公司赔偿给我一年没签劳动合同的双倍工资。"

部门经理见此状,意识到事情可能对公司不利。于是,赶紧将此事汇报给公司领导。

此事让公司感到困惑的问题有如下两个:

(1)李某提请仲裁后,如果张某能在仲裁庭举出充分的证据证明,当时自己确实已将代签劳动合同一事告诉了李某,且李某当时未表示任何异议,则张某代李某签署的劳动合同是否有效?

(2)李某提请仲裁后,如果公司不能在仲裁庭拿出任何证据证明,曾将代签劳动合同一事告诉过李某,则公司是否应向李某承担未签劳动合同的双倍工资赔偿责任?

追本溯源

哪些情况下的代签合同行为是有效的?哪些是无效的?

(一)李某提请仲裁后,假设张某能在仲裁庭举出充分的证据证明,当时自己确实已将代签劳动合同一事告诉了李某,且李某当时未表示任何异议,则张某代李某签署的劳动合同是有效的

其理由如下:

首先,签订合同可以由他人代理。如果本人事先委托代理人为其签订合同,那么代理人接受的就是委托代理。具体到本案例来说,假设李某由于在签订合同的期间在外地不能回来签约而事先委托了其好友张某代其签订合同的话,则张某代其签订合同的行为就应视为李某本人签订合同的行为,劳动合同有效。

其次,张某事先并没有得到李某的委托就代其在劳动合同上签了字,属于无权代理,那么张某作为无权代理人所签订的合同对被代理人李某的效力就处于一种不确定的状态。假设李某知悉此事后,对此事进行了追认,那么无权代理人张某代其续签劳动合同的后果就由李某本人承担;但如果李某未对此次代理行为进行追认,那么无权代理

行为所产生的后果就应由张某承担。

最后,假设李某出差回来上班后,张某把自己代签劳动合同的事告诉了他,李某没有做出任何表示(即李某既未主动追认张某实施的无权代理行为,又未做出对此无权代理行为不予追认的明确表示),那么这种沉默状况下无权代理的行为效力应该如何认定呢?根据《中华人民共和国民法通则》第 66 条的规定,没有代理权、超越代理权或者代理权终止后的行为,只有经过被代理人的追认,被代理人才承担民事责任。未经追认的行为,由行为人承担民事责任。本人知道他人以本人名义实施民事行为而不作否认表示的,视为同意。也就是说,在无权代理的情况下,被代理人知道该无权代理事由后,既没有明确对无权代理行为予以肯定,也没有做出对无权代理行为的否认表示的,视为默许,即同意。如果是此种情况的话,案例中张某代李某与公司所续签的劳动合同合法有效。

(二)李某提请仲裁后,如果公司不能在仲裁庭拿出任何证据证明,曾将代签劳动合同一事告诉过李某,则公司应向李某承担未签劳动合同的双倍工资赔偿责任

其理由如下:

如果公司不能在仲裁庭拿出任何证据证明,曾将代签劳动合同一事告诉过李某,则李某关于公司没有与其续签劳动合同,形成事实劳动关系已有一年之久的主张,就会得到仲裁庭的认可。而一旦仲裁庭将公司与李某形成一年事实劳动关系认定为法律事实,则根据劳动合同法的规定,该公司就需承担因未与李某订立书面劳动合同而应向李某支付的双倍工资。

☆ 专家锦囊

怎样有效管理员工的劳动合同签署行为,以免给企业带来不必要的麻烦?

(一)劳动者本人亲自签订劳动合同

为了保险起见,建议用人单位在与劳动者签订劳动合同时,最好能让劳动者亲自在本人的劳动合同书上签字,而尽量不要轻易允许劳

动者使用委托代理的方式,由别人代签劳动合同。即使出现劳动者因故的确无法亲自签署,而不得不允许其委托别人代签合同的情况,则用人单位也应要求该劳动者提供其本人亲笔签字的授权委托书,在审查授权委托书的真实性和代理权限均没有问题的前提下,方能允许其代理人代为签署劳动合同。

(二)劳动者当面签订劳动合同

即便员工不使用代理人,而是由本人与用人单位签订劳动合同的,也最好是让劳动者当面在合同上签字。曾有过这样的案例:一名新员工入职时,公司将需要该员工签署的劳动合同书一式两份交给员工,该员工称,自己需将合同拿回去仔细阅读后再签字,公司很欣赏该员工这种对待合同签订的认真负责态度,于是允许其拿回去细看后再签。几天后,该员工拿着在合同落款处签有自己姓名的劳动合同一式两份,交给了公司。第二天,公司在两份劳动合同落款处加盖了公章,但未将盖完章的劳动合同一份交给员工(两份都保留在了公司)。半年后,该员工提出辞职并以公司未与其签订劳动合同为由,提起劳动仲裁,要求赔偿双倍工资。其提出的证据是企业保留的劳动合同上的签字非其本人所签。此时,公司才意识到,当初劳动合同上的签字很可能是他找人代签的,但悔之晚矣。

劳动合同双方当事人都有监督对方确系适格的合同当事人且印章签字真实可靠的责任和注意义务,特别是一方系自然人情况下更须谨慎行事,防止出错。若劳动者有心设计而找他人代签名,那么上述公司显然在这方面存在疏忽大意的过失,这才导致该员工钻了空子,使得公司无法证明与其签订了书面劳动合同,进而哑巴吃黄连,不得不承担双倍工资的赔偿。

法条重现

《中华人民共和国劳动合同法》

(2007年6月29日公布 自2008年1月1日起施行 2012年12月28日修正 《修正决定》自2013年7月1日起施行)

第十条 建立劳动关系,应当订立书面劳动合同。

已建立劳动关系，未同时订立书面劳动合同的，应当自用工之日起一个月内订立书面劳动合同。

用人单位与劳动者在用工前订立劳动合同的，劳动关系自用工之日起建立。

第八十二条 用人单位自用工之日起超过一个月不满一年未与劳动者订立书面劳动合同的，应当向劳动者每月支付二倍的工资。

用人单位违反本法规定不与劳动者订立无固定期限劳动合同的，自应当订立无固定期限劳动合同之日起向劳动者每月支付二倍的工资。

《中华人民共和国民法通则》

（1986年4月12日公布　自1987年1月1日起施行　2009年8月27日修正）

第六十六条 没有代理权、超越代理权或者代理权终止后的行为，只有经过被代理人的追认，被代理人才承担民事责任。未经追认的行为，由行为人承担民事责任。本人知道他人以本人名义实施民事行为而不作否认表示的，视为同意。

代理人不履行职责而给被代理人造成损害的，应当承担民事责任。

代理人和第三人串通，损害被代理人的利益的，由代理人和第三人负连带责任。

第三人知道行为人没有代理权、超越代理权或者代理权已终止还与行为人实施民事行为给他人造成损害的，由第三人和行为人负连带责任。

☞ 工龄10年与无固定期限劳动合同

典型现象

只要工作满10年，是否员工就有权随时要求签订无固定期限劳动合同？

目前，广大用人单位基本上都已经知道了，《劳动合同法》所规定的，应当与劳动者签订无固定期限劳动合同的几种情形。特别是，对于在本单位连续工作满10年的劳动者，用人单位一般都知道，要依法与其签订无固定期限劳动合同。但现实中，有些情况还是会令用人单位困惑，不知是否应当与员工签订无固定期劳动合同。

案例展示1

罗林(化名)是某公司员工。2008年《劳动合同法》实施之前，罗林与公司连续续签多次劳动合同，2008年后罗林与公司又签订了一份为期5年的劳动合同，期限从2008年3月至2013年3月。2012年1月，罗林在该公司已经连续工作满10年。于是，罗林向公司提出了要将本人劳动合同改签成无固定期限劳动合同的申请。当公司询问其提出该申请的理由时，罗林理直气壮地说："《劳动合同法》规定，凡是在同一单位连续工作满10年的，公司应当与其签订无固定期限劳动合同。我算过了，截止到昨天为止，我在咱们公司正好工作了满10年，因此，公司现在就应该将我的劳动合同改签成无固定期限劳动合同。"

公司领导一时不知罗林这种对法律的理解是否正确，便向本书作者寻求帮助，该公司领导提出的咨询问题是：劳动合同未到期，但员工工作已满10年，在此情况下，员工是否有权要求将现有劳动合同改签为无固定期限合同？

案例展示2

梅小姐在一家中外合资公司工作，一晃9年过去了。就在梅小姐在该公司工作满九年半时，她的劳动合同到期了。公司人事部以劳动合同期满后不再与其续订合同为由，书面通知梅小姐终止劳动合同并要求其在合同期满日或之前办理离职手续。收到该通知后，梅小姐立即告知公司，自己刚从医院查出已有身孕，按照法律规定，公司不能现在让自己离职。

公司人事部查阅了梅小姐提供的医院诊断证明后，同意按照《劳动合同法》的规定，将梅小姐的劳动合同续延至其哺乳期满时终止，并已书面形式将这一决定通知了梅小姐。

梅小姐怀胎10月后，终于生出了一个可爱的宝宝。又过了1年，当宝宝满1周岁（即梅小姐的哺乳期届满时），公司要求梅小姐尽快办理劳动合同终止手续。此时，梅小姐不但拒绝办理终止合同手续，反而向公司提出了要求续订无固定期限劳动合同的主张。梅小姐认为，自己在本公司连续工作已满10年，公司不但不应终止劳动合同，而且应该依法与其签订无固定期限劳动合同。公司不认同梅小姐的观点，双方虽反复进行了几次沟通和交涉，但最终未能达成共识。于是，梅小姐向当地劳动争议仲裁机构提出了仲裁申请，要求与公司续签无固定期限劳动合同。公司应诉后抗辩道：双方劳动合同在梅小姐没有工作满10年时，已经到期早应终止，当时公司也向其发出了劳动合同不续签通知书，只是因为梅小姐怀孕而依法应给予特殊照顾，不得不将其合同续延至哺乳期满，因此，公司没有义务与梅小姐签订无固定期限劳动合同。

面对这起案件，仲裁庭应作出怎样的裁决呢？

追本溯源

与续签无固定期限劳动合同相关的问题解析

（一）对于案例1来说，劳动合同未到期，但员工工作已满10年，在此情况下，员工是否有权要求将现有劳动合同改签为无固定期限合同？

针对这个问题，本书作者向该公司领导给出了如下解答意见：

《劳动合同法》第14条第2款规定："用人单位与劳动者协商一致，可以订立无固定期限劳动合同。有下列情形之一，劳动者提出或者同意续订、订立劳动合同的，除劳动者提出订立固定期限劳动合同外，应当订立无固定期限劳动合同：（一）劳动者在该用人单位连续工作满10年的……"也就是说，劳动者在用人单位连续工作满10年的，在双方协商一致或续订、订立劳动合同时，劳动者提出订立无固定期限劳动合同的，则用人单位应当与其签订无固定期限劳动合同。

＊需要注意的是，以上规定是续订、订立劳动合同时适用，也就是说，劳动者在符合订立无固定期限劳动合同的情形时，应当在合同期限届满前或劳动合同订立时，向单位提出订立无固定期限劳动合同的要求。罗林与公司现有劳动合同中所约定的终止日期是2013年3月，而其在2012年1月向公司提出签订无固定期限劳动合同的要求，不属于“续订、订立”劳动合同，而属于“变更”原劳动合同的情形。根据《劳动合同法》第35条规定：“用人单位与劳动者协商一致，可以变更劳动合同约定的内容。变更劳动合同，应当采用书面形式。”根据以上规定，当事人对已经订立的劳动合同进行变更，应当遵循平等自愿、协商一致的原则，现公司不同意变更，因双方劳动合同尚在履行期限内，罗林要求签订无固定期限劳动合同的请求缺乏法律依据。也就是说，如果公司不同意罗林提出的，变更合同期限的申请，则双方只能继续履行原劳动合同。此时，罗林无权单方要求公司将其劳动合同变更为无固定期限劳动合同。

另外，深圳市中级人民法院在《关于审理劳动争议案件程序性问题的指导性意见》中明确指出：在履行固定期限劳动合同期间，一方当事人未经另一方当事人同意，单方要求将原劳动合同变更为无固定期限劳动合同的，不予支持。

（二）目前，对于案例2这类案件应怎样裁决，社会上有两种观点

观点一：法定的续延事由消失时，合同应自然终止，劳动者要求订立无固定期限劳动合同的，应不予支持。

观点二：应当订立无固定期限劳动合同。《劳动合同法》第14条规定的应当订立无固定期限劳动合同的情形为“劳动者在该用人单位连续工作满十年的”，并未进行其他限制。

持观点一的最具代表性的是，上海地区的劳动仲裁机构和法院。上海高级人民法院和上海人保局联合发布的《关于适用〈劳动合同法〉若干问题的意见》（沪高法〔2009〕73号）中明确规定：“……（三）因法

定顺延事由，使得劳动者在同一单位工作时间超过十年的，是否作为签订无固定期限劳动合同的理由：劳动合同期满，合同自然终止。合同期限的续延只是为了照顾劳动者的特殊情况，对合同终止时间进行了相应的延长，而非不得终止。《劳动合同法》第四十五条也明确规定：'劳动合同期满，有本法第四十二条规定情形之一的，劳动合同应当延续至相应的情形消失时终止。'在法律没有对终止的情况作出特别规定的情况下，不能违反法律关于合同终止的有关规定随意扩大解释，将订立无固定期限合同的后果纳入其中。因此，法定的续延事由消失时，合同自然终止。"

也就是说，如果案例中的事件发生在上海，双方当事人在上海地区进行仲裁或诉讼的，依据上述上海的地方性规定，应当裁决梅小姐败诉。即公司有权在梅小姐哺乳期满时终止其劳动合同。

持观点二的仲裁员或法官认为：劳动合同的终止与劳动合同的订立并不互相矛盾，而是在时间上的前后衔接。劳动合同终止意味着该劳动合同约定的权利义务不再对合同当事人具有法律约束力，但并不表示不能再订立劳动合同。

《劳动合同法》第 45 条规定："劳动合同期满，有本法第四十二条规定情形之一的，劳动合同应当延续至相应的情形消失时终止。"这实质上是劳动合同约定的期限届满时，如出现法律规定的原因，法律将合同期限延长一定的期限。法定事由消失时，延长的期限届满，劳动合同终止。此时，劳动合同的终止与双方约定的合同期限届满劳动合同终止并无本质区别，其法律后果都是劳动合同将因期限届满终止。而劳动合同终止后是否再订立劳动合同应当适用劳动合同法中关于订立劳动合同的规定。

《劳动合同法》第 14 条第 1 项规定的应当订立无固定期限劳动合同的情形为"劳动者在该用人单位连续工作满十年"。1996 年劳动部对上海市劳动局《关于如何理解"同一用人单位连续工作时间"和"本单位工作年限"的请示》的复函中对"连续工作"进行了说明："同一用人单位连续工作时间是指劳动者与同一用人单位保持劳动关系的时间。”因法定事由顺延劳动合同,使得劳动者在同一用人单位连续工作时间已满 10 年,如果劳动者提出订立劳动合同的,应当订立无固定期限劳动合同。

也就是说,案例中的纠纷如果不是发生在上海地区,且处理该案件的承办人是持观点二的仲裁员或法官,则该案件的裁决结果将是公司败诉。即公司不但无权终止梅小姐的劳动合同,而且公司还必须要与梅小姐签订无固定期限劳动合同。

☆ 专家锦囊

无固定期限劳动合同疑难问题处理原则

劳动合同是用人单位与劳动者就双方劳动权利义务达成的协议。按照合同的基本原理,是否订立合同应当由双方当事人达成合意。但由于劳动合同主体双方天然的不平等性决定了劳动合同显著区别于其他民事合同的特殊性。因此在一定条件下强制用人单位与劳动者订立无固定期限劳动合同,成为实现《劳动合同法》“保护劳动者合法权益,构建和发展和谐稳定的劳动关系”的立法宗旨的有力措施。

对于因法定事由顺延至满 10 年工龄的劳动者是否可以要求签订无固定期限劳动合同的问题,目前国家法律法规没有明文规定。虽然有部分地区制定了相关的成文规定,如上海地区,但多数地区目前没有成文规定,其中相当一部分地区的仲裁员或法官在认识上与上海地区存在分歧。

基于上述现状,建议用人单位在处理这类事件时,应首先查询一下本地区有没有针对此类问题的成文规定?如果有,则按该规定执行;如果没有,则应收集或寻找当地有关此类案件的仲裁或法院判例,并以判例做参考,制定出本单位处理此类事件的操作原则。如果不这样操作的话,一旦形成劳动争议案件,用人单位就会很被动。

法条重现

《中华人民共和国劳动合同法》

(2007年6月29日公布　自2008年1月1日起施行　2012年12月28日修正　《修正决定》自2013年7月1日起施行)

第十四条　无固定期限劳动合同,是指用人单位与劳动者约定无确定终止时间的劳动合同。

用人单位与劳动者协商一致,可以订立无固定期限劳动合同。有下列情形之一,劳动者提出或者同意续订、订立劳动合同的,除劳动者提出订立固定期限劳动合同外,应当订立无固定期限劳动合同:

(一)劳动者在该用人单位连续工作满十年的;

(二)用人单位初次实行劳动合同制度或者国有企业改制重新订立劳动合同时,劳动者在该用人单位连续工作满十年且距法定退休年龄不足十年的;

(三)连续订立两次固定期限劳动合同,且劳动者没有本法第三十九条和第四十条第一项、第二项规定的情形,续订劳动合同的。

用人单位自用工之日起满一年不与劳动者订立书面劳动合同的,视为用人单位与劳动者已订立无固定期限劳动合同。

第四十四条　有下列情形之一的,劳动合同终止:

(一) 劳动合同期满的;

……

上海高级人民法院、上海人保局《关于适用〈劳动合同法〉若干问题的意见》

(2009年3月3日　沪高法〔2009〕73号)

四、涉及无固定期限劳动合同的几个问题

(一)应订未订无固定期限劳动合同的处理

劳动者提出订立无固定期限劳动合同的请求符合法律规定,用人单位未依法与其订立的,根据《最高人民法院关于审理劳动争议案件适用法律若干问题的解释》(法释〔2001〕14号)第十六条第二款的规定,可以"视为双方之间存在无固定期限劳动合同关系,并以原劳动合同确定双方的权利义务关系”。其中,“原劳动合同确定的双方权利义务关系”,包括书面合同方式确定的权利义务关系和以事实劳动关系方式确定的权利义务关系。

(二)符合订立无固定期限劳动合同的条件,但当事人订立了固定期限合同的效力

劳动者符合签订无固定期限劳动合同的条件,但与用人单位签订固定期限劳动合同的,根据《劳动合同法》第十四条及《实施条例》第十一条的规定,该固定期限劳动合同对双方当事人具有约束力。合同期满时,该合同自然终止。

(三)因法定顺延事由,使得劳动者在同一单位工作时间超过十年的,是否作为签订无固定期限劳动合同的理由

劳动合同期满,合同自然终止。合同期限的续延只是为了照顾劳动者的特殊情况,对合同终止时间进行了相应的延长,而非不得终止。《劳动合同法》第四十五条也明确规定:“劳动合同期满,有本法第四十二条规定情形之一的,劳动合同应当延续至相应的情形消失时终止。”在法律没有对终止的情况做出特别规定的情况下,不能违反法律关于合同终止的有关规定随意扩大解释,将订立无固定期限合同的后果纳入其中。因此,法定的续延事由消失时,合同自然终止。

深圳市中级人民法院《关于审理劳动争议案件程序性问题的指导性意见》

(2009年4月15日)

72.在履行固定期限劳动合同期间,一方当事人未经另一方当事人同意,单方要求将原劳动合同变更为无固定期限劳动合同的,不予支持。

☞ 两次合同履行期届满，企业可否单方终止？

典型现象

第二次劳动合同期满，员工要求续订，
企业是否可以终止？

众所周知，《劳动合同法》规定，2008 年以后，劳动者连续订立两次固定期限合同以后，再续订劳动合同的，用人单位应当与其续订无固定期限劳动合同。对这一法律条款，用人单位基本上都已熟知，并且在与劳动者签订(2008 年以后的)第三次劳动合同时，基本上都能依法续订为无固定期限劳动合同。现在经常困惑企业的问题是，当与员工签订的第二次劳动合同期限届满时，如果员工想续订，企业是否可以终止？

案例展示

李师傅在 2008 年之前已经在某纺织厂工作了 4 年，2008 年后，公司又分别与李师傅续订过两次为期 2 年的劳动合同。在第二次(即最后一次)劳动合同期满时，公司书面通知李师傅说，公司决定不再与其续订劳动合同，双方的劳动合同关系就此终止，并要求李师傅办理工作离职交接等手续。

李师傅不满公司的决定，质问公司人事经理："我在公司工作这么多年，从来没违反过劳动纪律和规章制度，很少请休病假，工作能力和水平虽然不是最好的，但最起码是一般的，完全能胜任岗位职责的，凭什么公司要终止我的劳动合同？"

"公司没说您工作上有什么问题，"人事经理解释道，"之所以决定不与您续订劳动合同，完全是因为公司现在效益很差，没有那么多活儿可干。现在人力成本又那么高，公司实在负担不起，所以不得不终止您的劳动合同。"

“可是，在2008年以后我已经签过两次合同了。按照劳动合同法的规定，接下来，公司应该跟我续签无固定期限劳动合同才对。所以，我不同意公司的终止劳动合同决定，我要求续订劳动合同，并且是续订无固定期限劳动合同。”

面对李师傅的上述要求，人事经理语重心长地说：“这可真不行。您的这种想法，公司是绝对不可能满足的。”

第二天，李师傅向当地劳动争议仲裁委员会提出了仲裁申请，要求认定公司终止劳动合同行为违法，并裁决企业与自己续签无固定期限劳动合同。

追本溯源

两次劳动合同期满，员工是否获得无固定期限合同的强制缔约权？

无固定期限的劳动合同是指用人单位与劳动者约定无确定终止时间的劳动合同。一般来说，按照平等自愿、协商一致的原则，无论是劳动者初次就业与企业订立劳动合同，还是合同到期后与企业续订劳动合同，只要用人单位和劳动者达成一致，都可以签订无固定期限的劳动合同。同时，《劳动合同法》第14条还规定，有下列几种特定情况之一的，只要劳动者提出或者同意与企业续订劳动合同且劳动者本人不提出订立固定期限劳动合同，则企业就必须要与该劳动者订立无固定期限的劳动合同：(1)劳动者在该用人单位连续工作满10年的；(2)用人单位初次实行劳动合同制度或者国有企业改制重新订立劳动合同时，劳动者在该用人单位连续工作满10年且距法定退休年龄不足10年的；(3)连续订立两次固定期限劳动合同，且劳动者没有《劳动合同法》第39条和第40条第1项、第2项规定的情形，续订劳动合同的。另外，《劳动合同法》第97条第1款规定：“本法施行前已依法订立且在本法施行之日存续的劳动合同，继续履行；本法第十四条第二款第三项规定连续订立固定期限劳动合同的次数，自本法施行后续订固定期限劳动合同时开始计算。”

关于劳动合同连续两次订立后改无固定期限劳动合同（以下简称无固合同）的问题，在理论和实务中引起较大争议。涉及的一个焦点问题是，两次固定期限劳动合同届满之际，劳动者单方意思表示能否导致用人单位缔结无固定期限合同的法定义务？换言之，是否劳动者有了强制缔约权？对该项规定，目前全国各地的劳动行政部门和法院有不同的理解和解读。总体上看，司法实践中主要有两种意见：

第一种意见认为，用人单位与劳动者连续订立两次固定期限劳动合同，且劳动者没有违法违纪以及不能胜任工作的情况，只要劳动者提出或者同意续订、订立劳动合同的，除劳动者提出订立固定期限劳动合同外，用人单位没有选择权，即用人单位这时不能终止劳动合同，必须订立无固定期限劳动合同。

第二种意见认为，该条规定在"劳动者提出或者同意续订、订立劳动合同"之前需具备三个条件，即（1）连续订立两次固定期限劳动合同；（2）劳动者没有本法第 39 条和第 40 条第 1 项、第 2 项规定的情形；（3）续订劳动合同的。劳动合同法第 14 条第 2 款第 1 项、第 2 项均无"续订劳动合同的"这个条件，只要达到 10 年则可直接签订，第 3 项中增加了"续订劳动合同的"这个条件，根据法条前后文意思应当是指前面两次固定期限劳动合同终止后，双方再次决定续订劳动合同的，劳动者提出要求，则应当签订无固定期限劳动合同。如果用人单位不愿意再次"续订劳动合同的"，则因为缺乏双方共同的"续订劳动合同的"意思表示，劳动合同终止，即使劳动者提出要求，也因不符合该条规定的条件而无法达到目的。

☆ ‖ 专家锦囊

如何面对：两次合同期满，
是否续订无固定期限劳动合同的各地司法分歧？

两种不同的理解，结果有天壤之别。在 2007 年《劳动合同法》新闻发布会上，官方发言人对第 14 条第 2 款第 3 项的解读与第一种意见一致："连续订立两次固定期限劳动合同以后，劳动者没有本法第

39 条和第 40 条规定的情形,这两条规定的情形就是劳动者没有违规、违纪、违法的情形,没有患病、负伤,不能胜任工作的情况下,劳动者提出要续订劳动合同的时候,用人单位应当签订无固定期限劳动合同。特别是第 3 项在制定过程中,我们反复征求了意见,二审以后,这个修改意见又在相当范围的社会层面征求意见,大家都对连续两次签订固定期限劳动合同,再签订就要签订无固定期限劳动合同的规定,表示不解,或者是反对的意见。后来我们想到,为了解决劳动合同短期化的问题,要作这样的规定,并且劳动者是在没有出错的情况下,是遵纪守法、努力工作的情况下,已经连续两次签订固定期限劳动合同,已经付出了劳动,在工作期间能够胜任用人单位工作的情况下,用人单位和劳动者签无固定期限劳动合同也是合理的。"

根据这一解读,一些地区的仲裁员和法官坚持下述观点:用人单位与劳动者连续订立两次固定期限劳动合同后,且劳动者没有违法违纪以及不能胜任工作的情况,只要劳动者提出或者同意续订、订立劳动合同的,除劳动者提出订立固定期限劳动合同外,用人单位没有选择权,即用人单位这时不能终止劳动合同,必须订立无固定期限劳动合同。

上述观点的依据就是前述立法机关的官员在新闻发布会上的说法,诸如立法目的是解决劳动合同短期化云云。

但司法实践中也有不同的理解和看法,比如上海地区的仲裁员和法官则持第二种意见,他们认为无固定期限劳动合同的适用是有前提条件,即用人单位表示续订或要求订立。上海市高院《关于适用〈劳动合同法〉若干问题的意见》(以下简称"上海高院意见")第 4 条第 4 款,对"用人单位与劳动者连续订立几次固定期限劳动合同以后,续订合同应当订立无固定期限合同"问题给出意见:"《劳动合同法》第十四条第二款第(三)项的规定,应当是指劳动者已经与用人单位连续订立二次固定期限劳动合同后,与劳动者第三次续订合同时,劳动者提出签订无固定期限劳动合同的情形。"其中"与劳动者第三次续订合同",可以理解为是指用人单位缔约意思表示明确到达劳动者。

也就是说，各地劳动仲裁机关或司法机关对《劳动合同法》第 14 条的理解不同，目前导致了司法实务中的混乱，但上海地区因有上述“上海高院意见”，故上海地区仲裁机构和法院认为，企业可以在第二次合同结束的时候终止合同，支付补偿金。

另外，“上海高院意见”第 4 条第 2 款中规定：“劳动者符合签订无固定期限劳动合同的条件，但与用人单位签订固定期限劳动合同的，根据《劳动合同法》第十四条及《实施条例》第十一条的规定，该固定期限劳动合同对双方当事人具有约束力。合同期满时，该合同自然终止。”由此可见，在上海地区，如果第 3 次、第 4 次双方仍然签定的是固定期限合同，则该合同期满时企业仍然可以终止该劳动合同。

除了上海地区以外，还有一些其他地区的法院或仲裁机构也赞同上海这种规定，并在司法实践中参照上海的做法处理案件。

通过以上分析，可以得出这样的结论：案例中的李师傅和所在公司产生的劳动争议，其裁决结果如何，完全取决于其公司所在地的仲裁机构持上述哪种意见。如果该仲裁机构持上述第一种意见，则李师傅胜诉；如果该仲裁机构持上述第二种意见，则公司胜诉。

综上所述，建议用人单位在本单位遇到上述问题时，首先应该了解一下当地的劳动仲裁和法院是持哪种意见的；然后，再做出符合当地司法实践处理原则的操作方式。只有这样，才能保证出现争议案件时，企业不被动。

法条重现

《中华人民共和国劳动合同法》

（2007 年 6 月 29 日公布　自 2008 年 1 月 1 日起施行　2012 年 12 月 28 日修正　《修正决定》自 2013 年 7 月 1 日起施行）

第十四条　无固定期限劳动合同，是指用人单位与劳动者约定无确定终止时间的劳动合同。

用人单位与劳动者协商一致，可以订立无固定期限劳动合同。有下列情形之一，劳动者提出或者同意续订、订立劳动合同的，除劳动者提出订立固定期限劳动合同外，应当订立无固定期限劳动合同：

（一）劳动者在该用人单位连续工作满十年的；

（二）用人单位初次实行劳动合同制度或者国有企业改制重新订立劳动合同时，劳动者在该用人单位连续工作满十年且距法定退休年龄不足十年的；

（三）连续订立二次固定期限劳动合同，且劳动者没有本法第三十九条和第四十条第一项、第二项规定的情形，续订劳动合同的。

用人单位自用工之日起满一年不与劳动者订立书面劳动合同的，视为用人单位与劳动者已订立无固定期限劳动合同。

第九十七条 本法施行前已依法订立且在本法施行之日存续的劳动合同，继续履行；本法第十四条第二款第三项规定连续订立固定期限劳动合同的次数，自本法施行后续订固定期限劳动合同时开始计算。

上海高级人民法院、上海人保局《关于适用〈劳动合同法〉若干问题的意见》

（2009年3月3日 沪高法〔2009〕73号）

四、涉及无固定期限劳动合同的几个问题

（一）应订未订无固定期限劳动合同的处理

劳动者提出订立无固定期限劳动合同的请求符合法律规定，用人单位未依法与其订立的，根据《最高人民法院关于审理劳动争议案件适用法律若干问题的解释》（法释〔2001〕14号）第十六条第二款的规定，可以“视为双方之间存在无固定期限劳动合同关系，并以原劳动合同确定双方的权利义务关系”。其中，“原劳动合同确定的双方权利义务关系”，包括书面合同方式确定的权利义务关系和以事实劳动关系方式确定的权利义务关系。

（二）符合订立无固定期限劳动合同的条件，但当事人订立了固定期限合同的效力

劳动者符合签订无固定期限劳动合同的条件，但与用人单位签订固定期限劳动合同的，根据《劳动合同法》第十四条及《实施条例》第十一条的规定，该固定期限劳动合同对双方当事人具有约束力。合同

期满时,该合同自然终止。

(三)因法定顺延事由,使得劳动者在同一单位工作时间超过十年的,是否作为签订无固定期限劳动合同的理由

劳动合同期满,合同自然终止。合同期限的续延只是为了照顾劳动者的特殊情况,对合同终止时间进行了相应的延长,而非不得终止。《劳动合同法》第四十五条也明确规定:"劳动合同期满,有本法第四十二条规定情形之一的,劳动合同应当延续至相应的情形消失时终止。"在法律没有对终止的情况做出特别规定的情况下,不能违反法律关于合同终止的有关规定随意扩大解释,将订立无固定期限合同的后果纳入其中。因此,法定的续延事由消失时,合同自然终止。

(四)用人单位与劳动者连续订立几次固定期限劳动合同以后,续订合同应当订立无固定期限合同

《劳动合同法》第十四条第二款第(三)项的规定,应当是指劳动者已经与用人单位连续订立二次固定期限劳动合同后,与劳动者第三次续订合同时,劳动者提出签订无固定期限劳动合同的情形。

第三单元　工资及加班管理

☞ 这样的提成工资制合法吗?

典型现象

这种无底薪提成工资是否违反最低工资规定?

在今天的中国各地,“用工荒”的趋势越来越明显,为了解决招工难的问题,一些企业不得不采用提高员工工资标准的方法招揽人才,但有时企业会发现,单纯地抬高工资标准招来的员工,有些能力很差,不创造任何业绩,基本上就是白拿工资。于是,一些企业采用了计件工资制,还有些企业采用了提成工资制。

案例展示

陈某与某市医药公司签订了为期3年的劳动合同。合同约定,陈某在医药公司所属的销售分公司,从事销售工作,工资按《企业内部实行销售毛利润提成工资的办法》执行。

工作几个月后,陈某搞清了这个《企业内部实行销售毛利润提成工资的办法》。简言之,就是每个销售人员每月需完成销售产品利润4万元的基数,完成这个基数方可按比例提取个人所得,作为销售人员的工资。如果没有完成4万元的销售基数,企业将不予发放工资。

刚开始的几个月,陈某因对业务和产品不熟,勉强能够完成销售基数,每月拿到手的提成工资在3000元左右。半年后,陈某的业务熟练了,销售业绩开始大幅增长,每月从企业领取的销售提成工资都在1万元以上,这种好景持续了大约两年的时间。但最近,由于产品滞销,陈某连续 3 个月没有完成销售基数,造成在 3 个月的时间里,销售分公司未发陈某一分钱工资。

陈某认为,《企业内部实行销售毛利润提成工资的办法》不合理,销售分公司以他没有完成销售基数为理由不支付工资的做法,是不符合国家最低工资保障制度的,要求公司支付这 3 个月的最低工资(按当地政府规定的最低工资标准)。

但销售分公司却认为,《企业内部实行销售毛利润提成工资的办法》是合理合法的,在两年前,陈某依据该办法平均每月领取 1 万多元工资时,没有一点儿异议,偏偏现在因完不成销售额,领不到工资了,才有异议,显然是"只许州官放火,不许百姓点灯"的做法。因此,企业拒绝了陈某的要求。

陈某不服,遂向当地的劳动争议仲裁委员会提起了仲裁。

追本溯源

如何正确理解最低工资保障制度?

案例中的销售分公司根据本企业特点,制定了《企业内部实行销售毛利润提成工资的办法》,并将该办法写入与员工签署的劳动合同,作为双方约定的合同条款。应该说,该企业这种操作形式并无不妥,并且这种提成工资的分配方式,很有利于调动员工的工作积极性和主动性。但是,企业无论实行何种工资分配形式,都必须是在国家法律、政策允许的范围内,特别是不能违反国家的最低工资规定。根据《劳动法》第 48 条的规定:"国家实行最低工资保障制度。最低工资标准由省、自治区、直辖市人民政府规定,报国务院备案。用人单位支付劳动者的工资水平不得低于当地最低工资标准。"这就是说,企业在自主确定本企业的工资分配形式的同时,必须遵守国家的最低工资保障制度。

2004 年 1 月 20 日劳动和社会保障部发布的《最低工资规定》中规定,"最低工资标准",是指劳动者在法定工作时间或依法签订的劳动合同约定的工作时间内提供了正常劳动的前提下,用人单位依法应支付的最低劳动报酬。理解这一概念的关键是，弄清以下三个要点：

一是“法定工作时间内”。最低工资是劳动者在国家规定的工作时间内履行劳动义务所得的报酬。法定工作时间就是指法定工时，国务院发布《关于职工工作时间的规定》把每天工作 8 小时，每周工作 40 小时作为法定工时，除法律、法规规定的特殊情况，劳动者工作时间达到此要求即为达到法定工作时间。“加班加点工资”不能作为最低工资的组成部分。

二是“提供了正常劳动”。在法定工作时间内，劳动者在指定的劳动岗位上从事了劳动。劳动者由于主观、客观原因未能提供正常劳动的，不适用最低工资的有关规定。职工病假、事假、待工期间的工资待遇；企业因生产经营发生困难，按有关规定经政府批准或者有关部门裁定关闭、整顿、进入破产程序的，均不适用最低工资的规定。

三是“最低劳动报酬”。国家法律、法规和政策规定的劳动者保险、福利待遇不能作为最低工资的组成部分。

案例中，销售分公司的提成工资办法，是以完成销售利润 4 万元为前提的，如果没有完成这个基数，则不能按比例提取个人所得的劳动报酬（即工资），这实际上就违背了国家的最低工资保障制度。陈某在工作时间毕竟提供了正常劳动，至少应当获取最低工资。在提供了正常劳动的情况下，劳动者应享受最低工资保障以维持本人基本的生活、工作及学习等。因此，销售分公司不给陈某一分钱工资的做法，实际上是错误的。

综上所述，销售分公司有权依法确定自己的提成工资分配形式，但在实行工资分配方式时必须保障职工的最低工资标准。所以，销售分公司必须支付陈某 3 个月的最低工资，其标准为销售分公司所在地区政府规定的最低工资标准。

☆ 专家锦囊

怎样制定出合法的提成或业绩工资分配方法？

近些年，许多企业对营销人员均采用了提成工资，这种工资分配方式的特点是将职工的工资与其创造的产品或提供的服务所产生的效益直接联系起来,使工资收入能直接体现劳动价值,从而更好地发挥工资的激励功能。这种工资的适用对象主要是,工作业绩能够定量考核的人员,如在市场开拓、产品销售第一线工作的营销人员。

2004 年 1 月 20 日劳动和社会保障部发布的《最低工资规定》中规定,实行计件工资或提成工资等工资形式的用人单位,在科学合理的劳动定额基础上,其支付劳动者的工资不得低于相应的最低工资标准。

上海市劳动和社会保障局《关于对科技创新和市场营销人员实行计效工资的指导意见》指出:计效工资可以由基础工资和业绩工资两部分组成。基础工资在参考劳动力市场工资指导价位的基础上,结合行业特性和本企业实际情况确定。业绩工资根据岗位特点确定。

所谓基础工资,就是我们通常所说的底薪,业绩工资就是给职工的提成。实行计效工资势必因职工劳动价值的差异,而使工资水平拉开差距。劳动法相关法规对职工工资权益的保障也明确规定,劳动者只要提供了正常的劳动,其底薪就应当得到保证。企业不应把经营风险转嫁给劳动者。也就是说,只要员工在法定的工作时间内履行了正常的劳动义务,无论销售业绩如何,每个月都是应当拿到底薪的。

一般来说,底薪是公司和员工约定的保底工资,不同于当地政府部门规定的最低工资标准,但一般不低于当地最低工资标准。要注意的是,最低工资标准适用的前提是劳动者提供了正常的劳动,也就是在法定的工作时间内履行了正常的劳动义务。劳动者因探亲、结婚、直系亲属死亡等按照规定休假期间,以及依法参加国家和社会活动期间如参加选举等视为提供了正常劳动。

另外,劳动者因本人原因造成在法定工作时间内未提供正常劳动的,不适用最低工资标准。例如,某员工请休了一个月事假,因此在发薪时,公司没有向其支付任何工资。即该员工当月没有拿到一分钱工资。但公司这种做法完全是合法的,并不因此违反最低工资规定。理由很简单,该员工当月没有提供正常劳动,不适用最低工资的规定,不能享受最低工资待遇。再比如,某员工与公司签署了下岗协议,约定该员工下岗回家待工期间,公司向其支付的下岗生活费少于最低工资标准。该约定也是合法的。理由是,最低工资的支付是以劳动者在法定劳动时间内提供了正常劳动为前提的。下岗人员没有提供正常劳动,不适用最低工资规定。原国家劳动部1995年发布的《关于贯彻执行〈中华人民共和国劳动法〉若干问题的意见》第58条规定,企业下岗待工人员,由企业依据当地政府的有关规定支付其生活费,生活费可以低于最低工资标准。

法条重现

《最低工资规定》

(2004年1月20日劳动和社会保障部令第21号公布　自2004年3月1日起施行)

第三条　本规定所称最低工资标准,是指劳动者在法定工作时间或依法签订的劳动合同约定的工作时间内提供了正常劳动的前提下,用人单位依法应支付的最低劳动报酬。

本规定所称正常劳动,是指劳动者按依法签订的劳动合同约定,在法定工作时间或劳动合同约定的工作时间内从事的劳动。劳动者依法享受带薪年休假、探亲假、婚丧假、生育(产)假、节育手术假等国家规定的假期间,以及法定工作时间内依法参加社会活动期间,视为提供了正常劳动。

第十二条　在劳动者提供正常劳动的情况下,用人单位应支付给劳动者的工资在剔除下列各项以后,不得低于当地最低工资标准:

(一)延长工作时间工资;

(二)中班、夜班、高温、低温、井下、有毒有害等特殊工作环境、条件下的津贴;

(三)法律、法规和国家规定的劳动者福利待遇等。

实行计件工资或提成工资等工资形式的用人单位,在科学合理的劳动定额基础上,其支付劳动者的工资不得低于相应的最低工资标准。

劳动者由于本人原因造成在法定工作时间内或依法签订的劳动合同约定的工作时间内未提供正常劳动的,不适用于本条规定。

上海市劳动和社会保障局《关于对科技创新和市场营销人员实行计效工资的指导意见》

(2002 年 3 月 19 日　沪劳保综发〔2002〕9 号)

三、计效工资的形式和支付

计效工资可以由基础工资和业绩工资两部分组成。

基础工资在参考劳动力市场工资指导价位的基础上,结合行业特性和本企业实际情况确定。

业绩工资根据岗位特点确定……

☞ 厘清加班管理思路,防范加班争议

典型现象

仅凭考勤打卡记录上显示的员工晚走时间,
就可以认定该员工加班吗?

加班工资是一个与企业利益和劳动者利益均密切相关的问题,近年来,与加班工资相关的劳动争议案件呈逐年上升趋势。在这些案件中,往往会涉及企业的考勤记录、加班管理制度等问题。

案例展示

王先生进入某外商投资企业工作后,签订了为期三年的劳动合同。合同履行至两年时,王先生向该单位提出辞职,并在办完离职交接手续后离开该单位。不久,王先生向当地劳动争议仲裁委员会申请仲裁,要求该单位支付加班工资人民币 10,903.20 元,其依据为本人在该单位工作两年的考勤打卡记录复印件,该考勤打卡记录显示,两年内王先生比正常上下班时间早来或晚走的时间累计长达 755.75 小时。

该外商投资企业在仲裁开庭审理时辩称，根据本企业的加班管理制度，所有的加班必须填写加班申请单，并经部门经理和部门总监批准后方可加班。事实上，该企业已根据加班申请单支付王先生加班工资人民币4797.51元，不存在拖欠加班工资问题。

仲裁委认为，考勤记录显示王先生比正常上下班时间早来或晚走的时间累计达755.75小时，考勤记录足以证明王先生存在加班加点的情况，据此裁决该外商投资企业除已支付给王先生加班加点工资人民币4797.51元外，还应支付王先生加班工资人民币10,903.20元。

该外商投资企业不服仲裁委的裁决向某区人民法院提起了起诉。该区人民法院经审理后认为，依据该外商投资企业的加班管理制度，王先生进行加班，必须事先由该企业的经理认可，王先生知道这一规定，且该外商投资企业也一直是按规定，根据经理认可和批准的加班情况进行确定和发放加班工资。现王先生主张其在考勤打卡记载的时间内从事加班，未提供相应的证据予以证明，故一审法院判决该外商投资企业无须支付王先生加班费人民币10,903.20元。

王先生不服一审法院的判决，向市中级人民法院(即二审法院)提出了上诉。结果，被二审法院驳回上诉，维持原判。

追本溯源

界定"加班"的关键因素有哪些?

《劳动法》第41条规定:"用人单位由于生产经营需要，经与工会和劳动者协商后可以延长工作时间……"因此，协商是用人单位安排劳动者加班的必经程序。为了保护员工的休息权，《劳动法》对用人单位延长工作时间的权利进行了限制和规范。

《劳动法》第44条明确规定，有下列情况之一的，为加班:(1)安排劳动者延长工作时间的;(2)休息日安排劳动者工作的;(3)法定休假日安排劳动者工作的。

从上述两个法条规定可以看出，法律在界定劳动者三种加班情况时，均使用了"用人单位安排"的表述。因此，目前司法实践中界定加班的第一关键因素就是:加班必须是用人单位安排的,或者是按企业内部有关管理程序进行协商或审批的;对这一关键因素有了共识后,对于目前颇有争议的员工自愿加班是否支付加班工资问题,就容易解决了,即员工自愿加班应视为员工对自己休息权的主动放弃,而不是被动剥夺,用人单位可不支付加班工资。

既然加班必须是用人单位的生产经营的需要,是由用人单位安排的,在法定标准工作时间之外由劳动者提供的超时劳动,那么考勤与加班加点是什么关系呢?

考勤是用人单位实施的一种管理措施,它反映的是劳动者在用人单位的出勤情况,是用人单位据以考核劳动者的依据。考勤反映的是劳动者进入和离开用人单位的时间,劳动者进入用人单位时间早并不意味着他工作时间,比如大城市交通比较拥挤,他提前到单位只是为了避开交通高峰,下班也是,但考勤记录显示劳动者晚于上班时间上班,早于下班时间离开,那显然劳动者也构成迟到早退,因此,考勤和加班加点存在一定联系,但不存在必然联系。

案例中的王先生提供给仲裁庭的是考勤打卡记录复印件,该记录记载他每天进入和离开用人单位的时间,仲裁庭认为用人单位没有证据证明王先生在考勤打卡记录的时间不在加班,因此裁决用人单位支付王先生加班工资人民币 10,903.20 元,而法院认为根据用人单位的加班程序规定,王先生加班需申请且得到经理的批准,王先生申请且经过批准的加班,用人单位都已支付了加班费,而考勤打卡记录只是王先生进入和离开单位的时间,且除了用人单位认可的加班工作外,王先生没有证据证明在该段时间加班,因此一审、二审法院均判决用人单位无需支付王先生加班工资人民币 10,903.20 元。

北京市劳动和社会保障局和北京市高级人民法院在 2009 年《关于劳动争议案件法律适用问题研讨会会议纪要》中明确指出:“经用人单位和劳动者予以确认的考勤记录可以作为认定是否存在加班事实的依据。劳动者仅凭电子打卡记录要求认定存在加班事实的,一般不予支持。”

一些地方仲裁和司法机关,之所以有上述共识,主要原因是考勤打卡记录只是劳动者进入和离开单位的时间,不能仅凭该时间就认定劳动者是否有由用人单位安排的加班。现实中,常有 IT 企业中的某些年轻人,喜欢下班时间过后滞留公司,利用公司的电脑资源,上上网,听听音乐,打打游戏,从互联网上下载点东西……就这样在公司逗留几个小时后,再打考勤卡回家。在这种情况下,如果法院仅凭考勤打卡记录就把劳动者在公司滞留的时间认定为加班,并责令企业支付加班工资,对企业显然是不公平的。

目前,多数司法机关认为,加班由三个要件构成:(1)劳动者的工作时间超过法定工作时间标准;(2)劳动者的超时是在为用人单位提供劳动;(3)加班是由用人单位安排的或者经用人单位批准的。案例中王先生提供的考勤打卡记录只是证明了加班的第(1)个要件,即其在单位的时间超过了法定的工作时间,至于超过法定工作时间是不是用人单位安排的、是否在为用人单位提供劳动,王先生没有提供任何证据加以证明。相反,在本案中用人单位提供了反证,包括加班的程序规定、王先生的加班申请单、王先生的加班工资发放记录,以证明单位安排或者同意王先生加班的加班工资早已支付。在这种情况下,王先生更应进一步证明,在考勤记载的时间扣除用人单位已支付的加班工资和标准工作时间的差额时间里,王先生在从事用人单位安排的工作。在本案中由于王先生无法证明该时间差额是在从事用人单位安排的工作,所以一审、二审法院判决王先生败诉,是正确的。

☆ 专家锦囊

如何完善加班管理制度和加班审批流程,最大限度地防范加班工资争议?

加班工资是一个与企业利益和劳动者利益均密切相关的问题,近年来,与加班工资相关的劳动争议案件呈逐年上升趋势。其中,相当一部分案件是由于用人单位管理不到位,加班制度欠缺或不完善导致的。如何防范加班争议的风险，从本案我们可以看出，用人单位应完善用人单位的管理制度，加强加班的流程管理，从制度上予以完善。本案该外商投资企业之所以最终能胜诉，很大的原因在于该外商投资企业对于加班加点有比较完善的制度。随着员工管理难度的加大，用人单位更应该完善规章制度，化解可能产生的风险。

本书作者不建议：用人单位不制定任何有关加班管理或加班审批程序的制度规定，且仅以考勤打卡记录作为加班费的计算依据。道理很简单，如果案例中的王先生所在单位就是这样操作的话，则法院就可将考勤打卡记录作为认定加班的依据，或者将这种情况视作用人单位对员工加班事实的默认。那么，法院就只能判决公司要向王先生支付加班工资。

法条重现

《中华人民共和国劳动法》

（1994年7月5日公布　自1995年1月1日起施行　2009年8月27日修正）

第四十四条　有下列情形之一的，用人单位应当按照下列标准支付高于劳动者正常工作时间工资的工资报酬：

（一）安排劳动者延长工作时间的，支付不低于工资的百分之一百五十的工资报酬；

（二）休息日安排劳动者工作又不能安排补休的，支付不低于工资的百分之二百的工资报酬；

（三）法定休假日安排劳动者工作的，支付不低于工资的百分之三百的工资报酬。

北京市劳动和社会保障局、北京市高级人民法院《关于劳动争议案件法律适用问题研讨会会议纪要》

（2009年8月17日）

20. 经用人单位和劳动者予以确认的考勤记录可以作为认定是否存在加班事实的依据。劳动者仅凭电子打卡记录要求认定存在加班事实的，一般不予支持。

☞ 说不清的加班工资计算基数

典型现象

常见的加班工资计算基数争议

《劳动法》虽然对用人单位安排劳动者加班应当按照正常工作时间的工资标准支付超额加班工资作出了规定，但是对什么是正常工作时间的工资标准，即加班工资的基数，却没有作出明确的规定。立法的原则性没有考虑到实践的复杂性，于是导致了用人单位在实践中不知该如何确定计算加班工资的基数，以及出现员工对企业计算加班工资基数的不认可，进而劳资双方发生加班工资争议。

案例展示

张某于2012年5月进入北京某民营公司从事技术研发工作，与该公司签署了3年期的劳动合同，合同中约定的工资为:4200元/月。

工作后，张某发现该公司每周上6天班，即周一至周六都是工作日，而且每天的工作时间是8小时。这样一来，员工每周就只有一个休息日（即周日）。按理说，这属于每周六公司安排员工加班8小时，应该向员工支付加班工资。但张某第一个月领到工资时，发现公司提供的薪资发放明细表显示张某当月的工资结构为："底薪工资1140元，技术工资2390元，午餐补贴420元，职务津贴200元，全勤奖50元，合计4200元。"这4200元就是合同中说好要给我的月工资呀，看来公司根本没付加班费。张某暗自思量着。

"为什么公司不付加班工资？"张某对公司的做法不解，向一位老员工询问道。"这个公司就这样，老板不讲法，"老员工无奈地说，"咱们愿意在这儿干就只能忍着了。"张某听了老员工的话，觉得也有一定道理，自己现在没有更好的工作，就先在这里忍着干一段时间再说吧。

张某干了四个多月后终于忍不住了，向公司提出了辞职，并要求公司补发这几个月的加班工资。同时张某还扬言，如果公司拒绝补发加班工资，本人就会将公司告到劳动仲裁庭。老板知道公司理亏怕被告，就赶紧让公司人事部以张某的底薪 1140 元/月为基数，为张某结算这几个月的加班工资。张某认为，加班费的计算基数不应该是底薪，而应该是自己劳动合同中约定的工资 4200 元/月。

双方对此基数问题反复协商未果，张某向劳动争议仲裁委员会申请仲裁，要求公司以 4200 元/月为计算加班工资的基数，支付本人在职 4 个多月每周六加班 8 小时的加班工资共计 6604.14 元。

追本溯源

各地对加班工资计算基数的不同规定

加班工资一直是劳资纠纷的突出问题，如何处理好劳资双方关于加班费的计算基数是解决此问题的关键所在，在诸多加班工资的支付争议案例中，如果对加班界定清楚了，那么另一个争议的焦点就该是计发加班工资的基数了，可能许多人都知道，休息日加班工资是 200%，法假节假日加班工资是 300%，但真问到拿这 200% 或 300% 去乘以多少时，却没几个人能说得清。为什么会这样呢？根源在于立法中的下列问题：

劳动部于 1995 年 8 月 4 日颁发的《关于贯彻执行〈中华人民共和国劳动法〉若干问题的意见》第 53 条规定："劳动法中的'工资'是指用人单位依据国家有关规定或劳动合同的约定，以货币形式直接支付给本单位劳动者的劳动报酬，一般包括计时工资、计件工资、奖金、津贴和补贴、延长工作时间的工资报酬以及特殊情况下支付的工资等。"这里"工资"中包括了"延长工作时间的工资报酬"即加班工资，显然《劳动法》第 44 条有关加班工资的计算基数也适用该条规定，也就是说，用包含加班工资在内的工资作计算加班费的基数，正如计算机程序设计中的"死循环"，这不是很明显的逻辑错误吗？所以该规定里的"工资"概念不能用作计算加班费的基数。于是，导致了社会上计算加班工资基数的混乱，有的企业用员工的基本工资作基数，有的企业用员工合同上写的工资作基数等，随着企业改革不断深化，工资结构变化和调整，各用人单位的做法更是各异。那么到底该以什么作为计发加班工资的基数呢，实际上，目前国家、各省、市制定的关于加班费基数标准的规定也是不尽相同，更让人无所适从。下面是几个不同地区关于加班费基数的规定的摘要。

（一）北京地区，对加班工资基数的规定

1. 按照劳动合同约定的劳动者本人工资标准确定。

2. 劳动合同没有约定的，按照集体合同约定的加班工资基数以及休假期间工资标准确定。

3. 劳动合同、集体合同均未约定的，按照劳动者本人正常劳动应得的工资确定。

（二）上海地区，对加班工资基数的规定

1. 劳动合同有约定的，按不低于劳动合同约定的劳动者本人所在岗位（职位）相对应的工资标准确定。集体合同（工资集体协议）确定的标准高于劳动合同约定标准的，按集体合同标准确定。

2. 劳动合同、集体合同均未约定的，可由用人单位与职工代表通过工资集体协商确定，协商结果应签订工资集体协议。

3. 用人单位与劳动者无任何约定的，假期工资的计算基数统一按劳动者本人所在岗位正常出勤的月工资的70%确定。

（三）青岛地区，对加班工资基数的规定

加班工资计发基数是指用人单位正常生产经营情况下劳动者本人上月工资扣除加班工资后的工资，但是不得低于当地最低工资标准。

（四）江苏地区，对加班工资基数的规定

1. 用人单位与劳动者双方有约定的，从其约定。

2. 双方没有约定的，或者双方的约定标准低于集体合同或者本单位工资支付制度标准的，按照集体合同或者本单位工资支付制度执行。

3. 前两项无法确定工资标准的，按照劳动者前十二个月平均工资计算，其中劳动者实际工作时间不满十二个月的按照实际月平均工资计算。

（五）广州地区，对加班工资基数的规定

1. 劳动者加班工资基数由用人单位与劳动者依法协商确定，但应不低于劳动合同约定的劳动者本人日工资或小时工资折算数。

2. 用人单位支付给劳动者本人的实际工资额高于劳动合同约定工资额的，加班工资基数应在劳动者本人上月实际工资与劳动合同约定工资的范围内商定。

3. 劳动合同无约定工资的、应以劳动者本人上月实际工资为基数。

4. 实行计件工资的，以法定工作时间的计件单价为加班工资基数。

5. 加班工资基数低于本市当年最低工资标准的，应以日、时最低工资标准为加班工资基数。

案例中的公司是北京辖区内的企业，在计算加班工资基数时应按照《北京市工资支付规定》第44条对加班工资基数的规定：(1)按照劳动合同约定的劳动者本人工资标准确定；(2)劳动合同没有约定的，按照集体合同约定的加班工资基数以及休假期间工资标准确定；(3)劳动合同、集体合同均未约定的，按照劳动者本人正常劳动应得的工资确定。

从该条规定可以看出，确定加班费计算基数应首先遵循“约定优先”的基本原则，也就是说，用人单位与劳动者在劳动合同中约定了劳动者本人工资标准的，则在计算加班工资时所使用的工资基数应该是合同中约定的工资。张某与公司在劳动合同中明确约定了月工资标准为4200元，因此，计算加班工资时就应该是以4200元为基数。公司提出的，按张某底薪1140元/月为基数计算加班工资的主张，没有任何法律依据，不能得到仲裁庭的支持。

☆ 专家锦囊

企业怎样选择出正确的加班工资基数算法？

综观上述几个地区对加班工资基数的规定，可以说标准不一，更不用讲尚未制定工资支付规定或办法的省市了，混乱状况更是可想而知，由加班工资引发的劳动争议也就在所难免了。因此，我们呼吁国家在这方面进行统一立法，尽快改变这种地方政府各自为政、制定出五花八门的加班工资基数算法、让用人单位和劳动者处在无所适从的境遇。

当下，在国家没有进行这方面的统一立法之前，建议用人单位首先要了解和厘清所在地区政府对加班工资基数是怎样规定的。然后，在工作中严格按照当地政府的相关规定执行。对于当地政府允许或要求双方当事人进行相关约定的，用人单位一定要在劳动合同中写明相关约定内容，以免日后产生劳动争议时找不到处理依据。

法条重现

劳动部关于印发《关于贯彻执行〈中华人民共和国劳动法〉若干问题的意见》的通知

（1995 年 8 月 4 日）

53. 劳动法中的“工资”是指用人单位依据国家有关规定或劳动合同的约定，以货币形式直接支付给本单位劳动者的劳动报酬，一般包括计时工资、计件工资、奖金、津贴和补贴、延长工作时间的工资报酬以及特殊情况下支付的工资等。“工资”是劳动者劳动收入的主要组成部分。劳动者的以下劳动收入不属于工资范围：(1)单位支付给劳动者个人的社会保险福利费用，如丧葬抚恤救济费、生活困难补助费、计划生育补贴等；(2)劳动保护方面的费用，如用人单位支付给劳动者的工作服、解毒剂、清凉饮料费用等；(3)按规定未列入工资总额的各种劳动报酬及其他劳动收入，如根据国家规定发放的创造发明奖、国家星火奖、自然科学奖、科学技术进步奖、合理化建议和技术改进奖、中华技能大奖等，以及稿费、讲课费、翻译费等。

《北京市工资支付规定》

（2003 年 12 月 22 日公布　自 2004 年 1 月 22 日起施行）

第四十四条　根据本规定第十四条计算加班工资的日或者小时工资基数、根据第十九条支付劳动者休假期间工资，以及根据第二十三条第一款支付劳动者产假、计划生育手术假期间工资，应当按照下列原则确定：

（一）按照劳动合同约定的劳动者本人工资标准确定；

（二）劳动合同没有约定的，按照集体合同约定的加班工资基数以及休假期间工资标准确定；

（三）劳动合同、集体合同均未约定的，按照劳动者本人正常劳动应得的工资确定。

依照前款确定的加班工资基数以及各种假期工资不得低于本市规定的最低工资标准。

《上海市企业工资支付办法》

（2003年1月17日沪劳保综发（2003）2号公布　自2003年4月1日起执行）

九、劳动者在依法享受婚假、丧假、探亲假等假期期间，用人单位应当按国家规定支付假期工资。假期工资的计算基数按以下原则确定：

（一）劳动合同有约定的，按不低于劳动合同约定的劳动者本人所在岗位（职位）相对应的工资标准确定。集体合同（工资集体协议）确定的标准高于劳动合同约定标准的，按集体合同（工资集体协议）标准确定。

（二）劳动合同、集体合同均未约定的，可由用人单位与职工代表通过工资集体协商确定，协商结果应签订工资集体协议。

（三）用人单位与劳动者无任何约定的，假期工资的计算基数统一按劳动者本人所在岗位（职位）正常出勤的月工资的70%确定。

按以上原则计算的假期工资基数均不得低于本市规定的最低工资标准。法律、法规另有规定的，从其规定。

十四、加班加点的日工资计算：按本办法第九条原则确定的计算基数，除以每月平均制度工作天数20.92天；小时工资的计算：日工资除以8小时。

《青岛市企业工资支付规定》

（2003年11月30日公布　2004年1月1日起施行）

第十四条　……“加班工资计发基数”，是指用人单位正常生产经营情况下劳动者本人上月扣除加班工资后的工资，但是不得低于当地最低工资标准。

《江苏省工资支付条例》

（2004年10月22日通过　自2005年1月10日起施行）

第六十四条　本条例第二十条用于计算劳动者加班加点工资的标准，第二十四条、第二十八条、第二十九条、第三十条用于计算劳动者提供正常劳动支付月工资的标准，第二十六条用于计算不予支付月工资的标准应当按照下列原则确定：

（一）用人单位与劳动者双方有约定的，从其约定；

（二）双方没有约定的，或者双方的约定标准低于集体合同或者本单位工资支付制度标准的，按照集体合同或者本单位工资支付制度执行；

（三）前两项无法确定工资标准的，按照劳动者前十二个月平均工资计算，其中劳动者实际工作时间不满十二个月的按照实际月平均工资计算。

广州市劳动和社会保障局《关于企业职工加班、加点工资计算基数有关问题的通知》

（2002年12月5日　穗劳社工〔2002〕14号）

为进一步规范加班工资的计算基数，根据国家劳动部《工资支付暂行规定》（劳部发〔1994〕489号）的规定，经劳动关系三方协调会议合议，现就用人单位加班、加点工资的计算基数（以下简称“加班工资基数”）有关问题通知如下，请依照执行。

一、劳动者加班工资基数由用人单位与劳动者依法协商确定，但应不低于劳动合同约定的劳动者本人日或小时工资折算数。

二、用人单位支付给劳动者本人的实际工资额高于劳动合同约定工资额的，加班工资基数应在劳动者本人上月实际工资与劳动合同约定工资的范围内商定。

三、劳动合同无约定工资的，应以劳动者本人上月实际工资为基数。

四、实行计件工资的，以法定工作时间的计件单价为加班工资基数。

五、加班工资基数低于本市当年最低工资标准的，应以日、时最低工资标准为加班工资基数。

☞ 工会主席应享受副总级工资吗？

典型现象

这个工会主席应该享受公司副总级工资吗？

企业工会主席因其身份的特殊性，很容易与企业发生冲突。近些年，工会主席因本人工资问题与企业发生劳动争议的事情也时有发生。司法机关面对这类争议时，因当前相关政策法规规定的混乱，处理起来倍感棘手。

案例展示

刘红宇（化名），一位计算机专业的女硕士。5 年前，通过民主、差额选举，30 岁的她当选为拥有 400 多名员工的某软件公司工会主席。当选之前，刘红宇在该公司从事软件研发工程师一职，仅为普通员工。当选之后，刘红宇依旧为软件研发工程师，兼职处理该公司工会事宜。

公司对工会的工作一直很支持，对于普通员工刘红宇的当选，公司并没有干预。公司认为，刘红宇有一定的群众基础，性格外向，想为员工做点实事，公司欢迎。

根据法律相关规定，刘红宇当选工会主席的任期为 3 年。然而，在两年后，她任期未满便辞去工会主席职务，并随后离开该公司。这次“辞职”风波，让刘红宇和公司陷入了长达两年的法律纠纷。

离开公司后，刘红宇陆续将公司告上仲裁庭和法庭，向公司索赔各类款项累计超过 200 余万元，其中一项 45 万元的索赔，针对的是工会主席应该享受副总待遇的问题。

刘红宇提出，按照法律的相关规定，工会主席应该享受行政副职的待遇，也就是副总的待遇。但她在任工会主席近 3 年的时间里，一直拿的是普通员工的工资,45 万元的索赔额是公司应按照副总待遇补发她的工资。具体是如何计算出这个额度的,刘红宇称该公司为上市公司,相关高管的待遇都有公告,她是按照公告中副总工资的平均标准算出来的。

刘红宇称,她从当选之日起,就知道法律有这样的规定,但她从来没有要求过副总的待遇。不过,工会主席近 3 年的经历,刘红宇认为自己是在夹缝中生存,感觉很生气,所以才依法来维护自己的权利。

公司答辩道:这种"行政副职的待遇",应该在国有企业才存在。本公司作为上市公司,领导层就是董事、监事、高级经理人,不存在行政副职。公司法上也并没有行政副职的说法。因此,所谓"工会主席应该享受行政副职待遇"这个说法很怪异,不知所云。希望法院驳回刘红宇的诉讼请求。

追本溯源

司法界对"工会主席享受企业行政副职待遇"的两种不同理解

对于本案的争议的焦点问题,目前司法实践中,有两种截然不同的观点。

观点一:关于工会主席待遇,《工会法》及其相关条例等法律、法规都给予了特殊保障。《工会法》第 41 条规定:"企业、事业单位、机关工会委员会的专职工作人员的工资、奖励、补贴,由所在单位支付。社会保险和其他福利待遇等,享受本单位职工同等待遇。"该法第 56 条规定:"中华全国总工会会同有关国家机关制定机关工会实施本法的具体办法。"《企业工会工作条例(试行)》第 4 章第 24 条第 2 款明确规定,"工会主席享受企业行政副职待遇"。按照上述《工会法》和《企业工会工作条例(试行)》,刘红宇系软件公司工会主席,应该享受企业行政副职待遇,这一要求不仅有法律依据,在司法实践中也有判例佐证,故刘红宇的诉讼请求应予支持。

观点二:首先,"工会主席享受企业行政副职待遇"的观点,来自

《企业工会工作条例(试行)》,而《企业工会工作条例(试行)》是全国总工会制定并发布的,全国总工会只是社会团体,没有立法权,因此全国总工会的这个条例不是法律,而是社会规范,具有自律效力,而不具有法律效力。其次,刘红宇要求享受副总级劳动报酬的请求,有悖于我国《劳动法》和《宪法》的基本原则。劳动报酬是基于劳动关系而产生的,本案中的刘红宇是兼职工会主席,在该公司有自己的本职工作,公司本着同工同酬的原则,并已经严格按照劳动合同中约定的工资标准按月向其支付了应得的劳动报酬。其工会主席身份,完全是由员工选举、上级工会任命的,企业没有任何意志要求或安排其当工会主席,因此,不存在公司另行向其支付本职工作以外的兼职工会主席工资。再者说,"行政副职待遇",从规定本身的目的来说,是为了规范企业工会的工作制度,因此应更多理解为工作待遇,如作为工会主席履行保护劳动者权益的过程中,参与企业重大决策活动,享受行政副职待遇。

☆‖专家锦囊

如何防范工会主席假公济私为自己争私利?

从目前国内不同地区的法院和仲裁判例来看,类似本案这种,基层工会主席主张其应享受企业副总级工资待遇的争议案件时有发生,司法判决的结果大相径庭,有的法院判决员工胜诉,也有的法院判决企业胜诉。

本书作者认为,就本案而言,应该是企业胜诉更符合立法精神。法院不应支持刘红宇的请求的理由是:刘红宇是兼职工会主席,其劳动报酬问题应依照其作为劳动者身份的工作岗位确定。劳动报酬是劳动者与用人单位基于劳动合同关系而由用人单位支付的货币。不管劳动者在社会上担任何种职务,拥有何种身份,均与用人单位支付其劳动报酬没有直接的关系。用人单位没有义务因为劳动者在企业工会兼任主席就必须给予高于其作为劳动者本身所在岗位的劳动报酬。所以公司没有义务向刘红宇支付相当于行政副职的工资待遇。另外,《工会法》、《劳动法》、《劳动合同法》以及国家行政法规和部门规章，均没有规定企业工会主席必须享受企业行政副职的工资待遇，更没有规定该工资待遇必须由所在企业支付。《企业工会工作条例（试行）》是全国总工会通过的一个内部文件。根据《工会法》第2条和第14条的规定，全国总工会是群众组织，具有社会团体法人资格，它不是国家立法机关，也不是国家行政机关，在未取得法律授权的前提下，不具有立法权，其制定并通过的《企业工会工作条例（试行）》不能作为劳动争议仲裁委员会或人民法院的判案依据。

我国劳动立法政出多门，各个政府部门或社会团体利益着眼点不尽相同，所以往往出现不同甚至完全相反的规定。我们一方面呼吁并期待国家规范立法，大到从法治化的角度去治理国家，小到在劳动关系调整上做到合理合法，兼顾各方当事人的利益，促进劳动关系的和谐发展。另一方面，我们也希望企业在处理与工会的关系上，重视对相关法律法规的正确理解，要尊重工会提出的合理合法意见，并在认真研究后及时给予回复。但对于个别工会负责人打着工会的旗号，甚至以煽动员工跟企业对着干为要挟，试图借此从企业谋取私利的，企业可以坚决抵制，并将该工会负责人的不良用心和卑劣行为在本企业内公之于众，让全体员工认清其真面目，让员工自发启动罢免其工会主席职务的程序，清除掉工会中的这些败类。

据报道，2010年北京市总工会曾准备推动一项试点工作，该项试点工作其中有一个内容就是，拟推动企业基层工会主席的工资由上级工会负担。这意味着，北京将首次出现“身份独立”的基层工会主席。本书作者很赞同这种有益的尝试，这种试点工作既有利于基层工会组织在各方面的独立性，也有利于矫正工会与企业之间的关系。

法条重现

《中华人民共和国工会法》

（1992年4月3日公布施行　2001年10月27日修正　2009年8月27日第二次修正）

第四十一条　企业、事业单位、机关工会委员会的专职工作人员的工资、奖励、补贴，由所在单位支付。社会保险和其他福利待遇等，享受本单位职工同等待遇。

《企业工会工作条例(试行)》

(2006年7月6日公布施行)

第二十三条 职工二百人以上的企业工会依法配备专职工会主席。由同级党组织负责人担任工会主席的,应配备专职工会副主席。

第二十四条 国有、集体及其控股企业工会主席候选人,应由同级党组织和上级工会在充分听取会员意见的基础上协商提名。工会主席按企业党政同级副职级条件配备,是共产党员的应进入同级党组织领导班子。专职工会副主席按不低于企业中层正职配备。

私营企业、外商投资企业、港澳台商投资企业工会主席候选人,由会员民主推荐,报上一级工会同意提名;也可以由上级工会推荐产生。已建党组织的企业工会主席候选人须经党组织审核。工会主席享受企业行政副职待遇。

企业行政负责人、合伙人及其近亲属不得作为本企业工会委员会成员的人选。

第四单元　社保与工伤

☞ 员工自愿放弃社保，单位是否可以免责？

典型现象

员工自愿放弃社保的书面声明具有法律效力吗？

现实中，许多劳动者因为对未来社会保险的保障价值的不认同及经常出现工作的不连续而出现社会保险的中断，从而不愿意参加并缴纳个人应该承担的社会保险费，企业也因为高额的社会保险费用而不愿意为劳动者缴纳社会保险。于是，经常有企业向本书作者提问：根据我国目前的法律，有没有可以不为员工缴纳社会保险的好办法？

案例展示

江苏农村户籍的王某，经老乡介绍，进入上海一家私营公司工作，在与公司签订劳动合同时，公司老板告知其工资为每月3300元，但从中扣除300多元的社会保险个人缴费额。这300多元的社会保险费对于城市里的职工来说可能不算什么，但对于急于通过打工补贴家用的王某来说，无疑是不愿意出的。“能不能不交社会保险呀？”王某问老板，“我挣得钱本来就不多，再一扣保险费，就更少了。”

老板一看王某不愿意交社保，心中暗喜，心想，你不愿意交正好，不交社保，公司还省钱了呢。于是，老板对王某说：“要不这样，你写个声明，承诺自愿放弃参加社会保险的权利，写了以后，公司就不从你工资中扣钱了。你觉得如何？”

“可以呀，”王某答道。“可是我不会写东西。请公司帮我写好这个声明内容,我来签字,行吗?”

“没问题,”老板一口答应了。

当天下午,公司替王某起草了一份《放弃权利声明》,内容如下:“声明人:王某。由于声明人本人个人原因,不能提供缴纳社会保险所需的资料,且本人又确需工作以维持生活。本人声明:本人王某自愿放弃因与公司存在劳动关系期间而对公司已经享有或将来享有要求缴纳社会保险的权利(包括但不限于申请仲裁或诉讼要求缴纳社会保险的诉讼权利),并承诺不因公司未缴纳社会保险而要求解除劳动合同及解除劳动合同的经济补偿金。本声明为不可撤销和变更!”王某看了看声明内容,二话没说就在“声明人”的落款处,签上了自己的名字。

三个多月后的一天,王某感到肺部不适,便去医院检查,结果是肺部长了一个恶性肿瘤(即肺癌),需要立即住院进行手术治疗。由于王某没有参加社会保险,此次治疗发生的近5万元费用,全部自理,这让他为当时自愿放弃参加社保的决定懊悔不已。

康复以后,王某回公司找到老板,表示反悔自己当时的决定,要求公司依法为其缴纳社保费,补缴此前的社保费,并承担这次治疗本该由医疗保险基金支付的医疗费用40,562元。

老板当即断然拒绝:“这又不是小菜市场买菜,说不要就不要。你给公司白纸黑字签过声明的,你就算去告我,我也不怕你!”在之后的数次沟通中,老板终于同意从现在开始为王某缴纳社保费,但拒绝为其补缴此前的社保费,同时也拒绝承担40,562元的医疗费用。无奈之下,王某向当地劳动争议仲裁委员会提出了仲裁申请,主张因公司没有为其缴纳社会保险,故公司应承担这次治疗本该由医疗保险基金支付的医疗费用40,562元。仲裁委员会立案后,依法进行了审理。

庭审中王某表示,自己是给公司写了关于社会保险的《放弃权利声明》,但经历这次大病后,他深刻地体会到了社会保险对自己的保障作用,为当时的愚蠢决定懊悔不已。现在他要求公司依法为其补缴此前的社保费,并承担这次治疗中本该由医保基金支付的医疗费用

40,562元。随后,王某向仲裁庭提交了住院治疗的证明和全部医疗费单据等材料。

公司方的委托律师在庭审中抗辩道,公司曾明确告知王某参加社会保险的权利和义务,而他也是自愿地与向公司提交了放弃参加社会保险的声明,不存在被欺骗或胁迫的情况。并且之后的数月,公司按照他的要求,没有为其缴纳社保,也没有从工资中扣除其个人任何社保费。直到他生病住院进行手术及化疗,发生了较大的医疗费用,才来反悔自己当时的决定,功利主义太过明显。公司现同意从今以后,开始为其缴纳社保,但不同意补缴此前的社保,更不同意承担40,562元医疗费用,希望仲裁庭驳回王某的请求。随后,公司向仲裁庭提交了王某写给公司的关于社会保险的《放弃权利声明》。

仲裁庭对本案审理后作出裁决,根据我国《劳动合同法》、《社会保险法》和《上海市城镇职工基本医疗保险办法实施细则》的有关规定,王某写给公司的关于社会保险的《放弃权利声明》是无效的,公司应承担王某在此期间发生的本可由医保基金支付的医疗费用40,562元。

追本溯源

怎样正确理解社保缴纳的强制性?

劳动法律关系不同于一般的民事法律关系,劳动法是具有公私兼容性质的社会法,具有社会管理的基本属性,因此劳动法律关系既包括私法性关系,也包括公法性关系,具有一定的社会管理性质。劳动法律关系应包括三方主体,即劳动者、用人单位和国家,用人单位与劳动者之间具有管理与被管理的关系,用人单位与劳动者之间的劳动法律关系又要受国家的管理和制约,按照劳动法的规定,用人单位和劳动者在劳动关系维系期间,必须参加社会保险,依法缴纳社会保险费。

我国自2011年7月1日起施行了《社会保险法》。社会保险法律体系属于社会法性质。社会保险作为一个国家法定的经济制度和社会制度,必须以保障全体国民的基本生活需要并不断提高其福利水平为其立法宗旨。社会保险法制度应把所有劳动者,都纳入其保护范围。

案例中的王某写给公司的关于社会保险的《放弃权利声明》是无效的，其理由如下：

《社会保险法》第 4 条规定："中华人民共和国境内的用人单位和个人依法缴纳社会保险费，有权查询缴费记录、个人权益记录，要求社会保险经办机构提供社会保险咨询等相关服务。"另外，《劳动法》第 72 条明确要求："用人单位和劳动者必须依法参加社会保险，缴纳社会保险费。" 由此可见，法律对用人单位及劳动者交纳保险的义务进行了强制性规定，换句话说，只要用人单位与劳动者依法确立了劳动关系，就必须参加社会保险，缴纳社会保险费是用人单位和劳动者双方当事人均应向社保经办机构履行的义务。因此，缴纳社会保险费对于案例中的王某来说，也是法定义务，而不是权利。王某将自己与公司共同应向社保经办机构履行的缴费义务说成是权利，这本身就是对法律的一种误解。对于法定义务当事人必须履行，不履行法定义务（按王某的说法就是放弃义务）属于违法行为。换句话说，无论对于用人单位还是劳动者，在参加社会保险这件事情上，依法缴纳社会保险费是一项法定的强制性义务，任何一方都不能从自己的意愿出发，随意处分这项义务。根据《劳动合同法》第 26 条的规定，违反法律、行政法规强制性规定的劳动合同，无效或者部分无效。因此，仲裁庭首先确认：王某所写的，关于社会保险的《放弃权利声明》是无效的。

接下来要讨论的问题是，王某在没有参加社会保险期间，发生的本可由医保基金支付的医疗费用该由谁承担？

王某因病治疗发生的医疗费用，由于当时未参加社会保险，所以不得不全部先由其本人支付，无法享受医疗保险待遇。但是，法律赋予了他可向用人单位追偿的权利。在 2000 年 11 月 15 日发布的《上海市城镇职工基本医疗保险办法实施细则》中规定："应当缴纳医疗保险费的用人单位和职工，未缴纳或者未足额缴费的，自次月起职工停止享受医疗保险待遇。用人单位和职工在足额补缴医疗保险费的次月，职工恢复医疗保险费待遇，停止待遇期间所发生的医疗费用，由用人单位负担。”所以，当地劳动争议仲裁委员会最终依法支持了王某的仲裁请求。

☆ 专家锦囊

用人单位在缴纳社保方面的注意事项及违法责任

社会保险具有互助共济性质，社会保险费用应由国家、用人单位、个人三方共同负担。劳动者放弃社会保险权利的行为，不仅影响其自身的基本权益，同时也对其他保险缴费者的保险利益造成影响，若是最终其在年老、疾病时无法享受到有关的社会保险利益，势必将该风险转嫁至国家。如果此类问题成为社会普遍现象，终将对国家及社会的稳定发展产生消极影响。为此，特别需要提醒用人单位，不论基于何种理由，劳动者自愿放弃社会保险利益，均系违反法律强制性规定的行为，不会得到法律的支持。在现实工作中，即便劳动者为了眼前利益而放弃关乎其基本生存权益的社会保险利益，用人单位也不应答应其要求。而应对劳动法律、法规予以透彻理解和掌握，不能仅以劳动者的声明或承诺而免除自身的法定义务。

根据《社会保险法》的规定，一旦用人单位未按规定为劳动者缴纳社会保险费，无论因何理由，均将由相关部门予以查处。《社会保险法》第 86 条规定：“用人单位未按时足额缴纳社会保险费的，由社会保险费机构责令限期缴纳或者补足，并自欠缴日起，按日加收万分之五的滞纳金；逾期仍不缴纳的，由有关行政部门欠缴数额一倍以上三倍以下的罚款。”

可能有些用人单位会认为，因劳动者向用人单位提交自愿放弃参加社会保险权利的声明后致使未缴纳社保的，在补缴社保时上述法定滞纳金应该由员工本人承担，而不应该由用人单位承担。但这种试图将滞纳金转嫁给员工的做法，在实际操作中也是行不通的。理由是，国家人力资源和社会保障部在《实施〈中华人民共和国社会保险法〉若干规定》第 20 条明确指出：“职工应当缴纳的社会保险费由用人单位代扣代缴。用人单位未依法代扣代缴的，由社会保险费征收机构责令用人单位限期代缴,并自欠缴之日起向用人单位按日加收万分之五的滞纳金。用人单位不得要求职工承担滞纳金。”

法条重现

《中华人民共和国劳动法》

(1994年7月5日公布　自1995年1月1日起施行　2009年8月27日修正)

第七十二条　社会保险基金按照保险类型确定资金来源,逐步实行社会统筹。用人单位和劳动者必须依法参加社会保险,缴纳社会保险费。

《中华人民共和国社会保险法》

(2010年10月28日公布　自2011年7月1日起施行)

第四条　中华人民共和国境内的用人单位和个人依法缴纳社会保险费,有权查询缴费记录、个人权益记录,要求社会保险经办机构提供社会保险咨询等相关服务。

个人依法享受社会保险待遇,有权监督本单位为其缴费情况。

第八十六条　用人单位未按时足额缴纳社会保险费的,由社会保险费征收机构责令限期缴纳或者补足,并自欠缴之日起,按日加收万分之五的滞纳金;逾期仍不缴纳的,由有关行政部门处欠缴数额一倍以上三倍以下的罚款。

《中华人民共和国劳动合同法》

(2007年6月29日公布　自2008年1月1日起施行　2012年12月28日修正　《修正决定》自2013年7月1日起施行)

第二十六条　下列劳动合同无效或者部分无效:

(一)以欺诈、胁迫的手段或者乘人之危,使对方在违背真实意思的情况下订立或者变更劳动合同的;

(二)用人单位免除自己的法定责任、排除劳动者权利的;

(三)违反法律、行政法规强制性规定的。

对劳动合同的无效或者部分无效有争议的,由劳动争议仲裁机构或者人民法院确认。

《实施〈中华人民共和国社会保险法〉若干规定》

（2011年6月29日人力资源和社会保障部令第13号公布　自2011年7月1日起施行）

第二十条　职工应当缴纳的社会保险费由用人单位代扣代缴。用人单位未依法代扣代缴的，由社会保险费征收机构责令用人单位限期代缴，并自欠缴之日起向用人单位按日加收万分之五的滞纳金。用人单位不得要求职工承担滞纳金。

《上海市城镇职工基本医疗保险办法实施细则》

（2000年11月15日　沪医保〔2000〕46号）

三、医疗保险费的缴纳和医疗保险待遇的享受

（一）用人单位应当在每月规定的期限内，到区、县社会保险经办机构缴纳基本医疗保险费和地方附加医疗保险费（以下简称医疗保险费），缴费基数和缴费年度与基本养老保险一致。

（二）从按规定缴纳了医疗保险费的次月起，职工在领取医疗保险凭证后，可享受由基本医疗保险统筹基金（以下简称统筹基金）和地方附加医疗保险基金（以下简称附加基金）支付医疗费等《医疗保险办法》规定的医疗保险待遇（以下统称医疗保险待遇），以及使用个人医疗账户资金。

（三）应当缴纳医疗保险费的用人单位和职工，未缴费或者未足额缴费的，自次月起职工停止享受医疗保险待遇。用人单位和职工在足额补缴医疗保险费的次月，职工恢复医疗保险待遇，停止待遇期间所发生的医疗费用，由用人单位负担。

☞ 陪酒醉死算工伤吗？

典型现象

陪客户喝酒，醉死在饭桌上，难道不该算工伤吗？

在一次网络调查中，有78.6%的被调查网友都表示，自己有过因

工作原因而陪客户应酬吃饭喝酒的经历。众所周知,喝酒过量容易导致脑出血、心脏猝死等情况的发生。那么,如果在陪客户应酬的过程中出现伤亡,该不该算工伤呢? 围绕这个问题的争论一致没有间断过。在上述网络调查中,虽然有 77.3% 的网友认为不应该算作工伤,但仍有 22.7% 的网友认为应该算作工伤。

案例展示

一天,李某受公司领导指派陪客户喝酒。为了款待好企业客户,席间李某十分热情,频频劝酒,宾主双方气氛非常融洽。但是,约喝了半斤白酒后,李某突然出现呕吐休克症状,其他人见状赶紧将其送往医院。不幸的是,李某在被送往医院的途中就断了气。到了医院后,医生给出的死亡鉴定结论是:李某属于心源性猝死,饮酒为猝死的诱因。

事后,当地劳动和社会保障局对李某死亡一事作出《工伤认定书》,认为李某是在非工作时间、非工作岗位上突然死亡,不符合我国《工伤保险条例》的相关规定,认定不属于工伤。李某的妻子对认定结论不服,一纸诉状将该劳动和社会保障局告上了法庭。

一审法院审理认为:李某是在接受单位领导指派陪客户吃饭的岗位上,因饮酒而导致心源性猝死,可视为在工作时间和岗位上病发,根据《工伤保险条例》,李某的死亡应视为工伤,判决撤销劳动和社会保障局作出的《工伤认定书》,并限定其在法定期限内重新作出具体行政行为。被告劳动和社会保障局不服一审法院判决,上诉至二审法院。

二审法院认为,李某陪客户吃饭的性质,不属于正常的工作范畴。故作出终审判决:撤销一审法院对《工伤认定书》的撤销判决,维持劳动和社会保障局作出的《工伤认定书》。该案件就此终结。

追本溯源

法院怎样处理"喝酒醉死"家属所提出的工伤认定诉讼?

2009 年 12 月,重庆市高级人民法院出台修订后的《关于审理工伤行政诉讼案件若干问题的暂行规定》(以下简称《暂行规定》)。该《暂行规定》第13条规定:“职工在工作中或工作前饮用酒类食品,工作中受酒精作用影响,行为处于非正常状态,由于本人的行为造成伤亡的,可视为醉酒,用人单位不承担工伤赔偿责任。”这是否意味着职工受领导指派或任务安排喝“招待酒”,造成伤亡的行为算工伤?

该市高院行政庭几位资深法官进行了延伸解读:上述条款主要是针对职工饮酒后工作产生的行为后果作出了一个暂行规定,和工作有密切联系。如果因为工作而喝酒醉死了,或者受伤了,根据实际情况需要特殊对待,如果是因为用人单位或者用人单位内部的管理部门指派行为而引起的醉酒伤亡,用人单位应该算工伤。

此言一出,在社会上引起了强烈反响。“醉酒可以认定为工伤,简直是荒天下之大缪?”许多人发出了这样的感叹。更有网友发布评论道:“常识告诉我们喝酒醉死肯定是‘酗酒’,‘酗酒’是什么工作?有这样的工作吗?如果有也只能出现在当代中国的某个角落,如果如此不但能评‘工伤’,甚或‘烈士’,当那些为我们共和国的今天而献身的各行各业的先烈们地下有知一定会惊呼:‘真是与时俱进’啊!”面对社会各界对上述条款的质疑和压力,重庆市高院赶忙站出来发表声明辟谣,称重庆高院近期修订出台的《关于审理工伤行政诉讼案件若干问题的暂行规定》并未涉及,对《暂行规定》以偏概全的解读不可取。

本书作者认为:陪酒醉死如果认定为工伤,是有悖国家《工伤保险条例》规定的。《工伤保险条例》第16条规定,醉酒导致伤亡的,不得认定为工伤或者视同工伤。

案例中的二审法院,判定李某陪客户喝酒死亡不属于工伤,是符合法律规定的。原因在于:第一,本案中李某饮酒死亡,既非发生在工作时间和工作场所,也不属于完成工作所必需的。喝酒与工作没有必然联系。我国有着历史悠久的酒文化,人们在日常工作、生活交往中经常要饮酒助兴。但喝酒本身属于一种消遣方式,不是工作的必要组成部分(职业品酒师等特殊职业除外),工伤中所指“工作”应当限定为劳动者运用自己的体力和脑力完成工作成果，不能无限制地扩张“工作职责”的范围。喝酒也许有利于融洽客户关系，但任何单位建立客户关系绝不是由于“美酒佳酿”，而只能是优良的产品和服务。因此，陪客户喝酒不属于工作范畴，《工伤保险条例》就将“醉酒导致伤亡”明确排除在工伤范围之外。第二，李某属于心脏病患者，对自己的病情有充分的了解，对饮酒可能导致疾病突发也属明知，在明知有危险的情况下仍然饮酒，造成的损害李某自己负有主要责任，公司领导作为上级指派患心脏病职工陪酒也存在过错。如果因受害人自身过错或他人过错导致损害，责任却由工伤保险基金负担，有悖公平原则，不符合工伤保险制度的基本宗旨。第三，如果将陪酒致伤纳入工伤范围，也不利于维护社会公序良俗。实践中确实存在这样的不良现象，凡办事必喝酒，不会喝酒就办不成事。酒风盛行，不仅损害了身体健康，也败坏了社会风气。酒喝得越来越高档，奢侈消费屡禁不止，也会滋生大量的腐败行为。如果将陪酒也认定为工作，就等于放纵了不良习气的蔓延，甚至可能出现“送礼工伤”、“嫖娼工伤”等荒诞不经的事，严重违犯了社会公序良俗和设立工伤保险制度的初衷。

☆ 专家锦囊

如何避免类似的喝酒醉死悲剧事件发生？

近年来，因为陪客户醉酒死亡而引发的官司，在全国很多地方都发生过。尽管在这些诉讼中，绝大多数的案件，都被法院认定为不属于工伤，但是发生这种事件的用人单位领导，也大多被死者家属无休止地纠缠，搞得头晕脑涨，无可奈何，最终也往往还是要由企业支付一定金额的抚慰金，才能息事宁人，平息此事。还有些死者家属，甚至将一同与其饮酒的企业领导和企业客户告上法庭，而现实判例中，同桌饮酒者因未尽照顾、保护、提示义务而被判担责的例子也屡见不鲜。因此，本书作者建议广大的用人单位，不要指望仅凭安排员工陪客户喝酒，就能建立起好的客户关系。要知道，如果不能给客户提供良好的产品和服务，喝再多的酒，也是没有用的。

当然,话又说回来,中华民族的饮酒历史源远流长,在一些场合也绝对少不了要喝酒。如:单位组织的各种表彰会、庆典活动、年团宴、团拜会等都少不了用酒助兴。本书作者认为,建立一种积极健康的、更少功利性的、融入民族文化优秀传统和审美情趣的"酒德观",定能扬其积极一面,抑其消极一面。

聚会饮酒或宴请,用人单位的组织者具有一定的注意义务,即有相关的照顾、保护、提示的义务,在民法上叫附随义务。附随义务是说聚会饮酒者或宴请者有义务提醒共同聚会者不要过量饮酒。特别是,对于酒后驾车,不管酒友是否进行阻止,只要这种阻止没有发生效果,导致损害后果的发生,酒友就应承担一定责任。

本书作者认为,用人单位领导以身作则,提倡良好的酒德并建立良好的酒文化是很有必要的。有节制的饮酒可以活跃气氛、增进感情,但一定要适度,过分劝酒甚至斗酒都是不可取的。因此要想遏制"酒官司",喝酒者和劝酒者都要自律。现代社会,我们应当把酒文化中"健康"、"文明"、"适度"、"友爱"等好的方面发扬光大,使酒真正成为传递感情的纽带。

法条重现

《工伤保险条例》

(2003年4月27日公布 自2004年1月1日起施行 2010年12月20日修订 《修订决定》自2011年1月1日起施行)

第十六条 职工符合本条例第十四条、第十五条的规定,但是有下列情形之一的,不得认定为工伤或者视同工伤:

(一)故意犯罪的;

(二)醉酒或者吸毒的;

(三)自残或者自杀的。

☞ 违纪“串岗”受伤也算工伤吗?

典型现象

违纪“串岗”期间造成的事故伤害,
就不属于工伤吗?

根据《工伤保险条例》规定,职工在工作时间和工作场所内,因工作原因受到事故伤害的,应当认定为工伤。这里的“工作场所”,一般人可能会直观地理解为:职工从事工作的具体工作位置或工作岗位,但现实中,许多发生事故伤害的位置可能并不在其工作岗位,而是在其他位置,如职工在厕所里、在工作车间门口,甚至是在其违纪“串岗”的其他车间内。那么,在这些地点发生的事故伤害,应否认定为工伤呢?

案例展示

原告王某因不服被告江苏省盱眙县劳动和社会保障局(以下简称盱眙县劳保局)工伤认定结论,向江苏省盱眙县人民法院提起诉讼。因本案被诉具体行政行为与江苏思达医药科技有限公司(以下简称思达公司)有利害关系,依照《中华人民共和国行政诉讼法》第 27 条的规定,法院通知其作为本案的第三人参加诉讼。

原告王某诉称:2007 年起原告进入某公司工作。2008 年 5 月 22 日,公司的车间主任徐某安排原告打扫卫生时告知原告次日跟随张师傅后面工作。休息时,原告看见张师傅备料至工作台,想提前熟悉情况,即跟随张师傅到工作台旁观看其操作。由于设备故障,回收酒精岗位发生酒精溢料事故,随时有爆炸可能,工人均从工作现场窗户跳出。原告在跳落地面时双足摔伤,经盱眙县中医院诊断为双侧跟骨骨折。2009 年 2 月 21 日原告向被告盱眙县劳保局申请工伤认定。被告于 2009 年 4 月 16 日认定原告受伤事故因串岗而不属于工伤。原告遂请求法院依法判令被告重新作出认定原告为工伤的具体行政行为。

被告盱眙县劳保局辩称:2008 年 5 月 22 日上午,公司车间主任徐某安排原告王某打扫卫生,张师傅等人在回收酒精岗位操作设备;原告打扫卫生过程中擅自串岗至回收酒精岗位。当日 10 时左右,由于设备故障,回收酒精岗位发生溢料事故,原告不了解该岗位情况,慌乱中从窗户跳下去,造成其双侧跟骨骨折后果,不属于工伤。请求法院依法驳回原告的诉讼请求。

第三人某公司委托代理人认为:被告盱眙县劳保局作出的工伤认定符合事实和法律依据,原告王某的工作场所是一车间,应从事打扫卫生工作,而事故发生时,原告在另一车间看报纸,不是基本的工作场所,也不是因工作原因,请求驳回原告的诉讼请求。

本案的争议焦点是:原告王某在换岗时因事故受伤能否认定为工伤。

盱眙县人民法院经开庭审理后认为:

国务院颁布的《工伤保险条例》第 14 条规定:“职工有下列情形之一的,应当认定为工伤:(一)在工作时间和工作场所内,因工作原因受到事故伤害的……”这里的“工作场所”,是指职工从事工作的场所,例如职工所在的车间,而不是指职工本人具体的工作岗位。被告盱眙县劳保局认为原告因“串岗”受伤不能认定为工伤,对此法院认为,首先,原告王某临时更换岗位是按照管理人员即车间主任的安排进行的,并不是擅自离岗换岗,不属于“串岗”,应为正常工作变动;其次,即使认定原告上班期间“串岗”行为成立,原告仅是违反了相关企业管理制度,其只导致具体工作岗位及相关工作内容有所变动,并不能改变原告仍在工作场所内工作的事实,因此“串岗”行为应由企业内部管理规章制度调整,不能因此影响工伤认定。原告是在第三人某公司上班期间处于工作场所并因该公司设备故障安全事故导致伤害,符合工伤认定条件,被告作出原告不属于工伤的具体行政行为与法律相悖。

综上,被告盱眙县劳保局作出的认定原告王某不属于工伤的具体行政行为证据不足,适用法律法规错误,依法应予撤销。对原告的诉讼请求，应予支持。盱眙县人民法院依照《中华人民共和国行政诉讼法》第 54 条第 2 项第 1 目和第 2 目的规定，于 2009 年 7 月 29 日判决：

一、撤销被告盱眙县劳保局作出的盱劳社工伤认字(2009)第 011 号工伤认定决定书。

二、责令被告盱眙县劳保局在 60 日内重新作出认定原告王长淮为工伤的具体行政行为。

本案诉讼费用 100 元，由被告盱眙县劳保局负担。

一审宣判后，法定期间内双方当事人均未上诉，一审判决已发生法律效力。

追本溯源

怎样正确理解工伤保险的无过错赔偿原则？

目前，国家法规中规定，职工在工作时间和工作场所内，因工作原因受到事故伤害的，应当认定为工伤。但国家法规中并没有对这里所说的“工作场所”的内涵和外延作出进一步的具体规定，于是，造成了在工伤认定和司法审判中，法院的行政审判人员、劳动保障部门的工作人员、企业的负责人及受伤的劳动者对“工作场所”的理解千差万别，争议很大。对此，有些地方政府作了一些具体规定，如安徽省劳动和社会保障局在《关于工伤认定中工作场所界定问题的复函》(劳社秘〔2007〕142 号)中规定：“国务院《工伤保险条例》第十四条第一项‘在工作时间和工作场所内，因工作原因受到事故伤害的’，这里的‘工作场所’应理解为职工按照用人单位的岗位分工要求，完成生产或工作任务需要活动的区域。”本书作者认为，这一规定基本符合了国家的立法精神。

目前，多数地区的行政机关和法院，均采用上述这种对“工作场所”进行广义理解的方式，来对“工作场所”作出界定，把员工在厂区内的活动范围基本上都看做是其“工作场所”。因此，上述案例中员工“串岗”时负伤，也就自然被认定为是在“工作场所”内负伤了。

上述“串岗”案例,除了涉及“工作场所”问题,同时还涉及劳动者是否违反用人单位规章制度和劳动纪律的问题。在实践中,用人单位经常以劳动者违反单位的劳动纪律进行抗辩,认为劳动者“串岗”到其他场所,违章作业,因此造成的伤害责任自负。殊不知,我国的工伤认定采用了无过错责任原则,即职工违章操作的行为,不会成为影响认定工伤的条件。

工伤保险的无过错赔偿原则的主要含义在于:无论职业伤害责任属于雇主、其他人或者劳动者自己,受害者都应得到必需的补偿。在工伤赔偿上,经历了劳动者个人责任时期,雇主过失赔偿时期,最后确立了无过错赔偿原则,即劳动者受到工业伤害负伤、致残、死亡,不管过失出自何人,雇主均有义务赔偿劳动者的经济损失。工伤赔偿不究过失是为弥补雇主过失责任的不足而产生和发展起来的,是对雇主过失责任的补充和完善。该原则充分肯定了原有雇主法所确立的雇主方的工伤赔偿责任,从归责上否定了过错责任原则,已成为工伤保险法律制度公认的原则。我国《工伤保险条例》明确只有职工因故意犯罪的、醉酒、吸毒、自残或者自杀的,才不应认定为工伤,不能享受工伤待遇。

综上所述,“串岗”案例中的员工,不能因其违反用人单位劳动纪律就不认定为工伤。法院所作出的判决,应该说,是符合国家《工伤保险条例》立法精神的。

☆ ‖ 专家锦囊

准确界定“工作场所”包含范围,
有利于正确判断员工所受伤害是否属于工伤

应该说,工作场所是劳动者进行劳动的一定工作区域。在该区域内,因为环境、条件不安全造成的伤害属于工伤。实际工作中,建议用人单位在判断和界定“工作场所”的范围时,可参考下列三个方面的原则:

（一）工作场所是劳动者从事劳动的特定处所，是与劳动者存在直接联系的区域

如钢铁厂铸造车间是铸造工人的工作场所，冶炼车间就不属于铸造工人工作的直接场所。

（二）工作场所包括为提高工作效率、方便劳动者工作而设置的相关设施和处所

如休息室、厕所、更衣室、饮水室、消毒间、除尘室、烘干室等，此类场所为劳动者工作的非作业区，但劳动者上班时饮水、大小便、工间休息是劳动者为提高劳动效率，为企业创造更大利润所必需的；特殊行业的劳动者进入工作场所时更换工作服或防护服，进行消毒、除尘或烘干则是劳动者进行劳动的前提条件。上述场所也应该是工作场所的内涵所包括的。

（三）因为立法和法律解释无法作出非常具体、明确的规定，对于个别情况应个别分析，而不能呆板地适用法律

工作场所既包含职工日常的固定工作区域和不确定的工作区域，又包含因生产特点、工作特殊需要或职责范围而经常变动的工作区域。例如，门卫工作的特殊性决定了其工作场所是不确定的，并不只限定于厂区内，在距离厂区的适当范围内受到的伤害应认定为工伤。

另外，用人单位对于工伤保险的无过错赔偿原则要有全面的了解和认识，这一原则有别于企业依据有关法律法规制定的本企业规章制度对违纪职工（或违章职工）实行的处罚。无过错责任原则规定，即使职工本人存在一定的过错，仍应按照工伤保险待遇给予补偿。但这并不表示工伤职工可以不承担因其违章操作所造成的经济损失赔偿责任，享受工伤保险待遇和承担经济损失赔偿是两个完全不同的概念。前者是法律赋予工伤职工应享受的权利，后者是法律规定违纪职工应承担的义务。需要指出的是，企业内部制定的规章制度必须符合有关法律法规，不可以随心所欲、显失公平地制定处罚措施。

法条重现

《工伤保险条例》

(2003年4月27日公布　自2004年1月1日起施行　2010年12月20日修订　《修订决定》自2011年1月1日起施行)

第十四条　职工有下列情形之一的,应当认定为工伤:

(一)在工作时间和工作场所内,因工作原因受到事故伤害的;

(二)工作时间前后在工作场所内,从事与工作有关的预备性或者收尾性工作受到事故伤害的;

(三)在工作时间和工作场所内,因履行工作职责受到暴力等意外伤害的;

(四)患职业病的;

(五)因工外出期间,由于工作原因受到伤害或者发生事故下落不明的;

(六)在上下班途中,受到非本人主要责任的交通事故或者城市轨道交通、客运轮渡、火车事故伤害的;

(七)法律、行政法规规定应当认定为工伤的其他情形。

第十五条　职工有下列情形之一的,视同工伤:

(一)在工作时间和工作岗位,突发疾病死亡或者在48小时之内经抢救无效死亡的;

(二)在抢险救灾等维护国家利益、公共利益活动中受到伤害的;

(三)职工原在军队服役,因战、因公负伤致残,已取得革命伤残军人证,到用人单位后旧伤复发的。

职工有前款第(一)项、第(二)项情形的,按照本条例的有关规定享受工伤保险待遇;职工有前款第(三)项情形的,按照本条例的有关规定享受除一次性伤残补助金以外的工伤保险待遇。

第十六条　职工符合本条例第十四条、第十五条的规定,但是有下列情形之一的,不得认定为工伤或者视同工伤:

(一)故意犯罪的;

(二)醉酒或者吸毒的;

（三）自残或者自杀的。

安徽省劳动和社会保障局《关于工伤认定中工作场所界定问题的复函》

（2007 年 6 月 6 日　劳社秘〔2007〕142 号）

马鞍山市劳动和社会保障局：

你局《关于工伤认定中工作场所界定问题的请示》（马劳社〔2007〕38 号）收悉。经研究，现答复如下：

国务院《工伤保险条例》第十四条第一项“在工作时间和工作场所内，因工作原因受到事故伤害的”，这里的“工作场所”应理解为职工按照用人单位的岗位分工要求，完成生产或工作任务需要活动的区域。

☞ 工伤“私了”能彻底了断风险吗？

典型现象

公证后的工伤“私了”协议，工伤员工能反悔吗？

在工作过程中发生工伤事故，虽然是大家都不愿意看到的结果，但这也是不能回避的事实存在。在发生工伤事故后，有时为了省事，劳动者与用人单位就工伤待遇私下进行协商后，便达成了赔偿协议，即双方就工伤赔偿进行了“私了”，那么，这种“私了”的协议是否具有法律效力？劳动者如果日后反悔，是否可以？

案例展示

2012 年 2 月，意气风发的江苏农村青年徐某离开家乡，来到省会南京市一家纺织设备公司打工。工作还不到一个月，一场突发的工伤，就改写了他的一生。

工作中，因从六楼意外摔到地面，且被地面上的金属管件扎伤，虽经医院全力救治，徐某仍然严重残疾，生活不能自理。转眼间活蹦乱跳的小伙子成了残疾人，谁见了都要发出几声叹息。家属多次闹到公司，要求公司进行赔偿，搞得公司领导很是头痛。

由于徐某在该公司上班还不到一个月，公司还没来得及为其缴纳工伤保险就发生了工伤，因此，公司领导知道，徐某的工伤待遇及赔偿都得由公司全部负担了。于是，公司开始与徐某及其家属就工伤赔偿一事进行了协商，经过双方多次协商后终于达成一致：公司一次性赔偿徐某15万元，作为公司赔偿的全部款项，徐某自愿辞职离开公司，从此以后不得再以任何理由向公司提出任何索赔。

在双方签署上述工伤"私了"协议时，公司为了保险起见，请来了当地的一家公证机关，对该协议进行了公证。拿到公证书并向员工支付完15万元赔偿金后，公司领导终于松了一口气："总算了断了我一桩麻烦事呀！"

此后，公司确实很平静地度过了8个月的时间。但到了年底，公司突然接到了当地劳动争议仲裁委员会发来的应诉通知书，告知公司，徐某已就工伤赔偿一事提起了劳动争议仲裁。

原来，徐某与公司签署"私了"协议后，又向工伤认定部门提出了工伤认定申请并被认定为工伤，一个月后，当地劳动能力鉴定委员会将徐某的伤残鉴定为三级，属于完全丧失劳动能力。徐某咨询律师后得知，根据《工伤保险条例》，自己的状况可得到各种工伤方面的赔偿合计不少于50万元。于是，徐某就想反悔与公司签署的15万元"私了"协议，向仲裁庭提出了仲裁申请。

在仲裁庭上，公司称，"解除双方劳动关系、要求给予一次性赔偿"，是徐某及其家属主动提出来的，双方已经签了协议并且还经过了公证，更何况，徐某在拿钱时也没有提出任何异议。从法律上讲，公司现在与徐某无任何关系，工伤赔偿事宜早已经解决，因此，希望仲裁庭驳回徐某的仲裁请求。

追本溯源

这种工伤"私了"协议是否具有法律效力？

从时间和精力成本计算，"私了"对用人单位和工伤职工可能比较简便。但是，事实上，经过调解“私了”之后，仍然有相当一部分案件并未结束，双方后续仍然会有纠纷。于是，人们很关心的问题就是，这种私了的协议是否具有法律效力？劳动者是否可以继续申请劳动仲裁委员会就工伤赔偿进行仲裁？

我国现行工伤保险实行行政认定程序，根据《工伤保险条例》第17条的规定：“职工发生事故伤害或者按照职业病防治法规定被诊断、鉴定为职业病，所在单位应当自事故伤害发生之日或者被诊断、鉴定为职业病之日起30日内，向统筹地区社会保险行政部门提出工伤认定申请。遇有特殊情况，经报社会保险行政部门同意，申请时限可以适当延长。用人单位未按前款规定提出工伤认定申请的，工伤职工或者其近亲属、工会组织在事故伤害发生之日或者被诊断、鉴定为职业病之日起1年内，可以直接向用人单位所在地统筹地区社会保险行政部门提出工伤认定申请。”也就是说，职工发生工伤事故后需提请劳动行政部门依据法定职权作出工伤认定，根据劳动行政部门的工伤认定及伤残等级鉴定结果，给予工伤职工相应的工伤赔偿项目和金额，这些项目和金额均有法定标准。也就是说，正常情况下，工伤职工应享受的工伤赔偿项目和金额是由法律直接规定的，根本不需要企业与职工进行协商。但现实中，有些企业在职工发生工伤后，由于某种原因不愿意将此事报告给劳动行政部门，宁愿与职工私下里进行协商后，签订“私了”协议。于是，现实中就普遍存在着这种工伤赔偿“私了”化的现象。从我国立法上来看，劳动者发生工伤后，经劳动保障行政部门确认并获得相应的赔偿属于工伤保险赔偿的范畴；而“私了”一般是由用人单位与劳动者双方，就受伤一事自行协商解决，劳动者由此获得的赔偿属于民事赔偿的范畴。“私了”协议在法律上称之为工伤赔偿和解协议，达成工伤赔偿和解协议之后一方能否反悔，仲裁和法院在审理此类案件时如何认定私了协议的效力成为焦点。

一种观点认为，工伤私了协议一概认定为不具有法律效力，其主要理由是工伤认定、赔偿是国家强制执行的范围，必须通过劳动保障部门来处理。劳动者的工伤发生后，如果用人单位既未向主管部门上报，又未向劳动保障部门申请认定工伤，在这种情况下双方达成的协议本书作者认为是无效的。

另一种观点认为，工伤发生后，如果用人单位及时向行政主管部门上报，并启动工伤认定程序。这种情况下的私了协议是有效的，因为劳动法赋予用人单位与劳动者自行和解的权利。

江苏省劳动仲裁委员会于 2007 年 1 月 20 日以苏劳仲委〔2007〕1 号发布了江苏省劳动仲裁案件研讨会纪要（2007 年），该纪要第 10 条的内容是："当事人就工伤待遇已经达成赔偿协议后，劳动者又提请仲裁的，仲裁委员会应如何受理和处理？答：当事人就工伤待遇达成赔偿协议分为两种情况，一种情况是，劳动者发生工伤后，在未经劳动行政部门认定工伤和评定伤残等级的情形下，劳动者与用人单位就工伤达成赔偿协议后，劳动者又提请仲裁的，仲裁委员会应以工伤认定书和伤残等级鉴定结论作为受理案件的条件，以伤残等级鉴定结论送达劳动者之日为申诉时效的起算点。另一种情况是，劳动者发生工伤后，在已认定工伤和评定伤残等级的情形下，劳动者与用人单位就工伤待遇达成赔偿协议后，劳动者又提请仲裁的，仲裁委员会应以双方赔偿协议签订之日作为申诉时效的起算点。仲裁委员会审理上述案件时，不应以撤销协议作为前提条件，而应按照工伤保险待遇，裁决用人单位补足原先双方协议低于工伤保险待遇的差额部分。"

根据此规定，工伤私了协议即使是双方自愿的，只要赔偿金额低于劳动者应得金额，不论差距多少，劳动者都可以通过公权力予以补足。当然，如果用人单位赔偿的金额高于劳动者应得待遇，则不存在再行补足的问题，但用人单位也无法再行要求劳动者退回。

上述案例中徐某所在的企业是江苏省辖区内的企业，因此，当地劳动争议仲裁委员会按照上述江苏省劳动仲裁案件研讨会纪要（2007 年）第 10 条规定，作出认定：徐某与公司所签协议书中，约定的工伤给付标准明显低于法定标准，故徐某要求公司按照法定标准补足差额部分并无不妥。仲裁裁决结果是，该公司应再继续支付徐某工伤赔偿差额 35 万余元。

☆ 专家锦囊

如何正确处理员工工伤问题，以免因工伤待遇纠纷引发劳动争议？

从目前国内各地的仲裁和司法实践看，对于工伤"私了"协议，持与上述江苏省劳动争议仲裁委员会相同观点的地区不在少数。因此，可以说，工伤"私了"协议并不一定能彻底了断企业的风险。

用人单位在与劳动者建立劳动关系后，应及时为劳动者缴纳工伤保险。根据《工伤保险条例》规定，只要缴纳了工伤保险，员工一旦发生工伤，因其工伤发生的下列费用，按照国家规定，均是由工伤保险基金负担的：

(1)治疗工伤的医疗费用和康复费用；(2)住院伙食补助费；(3)到统筹地区以外就医的交通食宿费；(4)安装配置伤残辅助器具所需费用；(5)生活不能自理的，经劳动能力鉴定委员会确认的生活护理费；(6)一次性伤残补助金和一至四级伤残职工按月领取的伤残津贴；(7)终止或者解除劳动合同时，应当享受的一次性医疗补助金；(8)因工死亡的，其遗属领取的丧葬补助金、供养亲属抚恤金和因工死亡补助金；(9)劳动能力鉴定费。

而作为用人单位，对于工伤员工则仅需负担下列三项主要费用：

(1)治疗工伤期间的工资福利；(2)五级、六级伤残职工按月领取的伤残津贴；(3)终止或者解除劳动合同时，应当享受的一次性伤残就业补助金。

也就是说，只要用人单位为员工缴纳了工伤保险，工伤员工的大部分待遇可能都是由工伤保险基金给付的，用人单位也许仅需承担一小部分费用，因此，企业就没有必要与工伤员工签署"私了"协议了。

另外，需要提醒用人单位的是，工伤"私了"协议，即使经过公证处的公证，也不能保证该协议就是完全合法有效的。上述案例的仲裁裁决就印证了这一点。《民事诉讼法》第 67 条规定，经过法定程序公证证明的法律行为、法律事实和文书，人民法院应当作为认定事实的根据。但有相反证据据以推翻公证证明的除外。可见，经过法定程序公证的合同，仅仅是赋予了较大的证明力，并未改变其作为民事证据的属性和地位。一份经过公证的合同与一份普通的民事合同在效力上从本质上或者说权源上来看，应当是无差别的，其效力本不存在高低之分。换句话说，合同虽然经过公证，但如果该合同违背了法律的强制性规定，则仲裁机构或法院仍应认定其为无效合同。

法条重现

《工伤保险条例》

（2003年4月27日公布　自2004年1月1日起施行　2010年12月20日修订　《修订决定》自2011年1月1日起施行）

第十七条　职工发生事故伤害或者按照职业病防治法规定被诊断、鉴定为职业病，所在单位应当自事故伤害发生之日或者被诊断、鉴定为职业病之日起30日内，向统筹地区社会保险行政部门提出工伤认定申请。遇有特殊情况，经报社会保险行政部门同意，申请时限可以适当延长。

用人单位未按前款规定提出工伤认定申请的，工伤职工或者其近亲属、工会组织在事故伤害发生之日或者被诊断、鉴定为职业病之日起1年内，可以直接向用人单位所在地统筹地区社会保险行政部门提出工伤认定申请。

按照本条第一款规定应当由省级社会保险行政部门进行工伤认定的事项，根据属地原则由用人单位所在地的设区的市级社会保险行政部门办理。

用人单位未在本条第一款规定的时限内提交工伤认定申请，在此期间发生符合本条例规定的工伤待遇等有关费用由该用人单位负担。

江苏省劳动仲裁案件研讨会纪要

（苏劳仲委〔2007〕1号）

第十条　当事人就工伤待遇已经达成赔偿协议后，劳动者又提请仲裁的，仲裁委员会应如何受理和处理？

答：当事人就工伤待遇达成赔偿协议分为两种情况，一种情况是，劳动者发生工伤后，在未经劳动行政部门认定工伤和评定伤残等级的情形下，劳动者与用人单位就工伤达成赔偿协议后，劳动者又提请仲裁的，仲裁委员会应以工伤认定书和伤残等级鉴定结论作为受理案件的条件，以伤残等级鉴定结论送达劳动者之日为申诉时效的起算点。另一种情况是，劳动者发生工伤后，在已认定工伤和评定伤残等级的情形下，劳动者与用人单位就工伤待遇达成赔偿协议后，劳动者又提请仲裁的，仲裁委员会应以双方赔偿协议签订之日作为申诉时效的起算点。仲裁委员会审理上述案件时，不应以撤销协议作为前提条件，而应按照工伤保险待遇，裁决用人单位补足原先双方协议低于工伤保险待遇的差额部分。

☞ 劳动关系的人身性特点

典型现象

表弟替表哥上班时负伤，能被认定为工伤吗？

用人单位与劳动者建立劳动合同关系，目的是为了使用劳动力。马克思曾经说过："我们把劳动力或劳动能力，理解为人的身体即活的人体中存在的、每当人生产某种使用价值时就运用的体力和智力的总和。"因此可以说，劳动力是蕴涵在劳动者的肌肉和大脑里的一种能力，与劳动者人身密不可分。这样一来，劳动合同的履行，对于劳动者来说，就要亲自到场履行，就具有了所谓的人身性。

既然劳动者必须亲自到单位履行劳动合同义务，那么人一到单位，与人有关的所有事情就可能都来了，这就带来了用人单位对员工管理工作的复杂性。

案例展示

孙某系某国有企业的职工，与该公司签有无固定期限劳动合同。几年前，由于行业不景气，孙某作为司机像其他工人一样，没有多少活干，经常不来上班，公司领导考虑到厂里的事又不多，工人的收入较低，于是对此现象听之任之，未进行严格管理。孙某一看自己不上班也没人管，就根本不到公司去了，利用上班时间天天在朋友家玩麻将牌。

去年下半年，企业效益开始好转，生产逐步走上了正轨。为了严格执行劳动纪律，公司向所有职工发出通知："以前由于管理不严，一些职工有违反企业考勤和管理规定的行为，可以既往不咎。但从今以后，要严格考勤纪律，每个职工都必须按时上下班，如有违者，将按有关规定处理。"

孙某接到通知后开始上班，刚开始的两天，他还能坚持正常出勤，并能完成公司交给的送货任务。但第三天，孙某接到公司交办的出车送货工作后，驾驶着大货车刚出厂门，就偷偷打电话叫来自己的表弟，让表弟代替自己开车去送货，而自己又悄悄去朋友家玩麻将牌了。

该表弟十分忐忑地驾驶大货车在路上行驶。"我只有小客车驾照，从没驾驶过大货车，我这个哥哥胆子真大，居然敢让我替他开大货车送货……"表弟心里正嘀咕着，看见路口信号灯突然变成了红灯，便想赶紧踩刹车，但情急之下错把油门当成刹车踩了下去，大货车猛地加速向前闯过了红灯，与横向正常行驶的一辆水泥搅拌车撞了个正着。此次交通事故导致其表弟身体多处骨折，花费医疗费6万多元，同时造成公司货物损失价值十多万元。交警作出的事故责任认定是，因该表弟"'小驾照'开'大汽车'"视同"无证驾驶"并且还闯红灯酿成事故，故应由该表弟负事故全责。

该表弟也觉得自己很冤枉，找到孙某所在公司领导说："我是在为你们公司完成送货工作的路上发生的交通事故且造成了伤残，按照《工伤保险条例》的规定，应该属于工伤"，并提出要求公司赔偿工伤给其造成的一切损失。

"你不是我公司的员工，我公司的工作跟你没关系，是你表哥私自让你顶岗替班，而你明知自己没有大货车驾照还替他开车，才导致出这场悲剧，现在想反咬一口让公司给你赔偿，你做梦吧?!"公司领导理直气壮地说,“这场车祸给我公司造成的十几万元货物损失,是你的行为直接导致的,我告诉你,我们公司要保留让你承担货损赔偿责任的权利!”

看到公司这种态度,该表弟扭头离开公司,直奔当地劳动局,提出了工伤认定申请。

孙某得知表弟出了车祸,赶忙向公司领导谢罪。公司领导愤怒地对孙某说:“这件事的祸根就是你,你要承担全部赔偿责任!而且公司肯定要辞退你!”说归说,其实公司领导也知道,孙某根本赔不起。至于据此单方解除孙某的劳动合同是不是合法?公司领导也拿不准。

于是,眼下摆在公司领导面前的主要问题是:孙某的表弟会不会被劳动局认定为工伤?公司如果单方解聘孙某,会不会有法律风险?

追本溯源

员工擅自让别人顶岗替班引发事故,公司可以据此辞退该员工吗?

孙某的表弟既不是该公司的员工,也没有与该公司建立过劳动关系,其应孙某之约私下里替孙某履行劳动合同义务一事,该公司根本不知情,故公司用不着承担任何责任。孙某的表弟要求将自己在交通事故中所受的伤认定为工伤,并要求该公司承担工伤赔偿的诉求,不能得到法律上的支持。其理由如下:

国家人力资源和社会保障部出台的《工伤认定办法》中规定:“提出工伤认定申请应当填写《工伤认定申请表》,并提交下列材料:(一)劳动、聘用合同文本复印件或者与用人单位存在劳动关系(包括事实劳动关系)、人事关系的其他证明材料;(二)医疗机构出具的受伤后诊断证明书或者职业病诊断证明书(或者职业病诊断鉴定书)。”换句话说,存有劳动关系是认定工伤的大前提,如果劳动者与用人单位不存在劳动关系,就不可能被认定为该用人单位的工伤。具体到上述案例来说,孙某的表弟要想认定为该公司的工伤,其受伤时必须是该公司的员工,与该公司存在劳动关系才可以。但事实上,这位表弟与该公司根本不存在劳动关系,因此其提出的工伤认定申请,不会被劳动行政部门受理,不能认定为工伤。

至于公司如果以此事为理由单方解除孙某的劳动合同,会不会有法律风险的问题,公司分别咨询了几个律师,却得到了如下几种不同的观点。

第一个律师认为,孙某在工作期间私自让其表弟顶岗替班,而自己去玩麻将牌的行为,给企业带来了重大损失,已构成"严重失职,营私舞弊,给用人单位造成重大损害",公司可依据《劳动合同法》第39条第3项规定,立即单方解除孙某的劳动合同。

第二个律师认为,孙某的行为虽然给公司造成了重大损害,但其私自让其表弟顶岗替班后自己去玩牌的行为,不属于"营私舞弊"。因此,公司不能依据上述《劳动合同法》第39条第3项的规定,单方解除其劳动合同行为。该律师认为,孙某私自让其表弟顶岗替班后自己去玩牌的行为,应该属于"严重违反用人单位的规章制度"的行为,公司可依据《劳动合同法》第39条第2项规定,立即单方解除孙某的劳动合同。

第三个律师认为,孙某的行为既不属于"营私舞弊",也不属于"严重违反用人单位的规章制度"的行为。理由是:(1)因图谋私利而玩弄欺骗手段做犯法的事,才算是"营私舞弊"。孙某为了玩牌在工作期间私自让其表弟顶岗替班的行为,远构不成"营私舞弊"。(2)由于该公司的规章制度中,没有把员工私自让别人顶岗替班的行为规定为"违反规章制度"的行为,因此公司无法以"严重违反用人单位的规章制度"为理由解聘孙某。据此,该律师认为,公司想单方解聘孙某,目前是找不到任何法律依据的。如公司强行单方解除孙某的劳动合同,会有一定的法律风险。

面对上述律师的不同看法,公司领导不知该如何处理此事为好。更重要的是,公司领导认为,即使这次不能解聘孙某,公司今后应怎样改进或完善管理规章制度,才能不再出现类似的被动局面。

☆ 专家锦囊

如何正确理解和运用劳动合同人身性特点，有效管理员工？

本书作者认为，要想解决令公司领导困惑的上述问题，首先要搞清劳动关系的人身性特点。由于在劳动关系中当事人双方通过订立劳动合同所约定交换的标的是对劳动者身体里的劳动力支配权和使用权，于是就把劳动关系中一个很重要的特征凸显了出来，该特征就是劳动力的人身属性。劳动关系的本质是资本与劳动力的结合，但其外观上却表现为用人单位与作为自然人的劳动者的结合，原因在于用人单位是资本的所有者，劳动者是自己劳动力的所有者，劳动力是附着在劳动者身上的（具体来说就是肌肉和大脑里的）一种能力，与劳动者的人身密不可分，劳动关系一旦建立，劳动者所拥有的劳动力，在规定的期间内将归用人单位支配或使用，劳动力与劳动者人身不能分离的特点，决定了用人单位支配、使用劳动力的过程就是劳动者本人亲自给付（即履行）劳动的过程。由于每个劳动者身体里劳动力的价值对用人单位都是不一样的，每个岗位都要使用符合该岗位需求的特定劳动力，因此劳动者非经用人单位同意，不得使他人代为提供劳动力。劳动行为这种必须“亲自履行”、不能转让及不适用委托代理的特点，是由劳动力商品直接依附于劳动者人体、与劳动者人身须臾不能分离的本性所决定的。正如上述案例中的孙某有大货车驾照，因此有资格和能力驾驶大货车执行公司安排的送货工作，而其表弟只有小客车驾照，没有资格和能力驾驶大货车，不符合公司对送货司机岗位的要求，故公司与孙某建立劳动关系后，其必须亲自履行劳动义务，而不能委托其表弟替自己履行劳动合同义务。简言之，劳动者一旦与用人单位建立了劳动关系，劳动者就必须亲自完成用人单位安排的劳动工作，未经用人单位同意不得由第三人代为其向用人单位履行劳动义务。否则，劳动者将构成对用人单位的违约。

案例中的孙某将本应亲自向公司履行的劳动义务，擅自让自己的表弟替自己完成送货的劳动义务，违反了劳动合同的上述基本原则，属于违约行为。公司应当在本企业规章制度中将这种违约行为规定为违规行为，禁止员工做出，同时还应当在劳动纪律中规定，员工不能擅自找人顶岗替班。凡擅自找人顶岗替班的，均属于严重违反规章制度的行为，公司有权依据《劳动合同法》第 39 条第 2 项规定，单方解除劳动合同且不支付任何补偿。

该公司如果在规章制度中完善上述内容后，其后如有任何一名员工再出现类似孙某的行为时，公司均可以依据《劳动合同法》第 39 条第 2 项规定，单方解除劳动合同。

另外，用人单位应该认识到，劳动关系人身性这一特点，往往还给单位带来许多管理上的繁琐和复杂工作。从劳动权利义务角度看，用人单位的主要义务是，支付劳动报酬、缴纳社会保险、执行国家劳动标准、提供相应的劳动条件和劳动保护等。而为职工提供诸如上下班班车、午餐、倒班宿舍等都不是用人单位的法定义务，按理说，用人单位完全可以不提供这些待遇。但现实中，许多用人单位不得不为劳动者提供上述待遇，原因是，劳动关系人身性的特点决定了劳动者要亲自到单位履行劳动合同义务。而劳动者本人一到单位，跟人有关的所有事，包括衣食住行，就都来了，如果用人单位对劳动者的衣食住行不提供便利，劳动者可能就会说："我生活上的很多问题都解决不了，我就没法好好干活。"所以，许多用人单位为了让劳动者更好地付出劳动力，就先要配合或协助员工解决好这些生活问题，为员工提供上述便利。因此，建议用人单位要充分认识到劳动关系人身性这一特点，依法做好员工管理中的每一项工作。

法条重现

《中华人民共和国劳动合同法》

（2007 年 6 月 29 日公布　自 2008 年 1 月 1 日起施行　2012 年 12 月 28 日修正　《修正决定》自 2013 年 7 月 1 日起施行）

第三十九条　劳动者有下列情形之一的，用人单位可以解除劳动合同：

（一）在试用期间被证明不符合录用条件的；

（二）严重违反用人单位的规章制度的；

（三）严重失职，营私舞弊，给用人单位造成重大损害的；

（四）劳动者同时与其他用人单位建立劳动关系，对完成本单位的工作任务造成严重影响，或者经用人单位提出，拒不改正的；

（五）因本法第二十六条第一款第一项规定的情形致使劳动合同无效的；

（六）被依法追究刑事责任的。

《工伤认定办法》

（2010年12月31日人力资源和社会保障部令第8号公布　自2011年1月1日起施行）

第六条　提出工伤认定申请应当填写《工伤认定申请表》，并提交下列材料：

（一）劳动、聘用合同文本复印件或者与用人单位存在劳动关系（包括事实劳动关系）、人事关系的其他证明材料；

（二）医疗机构出具的受伤后诊断证明书或者职业病诊断证明书（或者职业病诊断鉴定书）。

第五单元　调岗及企业并购

☞ 可对员工实施调岗的法定情形

典型现象

怀孕女员工因被公司调岗引发劳动争议

用人单位与劳动者建立劳动关系后，由于企业经营管理的复杂性以及劳资双方的种种原因，在劳动合同履行过程中，变更劳动合同内容，特别是变更工作岗位的情况，非常多见且极易产生劳动争议，因此对于调岗劳动争议涉及的法律问题，我们有必要进行梳理。

案例展示

余某进入中外合资公司工作后，与该公司签订了为期 3 年的劳动合同。合同约定：余某在综合部，从事行政秘书工作。工资为 3500 元/月。工作一年后，余某结婚并怀孕，在其怀孕期间，公司以余某工作期间表现未能符合岗位职责要求为由，单方对余某的工作岗位进行了调整，将其原来的行政秘书工作调整为仓库统计员，工作地点也从原来位于城区的公司总部，变更到位于郊区的公司库房，增加了余某的上下班路途时间。对此，公司作出了《关于余某工作岗位内部调整的通知》并书面送达给了余某。

余某认为，公司在其怀孕期间明显不合理地单方调整其工作岗位，属于单方违反劳动合同约定的违约行为。为维护其合法权益，余某向当地劳动争议仲裁委员会提出了仲裁申请，要求裁定：撤销公司的单方调岗决定，恢复其原岗位工作，继续履行劳动合同。

仲裁机构对上述案件审理后认为,劳动合同是劳动者与用人单位确立劳动关系、明确双方权利与义务的协议。依法订立的劳动合同,对当事人具有约束力。经劳动合同与当事人协商一致,劳动合同可以变更。公司以余某工作期间的表现不符合岗位职责要求为由,对余某的工作岗位进行了调整,双方既未协商一致,公司也没有提供证据证明余某不符合其工作岗位的要求,且余某尚处于孕期,公司作出的单方调岗决定,既不合理也不合法,应当予以撤销。对余某提出的要求撤销公司单方调岗决定,恢复其原岗位工作的仲裁请求,应予支持。

仲裁庭作出裁决,撤销公司作出的《关于余某工作岗位内部调整的通知》,双方按劳动合同约定的岗位继续履行劳动合同。

追本溯源

可对员工实施调岗的法定情形和理由

有关劳动合同的变更,目前法律条文少之又少,《劳动合同法》亦仅有寥寥可数的几个条文涉及劳动合同的变更(含岗位变更)问题,从而在客观上造成了许多企业在调岗等情况的劳动合同变更时无所适从。一般来说,调岗的具体方法或形式主要有三种:(1)协商变更,(2)法定情形下的企业单方变更;(3)依照事先约定的变更条件进行变更(即约定变更)。当企业与员工就岗位变更(即调岗)协商不能达成一致且双方没有事先对调岗做出任何约定的情况下,企业想单方调整员工的工作岗位,就只能按照法定情形做调岗操作了。

然而,依《劳动合同法》有关企业可以单方调岗的,只有两种法定情形。具体来说就是:(1)劳动者不能胜任工作;(2)劳动者患病或者非因工负伤,医疗期满后不能从事原工作。

从对法律条文的字面分析可以发现依法单方调岗的前提是劳动者"不能胜任工作"或"患病或者非因工负伤,医疗期满后不能从事原工作",其核心就是"不能"二字。如何区分"能"与"不能",并对"不能"充分举证,就是单方调岗积极要件的重中之重。面临劳动争议时,对"劳动者不胜任工作"或"不能从事原工作",应承担举证责任的是企业一方，因此，企业要有合理的区分标准（衡量的根据）和明确的事实根据。企业可以通过制定完善而有效的规章制度或考核标准作为衡量的根据。在制定并执行了相应的区分标准或衡量根据的前提下，企业应对职工平等、科学地进行考核，并保留考核过程中的原始资料，具体包括规章制度、考核标准等，还包括职工的工作表现、工作业绩的记录等。只有具备了合法的判断前提和充分的原始记录，企业对职工单方调岗才会合法有效，否则，单凭企业一纸答辩主张职工不能胜任工作是很难胜诉的。案例中的公司之所以败诉，也正是因为没有证据证明员工余某不能胜任工作。反之，如果该公司在单方对余某实施调岗之前，就已获得了余某不胜任工作的充分证据，则这起案件的仲裁结果就会发生根本性的改变。

☆ 专家锦囊

调整员工岗位的正确操作方法和相关问题处理

需要注意的是，现实中很多企业为了便于管理，在劳动合同中对职工工作岗位约定得比较笼统，仅约定为“管理岗”或“操作岗”等“大岗位”。一些企业根据自身需要，可能在“大岗位”范畴内任意调整职工的工作，如将某职工从销售管理岗位调整为人事管理岗位等。企业人力资源管理部门需要注意的是，尽管劳动合同没有约定工作岗位或者约定不明确，企业调整职工的实际工作岗位，但若使其工作内容发生了明显的变化，也属于劳动合同的变更。因为职工在实际工作岗位工作，用人单位对其按照相关岗位人员进行管理、发放相应工资，已经构成了劳动合同双方对工作内容、工作地点等与岗位相关内容的实际履行，法律对于劳动合同的约定和实际履行是给予同等保护的，因此，用人单位也不能以劳动合同没有约定或约定不明为由随意调整职工的工作岗位。

另外，有些用人单位为了能够对员工实施单方调岗的自由度大一些，会与劳动者在劳动合同中约定这样的条款：“公司有权根据经营情况随时调整员工的工作岗位，员工无条件接受”，而一些企业也正是根据这条约定，而随意调整员工的工作岗位，导致产生了大量的劳动争议。仲裁和实践中，对上述约定条款的法律效力颇有争议，目前主要有下列三种观点。

第一种观点认为，合同中约定调岗不合法。根据《劳动合同法》第35条规定，在一般情况下，用人单位调整工作岗位应当与劳动者协商一致，并且以书面形式确认。劳动合同中约定的随时调岗条款违反了协商一致变更原则，并突破了法定单方调岗的限制情形，因此约定无效。

第二种观点认为，合同中约定调岗合法。劳动合同约定“公司可根据需要对员工岗位进行调整”，应当理解为双方真实的意思表示，劳动合同约定条款具有拘束力，应该遵循意思自治的原则，双方均应履行。持这种观点的理由还在于以下两点：由于约定调岗条款是双方依法约定的，并无法律的禁止性规定，因此该约定条款可以成为劳动合同内容的一部分，视为对工作内容的补充规定，与其他必备条款并无轻重之分。其次，由于约定条款是事先经协商一致确定的，因此再进行调岗则属于劳动合同的履行。

第三种观点认为，虽然合同中可以如此约定，但是在具体调岗时不能一味地认为有合同约定就可以调整，要根据具体情形具体判断。在具备“充分的合理性”的情形下，用人单位可以单方变更劳动者工作岗位。

本书作者比较赞同第三种观点。正如上海市高级人民法院2002年2月6日发布的《关于审理劳动争议案件若干问题的解答》中规定的那样：劳动合同中约定用人单位有权随时调整劳动者岗位发生争议的，应如何处理？答：用人单位和劳动者因劳动合同中约定，用人单位有权根据生产经营需要随时调整劳动者工作内容或岗位，双方为此发生争议的，应由用人单位举证证明其调职具有充分的合理性。用人单位不能举证证明其调职具有充分合理性的，双方仍应按原劳动合同履行。

这一规定显然比较公平合理，根据该规定，员工可以对变更岗位向单位提出异议，要求单位说明变更的理由，如果单位说明的理由不具充分合理性，则可以向单位所在区的劳动争议仲裁委员会申请劳动仲裁。但这个规定仅仅属于地方高级人民法院的规定，仅仅在上海适用，在全国目前尚没有相关解释，该种情况的争议仍然会存在。

法条重现

《中华人民共和国劳动合同法》

（2007年6月29日公布　自2008年1月1日起施行　2012年12月28日修正　《修正决定》自2013年7月1日起施行）

第三十五条　用人单位与劳动者协商一致，可以变更劳动合同约定的内容。变更劳动合同，应当采用书面形式。

第四十条　有下列情形之一的，用人单位提前三十日以书面形式通知劳动者本人或者额外支付劳动者一个月工资后，可以解除劳动合同：

（一）劳动者患病或者非因工负伤，在规定的医疗期满后不能从事原工作，也不能从事由用人单位另行安排的工作的；

（二）劳动者不能胜任工作，经过培训或者调整工作岗位，仍不能胜任工作的……

上海市高级人民法院《关于审理劳动争议案件若干问题的解答》

（2002年2月6日）

（十五）劳动合同中约定用人单位有权随时调整劳动者岗位发生争议的，应如何处理？答：用人单位和劳动者因劳动合同中约定，用人单位有权根据生产经营需要随时调整劳动者工作内容或岗位，双方为此发生争议的，应由用人单位举证证明其调职具有充分的合理性。用人单位不能举证证明其调职具有充分合理性的，双方仍应按原劳动合同履行。

【说明】

本条是关于因劳动合同中双方约定用人单位可以根据生产经营需要随时调整劳动者工作岗位引起争议如何处理的规定。许多用人单位在合同中预先作出可以随时调整岗位的约定后，实际调整岗位时还是经常引起劳动者的不满,引发劳动争议。用人单位认为既然劳动者已答应,就应无条件服从,而劳动者则认为这种约定显失公平,具体调整岗位多是报复劳动者,而非生产经营需要。我们认为,劳动关系成立时单位对劳动者即具有劳动请求权,劳动合同中的约定原则上应予认可。但为防止用工权的滥用,单位调整岗位时应说明调整具有充分合理性,否则用人单位的行为不能支持。

【理由】

(劳动合同岗位作为劳动合同的内容一经约定即具有法律效果,如果调整,原则上应当协商一致。但企业生产经营活动又随时可能发生变化,用人单位在合同中约定,可以根据经营情况调整劳动者岗位,是行使劳动请求权的一种方式,也是符合情理的。问题是任何权利的行使都应在合理范围内,单位拥有劳动请求权,并不意味着可以随心所欲地支配劳动者)实际发生的案件中,有的单位以经营需要为由,将技术工程师调整到门卫,将办公室文员调整到保洁岗位,明显地超过一般人可以接受的范围,引起劳动者的极大不满。因此,为平衡单位利益和劳动者利益,我们提出单位调整岗位时应当向劳动者说明调整具有充分合理性,如果确实具有充分的合理性,则用人单位的调职可以支持;如果没有充分合理性,则不能支持。

☞ 公司并购后的劳动关系处理

典型现象

公司合并后可否废止原合同而要求员工签新合同?

在市场经济社会,企业之间的合并是追求规模经济效益、扩大市场地位的有效方式之一。这种企业间的并购行为早已在我国遍布各个行业,是当今社会的一种普遍现象。企业合并牵涉到多方主体的利益,法律问题相当复杂。在我国,以往人们较为关注企业合并中的股东利益保护、债权人利益保护问题,但对于企业与职工之前原有劳动合同关系的处理问题,无论是从立法上,还是从司法研究上看,都似乎重视不够。但对于合并后的企业,这类问题处理得好与坏,则直接关系着企业今后的发展和命运。

案例展示

湖南籍的小刘通过社会招聘进入上海某制造企业(以下简称A公司)工作,A公司帮其办理了上海户口,并与其签订了5年期的劳动合同。在劳动合同履行期间,由于A有限公司经营上的原因,经资产重组与上海另一家制造企业(以下简称B公司)合并,并将合并后的公司在工商行政管理局重新注册登记为C公司。

C公司成立后,公司以原劳动合同中的A公司主体已变更,以前签订的劳动合同无法继续履行为由,要求员工与C公司重新签订劳动合同。小刘看到公司发过来的新合同,与原劳动合同中的许多条款内容都不一致,且合同期限也发生了变化,很不满意,于是向公司人事部表达了自己看法:"我现在的工作内容、工作地点与以前相比,都没有任何变化,咱们公司总经理和我所在的部门经理也没有换人,为什么要重新签订劳动合同呢?"

"因为现在的公司是两家公司合并后的新公司,且名称也发生变化了,劳动合同当然要重新签订了!"人事经理理直气壮地答道。

"要我重签也行。但前提是,合同内容不能有任何变化,且合同终止日期还得是原来的日期。否则,我是不会重签的。"小刘固执地说。

公司见小刘拒绝签订新劳动合同,以此为由,随即作出了解除小刘劳动关系的决定。小刘对公司的决定不予接受,双方由此发生争议,遂向劳动争议仲裁委员会申请仲裁。

庭审中,小刘认为:C公司是由A公司与B公司合并成立的,A公司的所有权利义务应当由C公司承继;自己仍在原岗位工作,A公司与自己签订的劳动合同已由C公司继续履行,不存在无法履行的情况。因此,C公司作出解除原劳动关系的决定缺乏依据,要求C公司继续履行自己与A公司签订的原劳动合同。

C 公司则认为：C 公司是由 A、B 两公司合并之后成立的新公司，公司名称、实质都已发生变更，小刘与 A 公司签订的原劳动合同已无法继续履行。因此，A 公司已不再存在，小刘应当与公司签订新的劳动合同，现小刘拒绝签订新合同，C 公司就可以解除其与 A 公司的原劳动关系。

追本溯源

法律对企业合并后的劳动者权益是如何保护的？

用人单位的合并、分立不仅是现实中经常出现的情况，也是容易产生各种债权债务纠纷和劳动争议的问题。对此，《民法通则》第 44 条第 2 款规定：企业法人分立、合并，它的权利和义务由变更后的法人享有和承担。这一规定就是为了在法人或者其他组织合并或者分立时，尽最大可能地保护对方当事人的合法权益。涉及劳动领域，用人单位的合并或分立不可避免地带来一个问题：原用人单位与劳动者的劳动合同如何履行？这是关系企业发展和职工稳定的一个问题，对劳动合同双方都具有重要意义。

我国在《劳动合同法》出台之前，法律对被合并公司（企业）职工劳动合同的承继问题的规定是相当模糊的，1995 年劳动部发布的《关于贯彻执行〈中华人民共和国劳动法〉若干问题的意见》第 13 条规定，用人单位发生分立或合并后，分立或合并后的用人单位可依据实际情况与原用人单位的劳动者遵循平等自愿、协商一致的原则变更劳动合同。这一规定，具有很大的不确定性，之所以如此，是因为没有对公司合并与劳动合同承继的关系从法理上进行正确的把握，也没有对所要保护的利益究竟是企业利益还是职工利益或者同等保护有着较为清晰的认识。

当前，我国的就业形势相当严峻，《劳动合同法》的立法者认为，职工利益的保护应优先于企业利益的保护，不能以牺牲职工利益作为经济发展的代价，在法律上，应明确规定被合并公司（企业）职工的劳动合同由合并后的企业当然承继。因此，2008 年 1 月 1 日施行的《劳动合同法》将《民法通则》中企业合并或分立时保护对方当事人合法权益的立法精神贯彻到劳动法领域，第 34 条规定："用人单位发生合并或者分立等情况，原劳动合同继续有效，劳动合同由承继其权利和义务的用人单位继续履行。"根据以上法律规定，劳动合同不因用人单位的合并、分立而解除，合并、分立后的用人单位有继续履行原劳动合同的义务。因此，企业合并不可以作为解除合同的条件。

综上所述，案例中的 A、B 公司合并成为 C 公司后，C 公司依法应当继续履行与小刘的原订劳动合同。如要变更或解除，也应通过协商的途径进行，如未经协商也无其他约定事项的，原劳动合同仍然有效，C 公司不得解除与小刘的劳动关系，双方应当继续履行原劳动合同。据此，劳动争议仲裁委员会认为：C 公司作出的解除小刘劳动关系的决定违法，双方应继续履行原劳动合同。

☆ 专家锦囊

企业并购过程中应注意哪些劳动法律风险？

近年来，受《劳动合同法》的影响，以及出于对企业发生控制权等重大变更后走向的担心，相关劳动法律风险在企业并购活动中集中爆发的概率往往高于企业日常经营活动。而另一方面，相对于并购方式、税收筹划等方面的法律风险控制而言，劳动法律风险控制却更容易被企业并购活动中的相关方所忽视。既然《劳动合同法》规定，劳动合同不因用人单位的合并、分立而解除，合并、分立后的用人单位有继续履行原劳动合同的义务，因此，企业并购中就应注意或重视下列几个主要方面的劳动法律风险。

（一）"买断工龄"引发的劳动法律风险

依照上述法律规定，在外资及民营企业的并购活动中，投资方的变更并不导致劳动合同解除。但受到国有企业改制"买断工龄制度"，以及对新投资方不了解所引发不安的影响，收购对象企业员工要求"买断工龄"，即在并购时一次性支付经济补偿金的情况日益增多，而因此引发群体性事件导致并购活动中断甚至失败的案例也并不少见。

同时，根据《劳动合同法》的相关规定，即使收购对象企业员工没有在并购时提出相关要求，该部分经济补偿金成本亦会在收购完成后的经营活动中陆续发生。因此，收购方有必要事先就相关成本进行核算，并同原投资方就以下问题进行协商及制定相关应对策略：

(1)员工要求“买断工龄”的可能性；

(2)出现“买断工龄”要求时的应对方案及收购价格调整方案；

(3)“工龄连续计算”情况下的收购价格调整方案；

(4)无法就“买断工龄”达成一致时的收购合约解除权。

(二)“工伤”及“职业病”引发的赔偿法律风险

依据现行《工伤保险条例》的规定，工伤待遇中的一次性伤残医疗补助金和伤残就业补助金由用人单位在员工离职时一次性支付，收购方有必要对收购对象企业的工伤法律风险进行事前确认并制定相应的应对方案。

此外，相对于偶然性和个体性较强的普通工伤事故而言，职业病具有伤残等级高、涉及人数众多的特点。考虑到职业病人的医学观察、医疗康复、伤残补偿等因素，其涉及的补偿、赔偿风险均较高，建议收购方在涉及粉尘、放射、有毒有害、噪音、高温等行业的并购活动中应尤其重视职业病法律风险，事先就相关成本进行核算，并同收购对象企业的原投资方就以下问题进行协商及制定相关应对策略：

(1)工伤、职业病发生情况及潜在风险；

(2)收购前的员工健康体检情况；

(3)原投资方对工伤及职业病情况的真实性保证及担保；

(4)原有工伤、职业病未来相关费用预算及收购价格调整方案。

(三)“不交或少交社会保险费”引发的法律风险

相对于显而易见的“不交纳社会保险费”的法律风险而言，本书作者在此提醒收购方注意的是“补缴”，即“少交纳社会保险费”的法律风险。原因有二，其一，由于各地对社会保险的缴费基数统计口径不同，“少算、少交纳”社会保险费的发生率极高；其二，随着社会保险覆盖面的扩大，不缴纳社会保险的现象已明显趋于减少，而基于“经济发展需要”等历史原因和《劳动保障监察条例》中劳动违法行为2年处理时效的规定,各地对于缴纳社会保险费2年以上企业的过往行为已基本不再追究。相反,“少交纳社会保险费”的行为由于具有连续性而无法适用2年的时效规定,被要求补缴巨额社会保险费的案例时有发生。因此,收购方有必要同原投资方就以下问题进行协商及制定相关应对策略:

(1)公司历年社会保险费缴纳情况及当地缴费政策的确认;

(2)原投资方对公司历年社会保险费缴纳真实性、合法性的保证及担保;

(3)收购价格的调整方案及收购合约的解除权。

(四)其他潜在的劳动争议风险

由于企业并购活动中涉及的劳动法律风险具有多样性,建议收购方在重大并购项目中委托真正有着丰富实践经验的律师或HR顾问进行劳动法律风险专项尽职调查,并根据实际情况就下述劳动法律风险制定相应的应对策略:

(1)收购对象企业员工提高工资报酬、劳动条件等要求导致的潜在劳动争议风险;

(2)缺少书面劳动合同、考勤记录等文件导致的潜在劳动争议风险;

(3)工资计算、休息休假等原因导致的潜在劳动争议风险;

(4)收购对象企业规章制度、工资福利待遇构成,以及对某类事项的处理习惯与收购方不匹配导致的潜在劳动争议风险;

(5)保密协议、竞业限制协议等特殊约定履行方面的潜在劳动争议风险。

法条重现

《中华人民共和国劳动合同法》

(2007年6月29日公布　自2008年1月1日起施行　2012年12月28日修正　《修正决定》自2013年7月1日起施行)

第三十四条　用人单位发生合并或者分立等情况,原劳动合同继续有效,劳动合同由承继其权利和义务的用人单位继续履行。

第六单元　劳动合同解除

☞ 解聘试用期员工的正确方法

典型现象

因解聘试用期员工引发的争议案件，
为何企业败诉率很高？

试用期是用人单位和劳动者建立劳动关系后为相互了解、选择而约定的考察期。尽管根据《劳动合同法》的规定，试用期条款不是劳动合同的必备条款，但绝大多数企业在初次聘用员工时，都还是选择了在劳动合同中约定试用期的做法。其目的就是想在试用期内了解劳动者是否符合录用条件？是否适合从事企业需要其完成的特定岗位工作？

为了防止用人单位滥用试用期、损害劳动者权益，《劳动合同法》对劳动合同试用期（以下简称“试用期”）与劳动合同的关系、试用期限的长短、试用期限内劳动者的待遇以及试用期限内劳动合同的单方面解除等问题作出了一些限制性规定，在实践中需要引起用人单位的注意。

案例展示

不久前，某基层人民法院审理了一起有关试用期内产生的劳动争议纠纷案。

原告是当地一家中外合资公司，被告是该公司的一名男员工，叫尚文超（化名）。

今年年初,该中外合资公司因行政部副经理职位有空缺,故通过某招聘网站向社会公开招聘。尚文超看到公司的招聘广告后,认为自己很适合这份工作,于是前来应聘。经过几番面试后,公司对尚文超比较满意,便向其发出了《录用通知书》。

尚文超入职后,与该公司签署了5年期的劳动合同,合同中约定:前3个月为试用期。合同履行2个多月后,公司认为,3个月的试用期有点短,无法真正考察出尚文超的水平和能力,于是与尚文超协商,要将试用期往后延长2个月,尚文超听到公司的提议虽然心里不高兴,但为了不得罪公司领导,能在该公司继续工作,便一口答应了,双方还签署了书面的试用期延长协议。

令尚文超没有想到的是,在延长后的试用期即将结束前,公司以其“工作不积极且出现过失误,上班有迟到现象,对上级领导的意见也不虚心听取”为理由,单方解除了尚文超的劳动合同。

尚文超因不服公司作出的单方解除其劳动合同决定,向当地劳动争议仲裁委员会提起了仲裁申请,要求认定公司在其试用期内解除劳动合同违法,请求裁决撤销该解除合同决定,恢复双方的劳动合同,继续履行。仲裁庭经过审理后认为,该公司在没有充分证据证明尚文超“在试用期间不符合录用条件”的情况下,作出的单方解除合同决定违法,于是裁决:支持尚文超所提出的全部仲裁请求。

该公司在仲裁败诉后,不服裁决,将尚文超告上了法庭。在法庭审理期间,双方当事人的争议焦点首先就是,公司是否在尚文超入职之初就已经让其知悉了录用条件?

在法庭上,公司方首先拿出了一组又一组的证据,包括公司的职位描述、劳动合同、考勤表、杨某的工作报告、同事的评语等等。公司方代理律师说:“这些都是为了证明尚文超不符合录用条件。”

但尚文超却说:“我自从进公司以来,根本就没有见过所谓的职位描述,也没有人和我说过我的具体工作内容,做的事情都很杂,因此,何来不符合录用条件一说。而且考勤表上说我迟到也是不真实的,我经常早上6点就到公司加班,却没有记录。考勤表连我自己都没有签字确认过。”

随后，法官也向公司一方提出了问题，“你们公司的职位描述或岗位要求是发布在哪里的？”

“在人事部有留存，任何人都可随时查阅。另外，被告尚文超入职时，其上司行政部经理也给其看过他所应聘职位的岗位要求和职位描述。”原告公司答道。

“被告，是这样吗？”法官又转问被告。

“不是。我根本没有看到过，也从来没有人让我看过，我所应聘职位的岗位要求和职位描述。”

“面试的时候有谈及过录用条件吗？”

“没有谈及。我们只是聊了一下我以往的工作经历，以及入职后公司可以给我的薪资福利。”尚文超说。

双方在法庭上就这样一直争论不休，谁也不示弱。但最后，在仲裁庭调解阶段，经过法官的努力调解，双方当事人最终达成了调解协议：公司撤销单方解除合同决定，双方当事人按协商一致解除劳动合同，公司向尚文超支付解除合同补偿金。

庭审结束后，一家媒体采访了该法院专门审理劳动争议案件的一位庭长。庭长说道，虽然本案双方同意进行调解，但自本法院受理劳动争议纠纷以来，有关试用期内企业单方解除劳动合同的争议案件，最后进行判决时，无一例外，都是企业败诉。究其原因主要还是企业没有与员工真正明确录用条件。

追本溯源

解聘试用期员工，公司应备好哪些证据？

试用期是企业与员工相互了解的考察期，处在这一时期的劳动关系是一种不稳定状态，因此一些企业认为，试用期是无所谓的，只要不满意就可以随时解除合同。这样的想法让企业在纠纷中处于极其不利的地位。《劳动合同法》规定，劳动者在试用期内提前 3 日可以通知用人单位解除劳动合同，但用人单位在试用期内与劳动者解除劳动关系必须证明该劳动者不符合录用条件。

在仲裁或司法实践中,用人单位在试用期内解除劳动合同需要证明以下三点:

(1)用人单位对该员工的工作岗位的工作职能和要求作出了具体说明,并告知了试用员工;

(2)用人单位在试用期内对试用员工的表现有客观的记载或材料,证明其不符合录用条件;

(3)如果证明了试用员工不符合录用条件,用人单位可以作出解除劳动合同决定并向试用员工说明理由,且书面告知其解除决定。

如果在仲裁庭或法庭上用人单位不能完成上述三个方面的举证义务,就要承担违法解除劳动合同所带来的法律后果。一旦被仲裁庭或法庭认定为违法解除劳动合同,则劳动者提出继续履行劳动合同的诉求,就会裁决用人单位与该员工继续履行劳动合同;若劳动者提出不再继续履行劳动合同的,则就会裁决用人单位向该员工支付经济赔偿金。

在现实中很多劳动争议的焦点就集中于"录用条件"。据此,用人单位对"录用条件"的明确就显得格外重要。一些企业在进行招聘时,会在招聘告示上列出一连串的录用条件。但在签订劳动合同的时候却没有将这些条件写进劳动合同,以明确新进员工若是在试用期不符合这些条件,将会解除合同。这样一来,就给今后产生劳动纠纷时,用人单位进行举证造成了很大困难。

☆ 专家锦囊

正确解聘试用期员工的操作要诀

众所周知,按照法律规定,试用期内企业单方解除员工劳动合同的,要证明其不符合录用条件。实践中,用人单位要想利用上述法律规定,解除试用期员工劳动合同且避免败诉风险的话,建议要做好以下几方面工作:

(一)严把用人"入口"关,不盲目录用员工

在实践中,很多企业招聘员工不太注重录用前的应聘员工评估和

考察工作，习惯于把工作放在事后考核，即先把员工招进来再说，如果不合适就在试用期解除劳动合同。其实，这种做法是危险的，尤其是在《劳动合同法》背景下，用人单位解除劳动合同，包括试用期内的劳动合同解除，均是受到严格限制的。因此，建议用人单位在招聘员工时，必须转变观念，变“事后考核”为“事前考察”，尤其是对一些重点或关键岗位的员工，招聘时更要慎重，要做好员工的背景调查工作，把好面试关，重要或关键岗位最好由部门经理、人力资源部联合面试，确保能招到合适的人员。

(二)将“录用条件”具体化、书面化

既然试用期内解除员工劳动合同的前提条件是，要证明员工不符合录用条件。因此，企业要想利用这一法律规定来保护自己的权益，就必须在招聘时对录用条件作出具体明确的规定。对录用条件一定要明确化、具体化。切忌“一刀切”以及将录用条件空泛化，抽象化，比如说符合岗位要求，就不能仅仅说符合岗位要求，而应该把岗位要求是什么、怎么衡量是否符合岗位要求用文字形式固定下来。“录用条件”应该是共性和个性的结合。所谓“共性”即所有岗位的员工都应该具备的基本条件。比如诚实守信，在应聘的时候如实告知自己的与工作相关的信息，包括自己的教育背景、身体状况、工作经历等等。所谓“个性”即每个企业、每个岗位或者职位都有自己的特殊要求。有的有学历的要求，要求获得相应证书，有的有技术的要求，比如能符合企业招聘时对岗位职责的描述等等。“录用条件”的共性可以通过规章制度进行明确，“录用条件”的个性可以通过在劳动合同或单独的协议中进行明确。

(三)将“录用条件”公示或告知被录用的应聘者

用人单位必须事先对录用条件进行公示或向新入职员工履行告知义务。换句话说，就是要让员工知道本用人单位的录用条件；从法律的角度来说，就是用人单位有证据证明员工知道了本岗位的录用条件。具体操作方法有以下几种：

1. 通过招聘公告来公示，并采取一定方式予以固定，以便为诉讼保留证据；

2. 招聘员工时向其明示录用条件，并要求员工签字确认；

3. 劳动关系建立以前，通过发送聘用函的方式向员工明示录用条件，并要求其签字确认；

4. 在劳动合同中明确约定录用条件或不符合录用条件的情形等。

（四）对于不符合录用条件的试用期员工要及时与其解除劳动合同

1. 在试用期内可结合劳动者的表现，对其提供的简历作进一步的背景调查。核查劳动者是否提供了虚假个人信息，是否违背诚实信用原则、隐瞒应当告知用人单位的重要信息，如被证实劳动者有此类不正当行为，用人单位可视其为不符合录用条件。

2. 建立试用期的绩效评估制度，明确考核标准、考核方式及考核方法。对于试用期内的员工一定要进行定期的考核，以证实该员工是否符合录用条件。对于不符合录用条件的员工，应及时向其发送不符合录用条件解除劳动合同的书面函件，并说明理由，确保其签收通知函。

3.《劳动合同法》对试用期的期限作出了严格的限制性规定，用人单位需要遵守：(1)对于以完成一定工作任务为期限或者期限不满3个月的劳动合同，不得约定试用期；(2)对于期限为3个月以上不满1年的劳动合同，约定的试用期不得超过1个月；(3)对于1年以上不满3年的劳动合同，约定的试用期不得超过2个月；(4)对于3年以上固定期限和无固定期限的劳动合同，约定的试用期不得超过6个月。

任何用人单位不得超过法律所规定的上述期限，否则试用期的约定无效。在实际生活中还会存在这样的一种情况：用人单位与劳动者约定的试用期期限没有达到法律要求的上限，那么用人单位可否延长试用期呢？例如：用人单位与劳动者签订了为期五年的劳动合同，并且同时约定试用期3个月，由于没有达到法律规定的6个月的上限，那么，在3个月的试用期结束时，用人单位是否可以因为劳动者没有达到录用条件，延长试用期呢？《劳动合同法》第19条第2款明确的规定:“同一用人单位与同一劳动者只能约定一次试用期。”延长试用期这种做法是否违背法条规定呢?本书作者认为,如果劳动者真的存在不符合录用条件的情形,需要延长试用期对劳动者进行进一步的考察,那么延长试用期的做法是不违背立法规定的,但是事先要征得劳动者的同意。因为试用期条款属于劳动合同中的约定条款,是双方意思表示一致的产物,需要劳动关系双方达成合意。如果劳动者不同意,用人单位单方延长试用期无效。如果劳动者同意延长试用期,试用期期限的总和也不得超过法律的强制性规定,否则超过的部分无效。所谓的试用期延长是建立在之前的劳动合同之上的,是对原来的试用期进行的修订,并且该项修订是当事人的合意且符合法律规定。如果用人单位违法延长试用期,或者与劳动者约定不止一次的试用期,劳动者可以到相关的劳动行政部门投诉用人单位,由相关部门责令用人单位改正。

法条重现

《中华人民共和国劳动合同法》

(2007 年 6 月 29 日公布　自 2008 年 1 月 1 日起施行　2012 年 12 月 28 日修正　《修正决定》自 2013 年 7 月 1 日起施行)

第十九条　劳动合同期限三个月以上不满一年的,试用期不得超过一个月;劳动合同期限一年以上不满三年的,试用期不得超过二个月;三年以上固定期限和无固定期限的劳动合同,试用期不得超过六个月。

同一用人单位与同一劳动者只能约定一次试用期。

以完成一定工作任务为期限的劳动合同或者劳动合同期限不满三个月的,不得约定试用期。

试用期包含在劳动合同期限内。劳动合同仅约定试用期的,试用期不成立,该期限为劳动合同期限。

第二十一条　在试用期中,除劳动者有本法第三十九条和第四十条第一项、第二项规定的情形外,用人单位不得解除劳动合同。用人单位在试用期解除劳动合同的,应当向劳动者说明理由。

第三十九条 劳动者有下列情形之一的，用人单位可以解除劳动合同：

（一）在试用期间被证明不符合录用条件的；

（二）严重违反用人单位的规章制度的；

（三）严重失职，营私舞弊，给用人单位造成重大损害的；

（四）劳动者同时与其他用人单位建立劳动关系，对完成本单位的工作任务造成严重影响，或者经用人单位提出，拒不改正的；

（五）因本法第二十六条第一款第一项规定的情形致使劳动合同无效的；

（六）被依法追究刑事责任的。

☞ 风行一时的"末位淘汰"为何受到质疑？

典型现象

都是"末位淘汰"惹的祸

末位淘汰制是指工作单位根据本单位的总体目标和具体目标，结合各个岗位的实际情况，设定一定的考核指标体系，以此指标体系为标准对员工进行考核，根据考核的结果对得分靠后的员工进行淘汰的绩效管理制度。实行这种制度带给用人单位的主要好处是：(1)能调动职工的工作积极性，鞭策后进者；(2)能不断优化本单位的人力资源配置。

由于有这样的好处，在用工管理实践中，"末位淘汰制"曾经大行其道。现实中，"末位淘汰制"在企业绩效考评和处理劳动关系上，有着多种用途：有的只是据此将居于末位者做调岗降薪处理；有的则将此作为企业与员工解除劳动合同的依据。如国内某电脑集团每半年据此将5%的末位员工淘汰，只要业绩考核成绩排在最后5%范围内的，不管其劳动合同是否到期，都毫不留情地予以解除。

案例展示

某公司两名员工因“末位淘汰”被公司解除劳动合同后与该公司引发了劳动争议。

起因是该公司实行末位淘汰制度,年终对员工进行 360 度综合考核打分、排名次,然后,根据考核后排列的名次,每个部门都要辞退掉名次排在末位的两名员工。职工梁某和叶某两人是质检部的质检员,与公司签有无固定期限劳动合同,由于该二人在年终考核得分排在了质检部 10 名质检员中的最后两名,因此,公司单方与该二人解除了劳动合同。

这两名员工,对公司的解除劳动合同决定不服,向当地劳动争议仲裁委员会提出仲裁申请后,仲裁庭进行了开庭审理。

公司在庭审辩论时的观点是:该两名员工年终考核得分排在了所在部门的最后,这一事实,就足以说明他们是不胜任工作的,既然不胜任工作,公司留用他们就没有意义,因此解除其劳动合同理所应当。

该两名员工不认同公司的上述观点,他们认为,公司实行的这种 360 度综合考核打分后的“末位淘汰”不合理,对于他们所在的质检部来说,干活越多的人,出错的概率就越大;越坚持原则的质检员,得罪的人越多;结果年终的评分就会很低,他们二人认为,自己就是因为在质检工作中太坚持原则,而得罪了许多人,才使得年终考核得分排在了质检部 10 名质检员中的最后两名。因此,不能以考核打分排名靠后,就得出其不胜任工作的结论。退一步讲,就算排名靠后属于不胜任工作,公司在没有经过培训或调岗的前提下,就作出单方解除劳动合同也是不符合劳动合同法的。

仲裁庭辩论结束后,又进行了仲裁庭调解,在对双方当事人调解无效的情况下,仲裁庭作出了企业败诉的裁决。

追本溯源

用“末位淘汰”解聘员工是否合法？

末位淘汰制，从企业管理的角度而言，是用人单位引进激励竞争机制的体现，通过淘汰业绩处于末位的员工，充分调动员工的积极性与上进心，有力避免了人浮于事、效率低下的不良状态；同时使员工增强危机意识、竞争意识，从而最大限度地挖掘员工潜力，以保持企业人力资源不断优化的状态，在促进员工达到个人绩效的最大化方面，以及企业持续发展方面有其积极的意义。

然而，末位淘汰制意味着用人单位定期将业绩居于末位的劳动者进行辞退，是否构成对劳动合同法的违反，则引起了广泛争议。当前，由此引发的劳动争议案件层出不穷，劳动者与用人单位对此各执一词：

(1)劳动者多主张“末位淘汰制”违法。

劳动者普遍认为，无论在何种情况下，“末位”总是存在的，“末位”并不等同于“劳动者不能胜任工作”。那么，在劳动者足以胜任工作的情形下，仅因为其处于“末位”，就将其“淘汰”，不符合《劳动合同法》所规定的用人单位单方面解除劳动合同的法定条件，应属违法。

(2)用人单位多认为“末位淘汰制”属于内部规章制度，用人单位有权依据内部规章制度进行末位淘汰。

用人单位普遍认为，“末位淘汰制”属于用人单位内部的规章制度，只要符合规章制度的制定程序，并依法进行公示，就应当得到劳动法的认可。因此，用人单位有权依据“末位淘汰制”对业绩处于末位的劳动者予以辞退。

那么，上述两种观点，究竟孰是孰非？在仲裁和司法实践中究竟应该如何认定呢？

目前，仲裁机构和法院普遍认为，考核处于末位并不代表该员工“不胜任工作”。《劳动合同法》所说的“不能胜任工作”，是指不能按要求完成劳动合同中约定的任务或者同工种、同岗位人员的工作量。

但用人单位不得故意提高定额标准,使劳动者无法完成。劳动者没有具备从事某项工作的能力,不能完成某一岗位的工作任务,这时用人单位可以对其进行职业培训,提高其职业技能,也可以把其调换到能够胜任的工作岗位上,这是用人单位负有的协助劳动者适应岗位的义务。如果单位尽了这些义务,劳动者仍然不能胜任工作,说明劳动者不具备在该单位的职业能力,单位可以在提前 30 日书面通知的前提下,解除与该劳动者的劳动合同。

按照上述法律规定,员工如果确实是"不能胜任工作"的,可以经过培训或调岗后,对仍不胜任工作的,依法解除其劳动合同。但"末位淘汰"的末位者,未必就是确实不能胜任工作的。操作中不宜将"考核末位"与"不能胜任"两个概念画等号,因为这二者虽有联系但毕竟不是一码事。从理论上,只要对公司的员工进行考核,就总会有个名次,也就是必然有人处于第一的位置,也总有处于最后的位置。因此,考核处于末位的员工只是表明他在考核中所处的名次,与他是否胜任工作没有必然的联系。比方说,50 个人参与考核,结果大家都超过了及格标准,这就表明即便是"末位"也是胜任工作的。所以,以"考核末位"来确定是否胜任工作,来确定淘汰者并解除劳动合同,既不够科学也不符合相关法律的精神。

深圳市中级人民法院在《关于审理劳动争议案件若干问题的指导意见》中明确规定:"用人单位在合同期限内通过'末位淘汰'或者'竞争上岗'等形式单方解除与劳动者的劳动合同,属违法解除行为。"

综上所述,目前,我国仲裁和司法实践中对企业采用"末位淘汰"方式单方解除员工劳动合同的,基本上会认定为违法解除合同行为。

☆ ‖ 专家锦囊

应该怎样看待和认识"末位淘汰制"?

使用"末位淘汰制"不但有违法的可能,而且还有如下一些弊病,也在此提醒用人单位注意。

（一）从科学的角度看，“末位淘汰制”欠科学

各个单位、部门的发展水平是不一致的。在同行业以同样的标准去评价员工，有的单位的末位可能是其他单位的首位或中上位，这正是“末位不末”，如果淘汰掉他们，即使招入新的员工，实际效果并不如以前，从这个角度来说，“末位淘汰制”是欠科学的。相反，在总体水平不高的单位里，实际上“首位不首”，需要大刀阔斧地彻底更新换代，而此时“末位淘汰制”会起到保护这部分“首位不首”的人。综上可以看出，“末位淘汰制”有不科学因素存在。事实上，做工作有合格和不合格之分，如果大家干得都合格，或干得都非常优秀，那么还一定要去淘汰一部分是不科学的。

（二）从人格角度来看，“末位淘汰制”有损人格尊严

这种制度的实施必然淘汰一部分人。而作为一项制度既然存在就必须严格执行，个人不可对抗一个制度。人的先天因素是不一样的，有人天生聪明一些，有人愚笨一些，有人情商高，有人情商低……人和人是存在差别的，而这些先天的差别会反映在以后的工作成效中。再看后天因素，每个人的家庭教育、教育背景、生活经历各有特色，而这些也会或多或少地影响到工作的成效。具体到每一项工作的成效出现后，有这个人对工作的敬业与否、方法科学与否的因素，但是前面提到的先天和后天因素也是不可忽视的。人和人总是有差别的，作为管理者必须正视这种差别，包容这种差别，给员工以机会。而“末位淘汰制”从人格的角度来讲，过于残酷，对人的尊严是一个挑战。

（三）从管理学的角度来讲，“末位淘汰制”不符合现代人本管理的思想

现代管理崇尚“人本管理”。人本管理以尊重人性、挖掘人的内在潜能为宗旨，努力通过创造一种宽松、信任的外在环境而充分发挥人的主动性、团队精神、责任感、创新性，人本思想注重长远效应，而非短期效应。“末位淘汰制”是一种典型的强势管理，主张通过内部员工的竞争而严加管理，员工外在的环境是紧张的，在这种环境下员工的心

理压力很大，每日惶惶不安，同事之间关系也很紧张，团队精神差，这种环境下的员工有一种被动感和被指使感，而且末位淘汰制一般是注重短期效应的，并不是很在乎人的长远发展和潜力发挥。可见，“末位淘汰制”从管理学的角度来讲是不符合现代人本管理思想的。

因此，对于已经习惯了多年使用“末位淘汰制”的用人单位来说，本书作者建议，最好以后不要再用，可采用其他方式进行替代；即使非要用的话，也要慎之又慎，不要仅以此作为单方解除员工劳动合同的依据。

法条重现

《中华人民共和国劳动合同法》

（2007年6月29日公布　自2008年1月1日起施行　2012年12月28日修正　《修正决定》自2013年7月1日起施行）

第四十条　有下列情形之一的，用人单位提前三十日以书面形式通知劳动者本人或者额外支付劳动者一个月工资后，可以解除劳动合同：

（一）劳动者患病或者非因工负伤，在规定的医疗期满后不能从事原工作，也不能从事由用人单位另行安排的工作的；

（二）劳动者不能胜任工作，经过培训或者调整工作岗位，仍不能胜任工作的；

（三）劳动合同订立时所依据的客观情况发生重大变化，致使劳动合同无法履行，经用人单位与劳动者协商，未能就变更劳动合同内容达成协议的。

深圳市中级人民法院《关于审理劳动争议案件若干问题的指导意见》（试行）

（2009年4月15日）

91. 用人单位在合同期限内通过“末位淘汰”或者“竞争上岗”等形式单方解除与劳动者的劳动合同，属违法解除行为。

☞ 辞退严重违纪员工操作注意事项

典型现象

怀孕女工做出这种行为，可以将其辞退吗？

任何一个单位都需要有良好的工作秩序；任何一个单位都需要奖勤罚懒、有奖有罚才能调动员工的积极性，提高工作绩效。而实现这些，则有赖于完善的企业规章制度。但是，仅仅建立规章制度还远远不够，更为重要的是有效落实规章制度。特别是通过对违纪员工的处理来震慑其他员工，从而保证用人单位规章制度的有效执行。《劳动合同法》第39条规定，劳动者有严重违反用人单位的规章制度的，用人单位可以单方解除劳动合同，且无需支付任何经济补偿。这一规定，给了用人单位可以对严重违反规章制度人员进行最严厉处罚（立即解雇）的法律手段。

案例展示

邓小姐是某合资商场的售货员。丈夫是个个体户，生意做得红火，挣了很多钱。最近邓小姐怀孕了，丈夫见妻子怀了孕，非常高兴，更是加倍努力挣钱。

一天中午，丈夫给正在商场上班的邓小姐打去电话："我今天晚上为了一笔生意，要请几个客人到饭店去吃饭，饭后还得请他们游泳。"

"那我下班以后，去饭店找你，好吗？"邓小姐问。

"行啊，你来和我们一起吃饭吧。噢，对了，你还得帮我买四件游泳裤来，省得……"

丈夫的话还没说完，就被邓小姐打断了："不就是游泳裤吗，那还用得着买呀？你忘了，我就是卖体育用品的，我管的柜台里就有游泳裤。下班时，我偷着拿几条出去，不就行了吗？咱们能省点儿钱，就省点儿吧。"

下班时，邓小姐趁别的售货员不注意，悄悄从柜台里拿出几条游泳裤，装进自己的手提包，带出了商场。

到了饭店后，她见丈夫和四个客户正在举杯同饮，于是，也加入其中。酒席宴间，四个客户十分贪杯，不久便纷纷醉倒，原定的游泳计划只好取消了。

第二天上班时，邓小姐把手提包里几件原封未动的游泳裤，又带回了商场，准备趁人不注意时，放回原处。但是就在她把泳裤从手提包里拿出，往柜台里放时，被本柜台的组长发现了。在组长的讯问下，邓小姐不得不说出了实情。

商场领导得知此事后，非常重视，认为邓小姐的行为，属于商场规章制度里规定的“私自将商品拿出商场”的行为，按规定此行为属严重违反企业规章制度的行为，结合《劳动合同法》第 39 条中关于“劳动者严重违反用人单位的规章制度的，用人单位可以单方解除劳动合同”的规定，应当给予其解除劳动合同的处罚。邓小姐在承认了错误以后，却坚持认为商场不能与自己解除劳动合同，原因是她现在怀有身孕，属于特殊保护时期。

追本溯源

公司辞退严重违纪的怀孕女工，会胜诉吗？

《劳动合同法》第 42 条中规定，女职工在孕期、产期、哺乳期（以下简称“三期”）内，不得依照本法第 40 条、第 41 条的规定解除劳动合同。这是劳动法对女职工在“三期”内给予的特殊保护。但从中也可以看出，法律对女工“三期”内的保护并不是无限的、无原则的，而是有范围、有条件的。换句话说，倘若女工在“三期”内，不是因为《劳动合同法》第 40 条、第 41 条中规定的情形，而是因为她严重违反了用人单位的规章制度，按照上述《劳动合同法》第 39 条的规定被用人单位解除劳动合同的，法律是不对她进行什么特殊保护的。原国家劳动部在有关问题的批复中曾明确指出：“‘不得在女职工孕期、产期、哺乳期解除劳动合同’是指企业不得以女职工怀孕、生育、哺乳为由解除劳动合同。至于女职工在‘三期’内违纪,按照有关规定和劳动合同应予辞退的,可以辞退。”

本案中,商场规章制度中有明文规定,“私自将商品拿出商场”的行为,属于严重违反企业规章制度(以下简称“违纪”),商场可以立即解除劳动合同。邓小姐为了替丈夫省几条游泳裤钱,私自将商场中的商品(游泳裤)拿出商场,尽管又拿回来了,但仍然改变不了其严重违反商场规章制度的性质。邓小姐以为自己处在怀孕期,享受特殊保护,商场无权解除她的劳动合同。殊不知,法律也绝不会纵容孕期妇女违法乱纪。对于严重违反用人单位劳动纪律的孕期女工,《劳动合同法》允许使用第39条的规定,来解除其劳动合同。另外,邓小姐认为,游泳裤拿回来后商场就应该原谅她,因而不该解除她的劳动合同。殊不知,企业为了严肃劳动纪律或规章制度的执行,在法律允许的情况下,也可以不原谅她。换句话说,法律对于严重违反用人单位劳动纪律或规章制度的劳动者,是允许用人单位随时与其解除劳动合同的。因此,商场与邓小姐解除劳动合同的行为,是合法的。

☆ ‖ 专家锦囊

辞退严重违纪员工的正确操作方法和相关注意事项

尽管上述案例中是用人单位胜诉了。但从劳动争议案件的统计数据上看,在有关解除劳动合同这一类争议案件中,用人单位的败诉率是远高于劳动者的,换句话说,绝大部分案件是以企业败诉而告终的。究其原因主要是,在现实中,很多企业认为既然法律把“严重违纪”的界定权交给企业,就可以为所欲为,无限地放大员工的责任,减少自身风险,将并不严重的违纪行为也规定为“严重违纪”以此来解除劳动合同,面对这种不公正的现象,一些员工提请劳动争议仲裁后获得了胜诉。有鉴于此,建议用人单位有必要在对违纪员工进行解聘处理时,要严格依法操作。本书作者在此建议用人单位特别要注意下列事项。

(一)建立完善的规章制度

企业规章制度是对职工行为准则的规范,也是企业处理职工时的程序规定。因为目前法律法规对职工的违纪行为，不可能一一列举，劳动合同中一般也不具体规定何种行为为违纪行为，以及违纪行为达到何种程度，企业可以解除劳动合同的条款。所以，企业的规章制度就对法律法规和劳动合同的这一空白，进行了补充规定。《劳动合同法》第 4 条中规定，用人单位应当依法建立和完善劳动规章制度，保障劳动者享有劳动权利、履行劳动义务。

《劳动合同法》还规定，用人单位在制定、修改或者决定有关劳动报酬、工作时间、休息休假、劳动安全卫生、保险福利、职工培训、劳动纪律以及劳动定额管理等直接涉及劳动者切身利益的规章制度或者重大事项时，应当经职工代表大会或者全体职工讨论，提出方案和意见，与工会或者职工代表平等协商确定。

只有依据上述法定程序制定出来的规章制度，才可以成为仲裁机构或者司法机关的判案依据。所以用人单位一定要建立起合法有效的规章制度，才能将其作为判断劳动者是否严重违纪的客观依据。

（二）规章制度只有公示过才能对员工产生法律效力

《劳动合同法》第 4 条中规定，用人单位应当将直接涉及劳动者切身利益的规章制度和重大事项决定公示，或者告知劳动者。现实中，许多企业往往采取网上公示公司各项规章制度的方法，但当企业以员工违反公司相关制度为由与之解除劳动关系时，大部分的违纪员工均称其未看到在内部网站上公示的规章制度，反而会以企业违法解除劳动关系为由向企业主张赔偿金，这使企业面临了较大的用工风险，遇到这种情况企业该如何规避呢？下面给出几种可供参考的公示或完成告知义务的方式。

（1）直接将规章制度作为劳动合同的附件，在劳动合同中专款约定“劳动者已经详细阅读，并愿遵守用人单位的《劳动规章制度》”，并让劳动者在合同中签字；

（2）将规章制度的培训作为入职培训的重点内容之一，保存关于培训时间、地点、参会人员、培训内容及与会人员的签到表；

（3）将规章制度以手册形式发放给员工，交由员工阅读并签字，同时制作单页的签收页，让员工确认“已经阅读”并且承诺“遵守”；

（4）组织相应规章制度的考试并保留相应的员工笔答试卷。

（三）必须有证据证明劳动者严重违反规章制度

《最高人民法院关于审理劳动争议案件适用法律若干问题的解释》第13条规定，因对用人单位解除员工劳动合同、减少劳动报酬等处理所引发的劳动争议案件，由用人单位负举证责任。如果单位没有注意搜集保存能够证明劳动者严重违反规章制度的证据，就算劳动者真的严重违纪，但是在劳动争议中只要劳动者不承认自己有违纪行为，用人单位又举不出来证据，用人单位还是要败诉。因此在员工发生严重违反规章制度的情况下，用人单位应该及时取证。实践中，一旦抓住员工违纪，首先要求员工作出书面的检讨或者解释、说明和承诺，留档备查是最有效和便利的取证方法之一。

（四）履行通知工会和本人的程序

《劳动合同法》第43条规定，用人单位单方解除劳动合同，应当事先将理由通知工会。所以，用人单位作出解除劳动合同的决定后一定要通知工会。

另外应该注意的是，《最高人民法院关于审理劳动争议案件适用法律若干问题的解释（二）》第1条第2项规定，因解除或者终止劳动合同产生的争议，用人单位不能证明劳动者收到解除或者终止劳动关系书面通知时间的，劳动者主张权利之日为劳动争议发生之日。因此，用人单位在作出解除劳动合同的决定以后，还要将该决定送达劳动者，而这一举证责任在用人单位，如果用人单位不能举证已经将解除劳动合同通知书送达劳动者，将会面临劳动争议仲裁时效无限延长的法律风险。

众所周知，处罚员工并不是企业的最终目的，且对员工作出较严厉的处罚本身是“双刃剑”。一方面有利于加强企业的管理，另一方面可能引发劳动争议。因此，从企业的利益出发构建和谐的劳动关系是最理想的状态。企业不应把对员工的处理变成随意的单方面行为，最好能给员工设置充分的沟通渠道，在企业内部设立必要的申辩程序。

这样会有利于预防和及时化解劳动争议。

法条重现

《中华人民共和国劳动合同法》

（2007 年 6 月 29 日公布　自 2008 年 1 月 1 日起施行　2012 年 12 月 28 日修正　《修正决定》自 2013 年 7 月 1 日起施行）

第四条　用人单位应当依法建立和完善劳动规章制度，保障劳动者享有劳动权利、履行劳动义务。

用人单位在制定、修改或者决定有关劳动报酬、工作时间、休息休假、劳动安全卫生、保险福利、职工培训、劳动纪律以及劳动定额管理等直接涉及劳动者切身利益的规章制度或者重大事项时，应当经职工代表大会或者全体职工讨论，提出方案和意见，与工会或者职工代表平等协商确定。

在规章制度和重大事项决定实施过程中，工会或者职工认为不适当的，有权向用人单位提出，通过协商予以修改完善。

用人单位应当将直接涉及劳动者切身利益的规章制度和重大事项决定公示，或者告知劳动者。

第三十九条　劳动者有下列情形之一的，用人单位可以解除劳动合同：

（一）在试用期间被证明不符合录用条件的；

（二）严重违反用人单位的规章制度的；

（三）严重失职，营私舞弊，给用人单位造成重大损害的；

（四）劳动者同时与其他用人单位建立劳动关系，对完成本单位的工作任务造成严重影响，或者经用人单位提出，拒不改正的；

（五）因本法第二十六条第一款第一项规定的情形致使劳动合同无效的；

（六）被依法追究刑事责任的。

第四十二条　劳动者有下列情形之一的，用人单位不得依照本法第四十条、第四十一条的规定解除劳动合同：

（一）从事接触职业病危害作业的劳动者未进行离岗前职业健康

检查，或者疑似职业病病人在诊断或者医学观察期间的；

（二）在本单位患职业病或者因工负伤并被确认丧失或者部分丧失劳动能力的；

（三）患病或者非因工负伤，在规定的医疗期内的；

（四）女职工在孕期、产期、哺乳期的；

（五）在本单位连续工作满十五年，且距法定退休年龄不足五年的；

（六）法律、行政法规规定的其他情形。

《最高人民法院关于审理劳动争议案件适用法律若干问题的解释》

（2001年4月16日　法释〔2001〕14号公布　自2001年4月30日起施行）

第十三条　因用人单位作出的开除、除名、辞退、解除劳动合同、减少劳动报酬、计算劳动者工作年限等决定而发生的劳动争议，用人单位负举证责任。

☞ 如何解聘私自在外"兼职"员工？

典型现象

企业可以解聘擅自从事"兼职"工作的员工吗？

兼职劳动是指劳动者在某一时期内，同时受雇于两个以上用人单位而从事双重或者多重的有报酬的职业劳动。近年来，围绕《劳动合同法》的制定，劳动法律界就法律是否应该承认和保护兼职劳动关系发生了较大争论。

案例展示1

孙某是某中日合资电子公司（以下简称日资公司）的年轻工程师，与该公司签有为期3年的劳动合同。去年被公司派往日本进行了6个月的技术培训。培训结束回国后，其技术水平比以前有了很大提高。恰巧，此时孙某的舅舅开办了一家小型的私营企业，急需孙某这样的专业技术人才，但因该私营企业规模很小，不愿出大价钱聘请人才，故一直没招到合适的技术人才。私下里舅舅与孙某协商，希望其每月能抽出四天时间来其所开办的私营企业做兼职工作。

最初，孙某因担心做兼职被自己所属的日资公司知道后对自己的前途不利，没有答应。但后来在其舅舅的反复请求和开出的兼职报酬诱惑下，孙某还是同意了。此后，孙某每月都会向日资公司请四天假，去做兼职工作，从而可以得到一笔额外收入，感觉很不错。

有一天，孙某在外兼职一事终于被日资公司发现了。公司总经理认为，日资公司对孙某一直是委以重任，并支付其高额劳动报酬，他应当尽职尽责为公司工作。孙某每月请假四天为其他公司提供兼职工作，必定会分散其完成本职工作的时间和精力。于是，公司向孙某发出一份通知，要求其立即终止兼职工作。孙某虽口头答应立即终止兼职工作，但实际上并没有终止。日资公司最终作出了单方解除孙某劳动合同的决定。

案例展示 2

老杨只身来到上海打拼，在某公司行政部任职，月薪 3000 元。为了多赚点钱，好将孩子接到上海来读书，老杨在朋友的介绍下，又在自己租住的小区幼儿园找了一份门房值夜班的工作。虽说是晚上值班，但也就是平时俗称的“睡觉班”，而且和自己公司上班的时间一点不冲突。就这样做了一年多，老杨在外值夜班的事情被公司知道了。公司立即以老杨在外兼职，影响工作为由，解除了老杨的劳动合同。老杨不服，认为自己是在正常下班之后再去兼职，而且是“睡觉班”，一点儿不会影响白天公司的正常工作。公司则声称《劳动合同法》有规定，如果劳动者在外兼职，用人单位可以解除劳动合同。

追本溯源

如何正确看待和认识员工的“兼职”行为？

所谓“兼职”，在目前的有关法律法规中没有明确的定义，一般是指劳动者在某一时期内，同时受雇于两个以上用人单位而从事双重或者多重的有报酬的职业劳动。

我国在计划体制时期,长期坚持一个劳动者只能形成一种劳动法律关系的观点,主张:凡已经与企业、事业单位、社会团体建立了劳动法律关系的公民,在一般情况下,就不再参加另一个劳动法律关系。已经参加一个劳动法律关系的人,如果要参加另一个劳动法律关系,就必须依法终止前一个劳动法律关系,不允许一个公民同时存在两个以上的劳动法律关系。

改革开放,实行市场经济后,兼职劳动成为一种常见的劳动关系。特别是近年来,传统的全日制用工模式已经被突破,兼职劳动适应用人单位灵活用工和劳动者自主择业的需要,已经成为就业的一种新途径。对劳动者而言,兼职劳动是为了增加经济收入、发挥专业特长或者提高素质而实施的劳动行为。雇佣单位欢迎兼职劳动则因其具有劳动成本低、管理灵活等特点。

尽管现实中存在着一定的兼职现象,但对于劳动者应否兼职、兼职劳动是否应该受到法律保护以及在对兼职劳动的认识和立场上,学术界也一直存在着两种争论。

对兼职持否定态度者认为,兼职劳动易使兼职劳动者权益受到损害,因为对于已经签订了劳动合同又在外兼职形成的双重或多重劳动关系中,往往只有第一重劳动关系才会得到法律比较完整的保护及调整,再加上只有一家用人单位为劳动者缴纳社会保险,一旦劳动者在兼职工作中发生了人身伤害事故,对于工伤认定和工伤待遇的享受,不一定有法律上足够的保障。兼职劳动还有可能造成与知识产权有关的冲突,产生专利权滥用、商业秘密得不到保护、竞业禁止原则的违背、职务发明、财产归属等问题。

而对兼职持肯定态度者则认为,兼职促进“人尽其才,物尽其用”,合理优化劳动力资源配置,实现人才资源共享,有利于社会资源节约和效用最大化。对劳动者来说,兼职增加了劳动机会和劳动收益,提高生活水平,同时优胜劣汰的就业机制可大大促进劳动者的素质;用人单位若合理使用兼职人员,可以提高企业的科技水平,提高劳动生产率,提高企业的竞争力;此外,兼职劳动也有力地促进了经济、社会的发展。

《劳动合同法》没有强调劳动者只能维持一个劳动关系,更没有宣布后建立的劳动关系无效。也就是说,我国《劳动合同法》并未完全禁止兼职行为。但对于劳动者而言,完成本职工作是其应尽的义务。然而,劳动者的时间、精力、体力都是一定的,担任兼职工作后对本企业的工作产生或多或少的影响在所难免。当兼职工作与本职工作产生矛盾时,《劳动合同法》第 39 条第 2 款第 4 项规定:劳动者同时与其他用人单位建立劳动关系,对完成本单位的工作任务造成严重影响,或者经用人单位提出,拒不改正的,用人单位可以解除劳动合同。

根据这一法律规定,案例 1 中的孙某从事兼职工作的行为影响到了其本职工作,公司向其提出改正的要求后,孙某仍然没有彻底结束其兼职工作,在此前提下,日资公司适用上述法律中关于"经用人单位提出,拒不改正"的规定,与孙某解除劳动合同是符合法律规定的。

由此可见,兼职劳动的存在必须以不侵犯原用人单位的利益为前提。劳动者从事兼职劳动必须受到以下几个方面的限制:首先,"劳动义务"和"忠实义务"。这是劳动者最基本的两项义务,是劳动法律关系建立目的的必然要求。因此,劳动者必须根据劳动合同以及相关法律的规定,对用人单位承担提供劳动的义务,并衷心维护用人单位的合法权益。其次,为保障企业合法利益,我国相关法律法规对某些类型的兼职加以了限制。比如我国《公务员法》、《公司法》禁止国家公务员进行兼职;禁止担任公司、企业的董事、经理等高级经理人员兼任同类企业的职务等。

换言之,如果劳动者利用自己的业余时间,从事了与本单位工作无关的,且对本单位利益没有任何损害的兼职工作,则用人单位无权据此解除劳动合同。正如上述案例 2 中的老杨,完全是利用自己下班以后的时间,从事了与本单位工作无关的幼儿园门房值夜班兼职工作,且该兼职工作对其所在单位的利益没有任何损害,其所在用人单位以老杨兼职为理由,单方解除其劳动合同的做法,没有法律依据,属于违法解除劳动合同。

《最高人民法院关于审理劳动争议案件适用法律若干问题的解释(三)》第8条规定:“企业停薪留职人员、未达到法定退休年龄的内退人员、下岗待岗人员以及企业经营性停产放长假人员,因与新的用人单位发生用工争议,依法向人民法院提起诉讼的,人民法院应当按劳动关系处理。”通过该司法解释规定,可以看出,对于不影响本单位工作,且不侵犯本单位利益的兼职,在我们目前的司法实践中,还是给予认可和司法保护的。

☆ 专家锦囊

如何操作才能正确处理兼职员工?

结合案例1,建议用人单位在适用上述法律条款与员工解除劳动合同时,应当注意三个问题:(1)用人单位应当对员工的兼职行为进行核实,并留存相关的证据。如果没有证据可以证明员工兼职,就不具有适用该条款的事实基础。(2)确定员工的兼职行为是否对完成本单位工作任务造成了严重的影响?如果是,用人单位可以依据此条规定解除劳动合同。(3)如果员工存在兼职行为,但用人单位无法就兼职行为给本单位工作任务造成严重影响进行证明时,可以在“经用人单位提出,拒不改正”的情况下,依据此条规定解除劳动合同。正如案例1中公司的做法一样,可以要求劳动者停止兼职工作,如果劳动者仍不停止,则用人单位可以解除劳动合同。

需要强调的是,用人单位如果无法就兼职行为给本单位工作任务造成严重影响进行证明时,则用人单位对兼职行为提出改正要求,是行使此项劳动合同解除权必不可少的程序。

我国法律法规没有对劳动者业余时间从事兼职工作,作出禁止性的规定;但作为劳动者,绝不可以在工作时间擅自到其他单位兼职。因为完成本职工作,是每个劳动者应尽的基本义务。因此,《劳动合同法》第91条规定:“用人单位招用与其他用人单位尚未解除或者终止劳动合同的劳动者,给其他用人单位造成损失的,应当承担连带赔偿责任。”根据这一规定,用人单位应该注意的是,在招用职工时,验明职工的身份(即是否与任何企业都不存在劳动关系)是用人单位的义务,如果用人单位在尚未查明劳动者还与现用人单位存有全日制劳动合同关系的情况下,就录用该劳动者的话,一旦该劳动者的现用人单位提起仲裁或诉讼,则录用单位可能要和该劳动者一起向其现用人单位承担连带损失赔偿责任。

法条重现

《中华人民共和国劳动合同法》

(2007 年 6 月 29 日公布　自 2008 年 1 月 1 日起施行　2012 年 12 月 28 日修正　《修正决定》自 2013 年 7 月 1 日起施行)

第三十九条　劳动者有下列情形之一的,用人单位可以解除劳动合同:

(一)在试用期间被证明不符合录用条件的;

(二)严重违反用人单位的规章制度的;

(三)严重失职,营私舞弊,给用人单位造成重大损害的;

(四)劳动者同时与其他用人单位建立劳动关系,对完成本单位的工作任务造成严重影响,或者经用人单位提出,拒不改正的;

(五)因本法第二十六条第一款第一项规定的情形致使劳动合同无效的;

(六)被依法追究刑事责任的。

《中华人民共和国劳动法》

(1994 年 7 月 5 日公布　自 1995 年 1 月 1 日起施行　2009 年 8 月 27 日修正)

第九十九条　用人单位招用尚未解除劳动合同的劳动者,对原用人单位造成经济损失的,该用人单位应当依法承担连带赔偿责任。

《最高人民法院关于审理劳动争议案件适用法律若干问题的解释(三)》

(2010 年 9 月 13 日　法释〔2010〕12 号公布　自 2010 年 9 月 14 日起施行)

第八条　企业停薪留职人员、未达到法定退休年龄的内退人员、下岗待岗人员以及企业经营性停产放长假人员,因与新的用人单位发生用工争议，依法向人民法院提起诉讼的，人民法院应当按劳动关系处理。

☞ 可否解聘非法怀孕女员工？

典型现象

女职工非法怀孕是否还能受劳动合同法的特殊保护？

一般来说，违反计划生育政策是指非婚怀孕或者无计划生育的超生行为，女员工出现这种行为是属于违反国家《人口与计划生育法》的。对于用人单位来说，面对女员工违反计划生育政策的，究竟应该怎么办？用人单位能否以此为由单方解除其劳动合同关系？

案例展示

2012年年初，某国有纺织厂为扩大生产规模，从社会上招收了一大批熟练的挡车工，这些挡车工都是二三十岁的女工。赵某就是这批新入职的挡车工之一。赵某此前已育有一女，现年3岁。因赵某婆家有重男轻女思想，为了传宗接代，极力要求赵某再生一男孩。

赵某迫于婆婆和丈夫的压力，又再次怀孕，并且在家保胎休息。厂方得知此事后，曾几次派人上门向赵某做工作，告知其行为违反了国家计划生育规定，希望她能放弃生育。但赵某执意不肯，并于2013年年初非法生育了一名男孩。

当地计划生育部门得知此事后，以赵某违反计划生育政策生下二胎为由，对其给予依法征收超生社会抚养费的罚款。当地政府对国有企业进行工作检查时，也因此对该纺织厂相关领导进行了处分，并列入了年终工作“一票否决”名单。对此，纺织厂领导非常恼火，在赵某哺乳期六个月的时候，纺织厂作出了单方解除其劳动合同的决定。

赵某不服厂方决定，提请了劳动争议仲裁。当地劳动争议仲裁机构经审理后，作出了支持纺织厂的裁决。赵某败诉后，对仲裁裁决不服，她认为，纺织厂无论是厂规，还是劳动合同均未规定，违反计划生育政策生育第二胎可以解除劳动合同，况且生育二胎也未给纺织厂造成任何损失。因此，赵某将本案诉至法院，请求判令纺织厂解除其劳动合同的行为无效。

追本溯源

司法界对能否单方解聘非法怀孕女职工的三种不同观点

计划生育属于国家的一种政策，职工违反计划生育法规，是一种行政违法行为，应承担行政上的法律责任，而《人口与计划生育法》也未规定用人单位有权直接与违反计划生育规定的劳动者解除劳动合同。相反，劳动权则是作为一项基本人权被写入宪法的。因此，从法理上来说，违反计划生育，可以施行行政处罚，但不能从劳动权上进行限制，因为劳动权是公民生存的基础，如果对公民劳动权进行限制，则侵犯了公民的基本权利。故而，非法生育二胎属于一种行政违法行为，并不属于《劳动合同法》调整范围，它与员工与单位之间的劳动关系属于两种法律关系，二者不能混同。但是，法律是鼓励社会对违法行为进行抵抗的，企业也是社会的企业，具有不可推卸的社会责任，理所当然也应当对违法行为进行抵抗。因此，企业抵制违反计划生育的行为，在符合法律精神和相关规定的前提下一般也是允许的，而不是一概认定无效。

目前，在仲裁和司法实践中，有关用人单位能否单方解除违反计划生育政策的女职工，存在着三种不同观点：

观点一：不能单方解除女职工劳动合同。其理由如下：

国家法律法规对于孕期、产期、哺乳期（简称“三期”）的女职工是有特殊保护规定的，例如：(1)《妇女权益保障法》中规定：“任何单位不得因结婚、怀孕、产假、哺乳等情形，降低女职工的工资，辞退女职工，单方解除劳动（聘用）合同或者服务协议。”(2)《劳动合同法》中规定：“女工在孕期、产期、哺乳期的，用人单位不得依据本法第四十条条、第四十一条的规定解除劳动合同。”（3）《女职工劳动保护特别规定》第5条规定：“用人单位不得因女职工怀孕、生育、哺乳降低其工资、予以辞退、与其解除劳动或者聘用合同”。

从上述《妇女权益保障法》、《劳动合同法》和《女职工劳动保护特别规定》的相关规定不难看出，法律对三期女职工的解雇保护是不具体区分系何种原因导致的怀孕、生育及哺乳，是否违反国家的计划生育政策也在所不问，因此，只要有怀孕和生育的事实，用人单位就不能以违反计划生育政策为由，单方与女职工解除劳动合同。即使用人单位依法制定的规章制度中规定了“违反计划生育政策怀孕、生育的行为属于严重违反规章制度，用人单位可以据此解除劳动”，这样的规定也属于违反法律的规定而应归于无效。

观点二：可以单方解除女职工劳动合同。其理由如下：

实行计划生育是我国的基本国策，也是每个公民应尽的义务，因此，违反计划生育政策属于违法行为，既然女职工有这样的违法行为，则用人单位毫无疑问地可以予以辞退。比如：深圳市劳动人事争议仲裁院《2010年上半年全市劳动人事争议疑难问题研讨会纪要》第4条规定：劳动者违反计划生育政策生育，用人单位以此为由解除劳动合同的，应予支持。

观点三：在合同中有相关约定或规章制度中有相关约定的前提下，可以单方解除女职工劳动合同。其理由如下：

如果用人单位在规章制度中明确将劳动者违反计划生育政策怀孕、生育等行为视为严重违反规章制度的行为，且该规章制度是通过民主程序制定，并依法进行了公示，则即使怀孕女职工享有《妇女权益保障法》、《劳动合同法》、《女职工劳动保护特别规定》等法律法规规定的特殊的就业保护权，但是，用人单位完全可以根据《劳动合同法》第39条之规定，以劳动者严重违反规章制度为由，单方解除其劳动合同。如《广东省劳动和社会保障厅关于贯彻落实〈广东省计划生育委员会兼职委员单位职责〉的意见》规定：“在劳动关系解除终止方面。在劳动合同中，经协商一致，可明确合同期间发生计划外生育情况时，可由用人单位解除劳动合同。如果在劳动合同和企业依法制定的规章制度中，有劳动者违反计划生育规定企业可解除劳动关系内容的，由此发生的争议，劳动争议仲裁庭应对企业解除劳动关系的决定予以支持。”因此，在广东地区出现了一些劳动仲裁和法院支持企业解除或终止劳动合同处理的判例，上海也有类似判例。

鉴于目前司法实践中存在着上述三种不同的观点，因此案例中的纺织厂以赵某违反计划生育政策生下二胎为由单方解除劳动合同的行为，是否合法有效，就完全取决于处理该案件的法院是持上述哪一种观点了。如果持观点一或观点三，则纺织厂败诉；如果持观点二，则纺织厂胜诉。

☆ 专家锦囊

怎样操作才能正确处理非法怀孕或生育的女职工？

一般来说，企业领导不想为违反计划生育政策而怀孕和生育的女职工承担高额的人力成本，是完全可以理解。众所周知，女职工在“三期”内，为企业创造的价值并不高，但是待遇却一样都不能少。对于其他依法生育的女员工来讲，一般的企业尚且能够承受，但是对于违法生育的，企业领导确实普遍觉得很不满意，也不希望为她们再有额外的开支。于是，选择单方解除其劳动合同，可能就是企业主比较希望采用的方法之一。

如前所述，这一问题在司法实践中争议较大，本书作者建议，作为用人单位一定要熟悉本地区的司法口径。因为，在当前的司法环境中，虽然法律规定是相同的，但是各地对问题的认识、对法律的理解各不相同，个案的审理结果会受到许多因素的制约：比如法官的法律素质、工作作风、主观认识、生活阅历等等。由于这些差异，相同个案可能在不同的地区会有不同的处理精神或有不同的处理结果，所以，用人单位务必要了解本地区对此问题是否形成统一的司法口径。

另外，对于违反计划生育超生的女职工，即使用人单位不解除其劳动合同，那么其本人也是不能享受生育保险待遇的。虽然我国《人口与计划生育法》并没有对违反计划生育政策的女职工的生育待遇作出特别的规定，但是《人口与计划生育法》第24条规定：国家建立、健全基本养老保险、基本医疗保险、生育保险和社会福利等社会保障制度，促进计划生育。依据该规定可以认定：生育保险的设立目的是为了促进计划生育，如此一来，违反计划生育政策应该是不能享受生育保险的。因此，用人单位完全可以规定，违反计划生育政策的女职工不得享受任何生育保险待遇。这种规定是有法律法规作为支持依据的，各地的人口与计划生育条例都有非常明确的规定。比如：《北京市人口与计划生育条例》中规定："机关、社会团体、企业事业组织的职工违反本条例规定生育的，由其所在单位给予行政处分或者纪律处分；分娩的住院费和医药费自理，产假期间停止其工资福利待遇；三年内不得被评为先进个人、不得提职，并取消一次调级。"《上海市人口与计划生育条例》第43条规定："对违反本条例规定生育子女的公民，除征收社会抚养费外，给予以下处理：(一)分娩的住院费和医药费自理，不享受生育保险待遇和产假期间的工资待遇。"各地这些规定大体都明确了，违反计划生育政策的女职工，生育医疗费用自理，没有产假工资，不享受生育保险待遇。具体来说就是，对于违反计划生育超生的女职工，均不能享受下列待遇：(1)不能享受独生子女奖励假。(2)不能享受独生子女费。(3)不能享受生育保险待遇。(4)不能享受计划生育的医疗费用。(5)不能享受计划生育津贴。(6)不能享受其他与计划生育有关的任何奖励。

另外，还有一些地方规定，如果违反计划生育政策，将受到党纪政纪处分，若夫妻一方是机关事业工作人员的，还有可能被开除党籍和公职。

法条重现

《中华人民共和国妇女权益保障法》

(1992年4月3日公布 自1992年10月1日起施行 2005年8月28日修正 修正案自2005年12月1日起施行)

第二十七条 任何单位不得因结婚、怀孕、产假、哺乳等情形，降低女职工的工资，辞退女职工，单方解除劳动(聘用)合同或者服务协议。但是，女职工要求终止劳动(聘用)合同或者服务协议的除外。

各单位在执行国家退休制度时，不得以性别为由歧视妇女。

《中华人民共和国劳动合同法》

（2007年6月29日公布　自2008年1月1日起施行　2012年12月28日修正　《修正决定》自2013年7月1日起施行）

第三十九条　劳动者有下列情形之一的，用人单位可以解除劳动合同：

（一）在试用期间被证明不符合录用条件的；

（二）严重违反用人单位的规章制度的；

（三）严重失职，营私舞弊，给用人单位造成重大损害的；

（四）劳动者同时与其他用人单位建立劳动关系，对完成本单位的工作任务造成严重影响，或者经用人单位提出，拒不改正的；

（五）因本法第二十六条第一款第一项规定的情形致使劳动合同无效的；

（六）被依法追究刑事责任的。

第四十二条　劳动者有下列情形之一的，用人单位不得依照本法第四十条、第四十一条的规定解除劳动合同：

（一）从事接触职业病危害作业的劳动者未进行离岗前职业健康检查，或者疑似职业病病人在诊断或者医学观察期间的；

（二）在本单位患职业病或者因工负伤并被确认丧失或者部分丧失劳动能力的；

（三）患病或者非因工负伤，在规定的医疗期内的；

（四）女职工在孕期、产期、哺乳期的；

（五）在本单位连续工作满十五年，且距法定退休年龄不足五年的；

（六）法律、行政法规规定的其他情形。

《女职工劳动保护特别规定》

（2012年4月28日国务院令第619号公布　自公布之日起施行）

第五条　用人单位不得因女职工怀孕、生育、哺乳降低其工资、予以辞退、与其解除劳动或者聘用合同。

《广东省人口与计划生育条例》

(1980 年 2 月 2 日通过 2008 年 11 月 28 日第四次修正 自 2009 年 1 月 1 日起施行)

第四十八条 国家机关和事业单位、国有企业、国有控股企业，乡镇集体企业对其超生职工应当给予开除处分或者解除聘用合同。对超生的村(居)民委员会成员应当依照有关规定予以处理。

对超生人员，有关单位依照本条例规定作出处理决定之日起，五年内国家机关和事业单位、国有企业、国有控股企业，乡镇集体企业不予招工、录(聘)用；五年内不得选为村(居)民委员会成员和评为先进；七年内不得享受公费医疗福利；七年以上十四年以下不得享受农村股份合作制分红及其他集体福利。

未办理结婚登记生育第二胎以上子女及有配偶又与他人生育的，按超生处理。

《北京市人口与计划生育条例》

(2003 年 7 月 18 日公布 自 2003 年 9 月 1 日起施行)

第四十条 机关、社会团体、企业事业组织的职工违反本条例规定生育的，由其所在单位给予行政处分或者纪律处分；分娩的住院费和医药费自理，产假期间停止其工资福利待遇；三年内不得被评为先进个人、不得提职，并取消一次调级。

农村居民违反本条例规定生育的，在给予农村福利时予以适当限制；聘任为干部的，应予解聘。

《上海市人口与计划生育条例》

(2003 年 12 月 31 日通过 自 2004 年 4 月 15 日起施行)

第四十三条 对违反本条例规定生育子女的公民，除征收社会抚养费外，给予以下处理：(一)分娩的住院费和医药费自理，不享受生育保险待遇和产假期间的工资待遇；(二)持有《光荣证》的，应退回《光荣证》，终止凭证享受的一切待遇，并退回依据本条例第三十七条规定所享受的奖励；(三)系国家工作人员的，依法给予行政处分；系其他人员的，所在单位可以给予纪律处分；(四)系农民的，调整自留地和安排宅基地时，不增加自留地和宅基地的分配面积。

《广东省劳动和社会保障厅关于贯彻落实〈广东省计划生育委员会兼职委员单位职责〉的意见》

三、严格把关，配合做好人口问题综合治理工作

……

在劳动关系解除终止方面。在劳动合同中，经协商一致，可明确合同期间发生计划外生育情况时，可由用人单位解除劳动合同。如果在劳动合同和企业依法制定的规章制度中，有劳动者违反计划生育规定企业可解除劳动关系内容的，由此发生的争议，劳动争议仲裁庭应对企业解除劳动关系的决定予以支持。

深圳市劳动人事争议仲裁院《2010 年全市劳动人事争议疑难问题研讨会纪要》

（2010 年 5 月）

四、劳动者违反计划生育，用人单位以此为由解除劳动合同的，应予支持。

☞ 离职后发现在职时怀孕，可否要求恢复劳动关系？

典型现象

员工刚离职就突然发现自己在离职前已经怀孕

由于《劳动法》及《劳动合同法》均有对女员工的特殊保护规定，因此有些用人单位认为，处在“孕期”、“产期”、“哺乳期”（以下简称“三期”）的女员工是最难管理的。但实际上，女员工的“三期”管理并非难事，除了依法操作之外，关键在于做好两点，一是依法确保女员工“三期”内的合法权益，二是依法维护用人单位自身的合法权利。当两者发生冲突时，用人单位应当有充分的思想准备，尽量与女员工进行沟通，以期达成共赢的结果。

案例展示1

大学刚毕业3年的马小姐,去年被某公司聘用为人力资源助理。入职后,与该公司签订了2年期的劳动合同。工作半年以后,因马小姐嫌工作累就以个人原因向公司递交了辞职报告,并在此后制作了一份非常详尽的交接工作报告,按照公司规定的流程办完了全部离职手续后,离开了公司。

没想到,马小姐与公司的劳动合同解除3天后,却意外发现自己已经怀孕。根据医院出具的化验单和B超报告单显示的孕期推算,其怀孕日期肯定是其与公司的劳动关系解除之前。马小姐考虑到怀孕后再找新工作不容易,而且《劳动法》有规定,用人单位不能在女职工孕期、产期、哺乳期与女职工解除劳动关系,于是回到公司,要求与公司恢复劳动关系,继续工作至其哺乳期满。

公司领导刚开始,还认为马小姐的说法和要求似乎有一点儿道理;但过后仔细一想,就觉得马小姐这样诉求是只顾自己利益,于情于法都是没有根据的。于是拒绝了马小姐提出的要求。马小姐回到家后,越想越觉得委屈,自己在公司工作期间一直任劳任怨,从未犯过错误,当时要是知道自己怀孕肯定是不会辞职的,公司为什么不能理解和照顾我呢?更何况,国家法律对于怀孕女员工是有特殊保护的,公司拒绝我的要求一定是违法的。想到这里,马小姐一纸申请书送至劳动争议仲裁委员会,要求公司恢复与自己的劳动关系,继续履行劳动合同至哺乳期满。

案例展示2

日前,某科技公司向当地基层人民法院提起诉讼,要求认定公司与张女士延续的劳动合同为无效,并请求判令:张女士应向公司返还其孕期后的工资、社会保险和商业保险金,以及人力资源服务费用等共计22万元。

原来张女士曾与某科技公司签订了为期1年的劳动合同。合同到期前 1 个月，该科技公司以电子邮件的方式通知张女士，其劳动合同到期后，公司不再与其续签合同，请张女士在合同期满日前办理离职手续。两天后，张女士回复公司，称自己前一天经医学测试已怀孕，并附上了当地妇幼保健院的门诊诊断证明。证明显示，张女士的尿 HCG 呈阳性。科技公司见此状，便又向张女士发出《补充通知书》，明确表示：由于张女士处于“三期”（孕期、产期、哺乳期），劳动合同期限将顺延至“三期”期满为止。

该科技公司向法院诉称，张女士在公司担任高级销售代表职务，月工资 1.2 万元。合同到期前一个月，公司通知张女士，合同到期不再续签。没想到，当时却被张女士告知自己已怀孕。基于维护女职工合法权益的法律规定，公司明确告知将其劳动合同的终止期顺延至张女士“三期”期满为止。但此后，经公司调查发现，张女士直到劳动合同到期时也没有怀孕，她提供给公司的怀孕诊断证明，以及孩子出生证明等资料都是伪造的。

科技公司认为，张女士谎称怀孕，采用欺诈手段，致使公司与其延续劳动合同，根据法律规定，该劳动合同延续应为无效。公司多支付的 10 个多月的工资、社会保险、住房公积金、人事代理费、商业保险费等费用 22 万元应予返还。

张女士本人未出庭，其代理人表示，双方的劳动关系合法有效，不同意该公司的诉讼请求。该代理人代表张女士辩称：当时，张女士的确被诊断为早孕，由于其属于 38 岁的高龄产妇，不久后便流产，胎儿没有保住。但两个多月后，发现再次怀孕，直到后来生一男婴，随后休了四个月产假，并在产假后回到公司，一直工作至今。

尽管张女士的代理人向法庭作出上述主张，但没有向法庭提供任何能够证明其上述说法的证据材料。

法院经审理认为，张女士怀孕时已是 38 岁的高龄产妇，如果其在怀孕前刚刚流产，是后续医疗必须高度关注的事实，不可能不存在任何记载或者医疗行为。同时法院认为，高危孕妇在不足 3 个月内怀孕流产再怀孕违背生活常识，完全不可信。庭审中，张女士代理人称其有两次怀孕和一次流产，却没有提供任何证据。

综合双方提交的证据材料，法院认定，张女士当时告知公司其已怀孕的事实不真实。事实是，直到双方合同期满后，张女士方才怀孕。后张女士未向公司说明，仍按照最初告知公司的怀孕时间申请休假，并故意提出了与其告知公司的怀孕时间相吻合的虚假出生证明，故张女士提供虚假事实致延期阶段的劳动合同为无效。合同无效期间，公司向张女士提供劳动的法律关系应为劳务关系，劳务关系中劳动者根据劳动数量领取报酬，但不享受休假和社会保险的福利待遇。关于劳动量的报酬标准法院根据双方合同确定不再调整，张女士可不须返还。张女士未工作期间所得工资和劳动合同无效期间公司为张女士支付的社会保险金、商业保险保险金，以及人力资源服务费用等，张女士均应予以返还，返还金额合计 12 万元。

追本溯源

女职工因不知自己怀孕而辞职是否属于重大误解？

《劳动法》第 29 条以及《劳动合同法》第 42 条都明确规定，女职工在孕期、产期、哺乳期时，用人单位不得以医疗期满不能从事原工作、不胜任工作、客观情况发生重大变化、裁员为由解除女职工的劳动合同。《劳动合同法》第 45 条也规定，女职工在“三期”内的，劳动合同到期也要自动顺延待“三期”结束才可以终止。劳动法律根据女职工的生理特点，对“三期”女职工解除劳动合同作了限制性保护。该保护是有前提的，即用人单位不得以上述理由解除或终止“三期”女职工的劳动合同，是对用人单位解除或终止劳动合同权的限制，但没有对女职工的辞职权作任何限制。因此，该女职工因不清楚自己怀孕而提出辞职并在办理辞职手续后发现怀孕要求回来上班是没有法律依据的。

案例 1 中的马小姐在仲裁庭表示，合同法规定，因重大误解订立的合同依法是可以撤销的。她在不知道自己已怀孕的情况下向公司提交的辞职报告，显然存在重大误解，应该被撤销。公司应及时与其恢复劳动关系，继续履行劳动合同至其哺乳期满为止。

公司不同意马小姐的说法，并认为，马小姐辞职致使双方劳动关系解除，并不受法律规定的女职工在孕期用人单位不得解除劳动关系的限制，马小姐不知道自己怀孕而辞职也不构成法律上的重大误解。

法院审理此案认为，马小姐作为完全民事行为能力人，所作出的辞职行为是有效的，其怀孕的事实对辞职解除劳动合同的行为并不构成法定限制。马小姐以事后得知怀孕事实而主张辞职时存在重大误解，缺乏理据，法院不予采纳，驳回了其全部诉讼请求。

很多人误以为只要女职工怀孕了，劳动合同就不能解除，其实不然。根据《劳动合同法》第 42 条规定，女职工在孕期、产期、哺乳期的，用人单位不得依照本法第 40 条、第 41 条的规定解除劳动合同。第 40 条规定的是劳动者有非过失性情形解除，第 41 条规定的是裁员解除。但是《劳动合同法》没有规定“三期”女职工有过失性情形等也不得解除，也没有规定“三期”女职工不能依据《劳动合同法》第 37 条的规定辞职。

另外，案例 2 中的张女士，在明明没有怀孕的情况下，却向公司谎称自己怀孕，以骗取公司与其续延劳动合同，最终经法院认定，其采用欺诈行为而获得的延续劳动合同为无效。这是一起女员工打着需要享受法律特殊保护的幌子，而试图谋取非法利益的案例，法院的判决最后击碎了她的如意算盘。

☆ ‖ 专家锦囊

如何对“三期”女员工实施有效管理？

众所周知，“三期”内的女员工，即处于“孕期、产期、哺乳期”的女员工，在劳动合同解除和终止方面受到法律的特殊保护，法律禁止用人单位根据《劳动合同法》第 40 条、第 41 条规定，解除“三期”女员工的劳动合同。另外，劳动合同期满，用人单位也不能即时终止合同，劳动合同应当续延至女员工受《劳动合同法》第 45 条特殊保护的状态消失时终止。

长期以来，许多人对上述法律规定存在着一种误解，认为“三期”

之内的女工,无论她的工作表现如何,用人单位都不能进行解雇,这种想法显然是错误的。一方面,“三期”的女工由于处于特殊期间,较之普通员工其处于较为弱势的地位,因此,我国现行法律法规对“三期”女工进行了特殊保护,但是另一方面,法律的这种保护也是有节制的,如果女工出现法律法规严令禁止的行为,用人单位依然有权对其进行解除劳动合同处理。

具体而言,“三期”内的女工如果出现不能胜任工作、医疗期满不能从事工作、客观情况发生重大变化、经济性裁员等情形,用人单位不得与其解除劳动关系,应当继续履行劳动合同,同时劳动合同到期也不能立即终止,而需延续至“三期”结束再终止,这是劳动法律对“三期”女工的特殊保护。但是,倘若“三期”女工出现《劳动合同法》第 39 条规定的“严重违反规章制度”、“严重失职,营私舞弊,给用人单位造成重大损害”、“在试用期间被证明不符合录用条件”、“与其他用人单位建立劳动关系,对完成本单位的工作任务造成严重影响,或者经用人单位提出,拒不改正”、“因劳动者欺诈或胁迫致使劳动合同无效”、“被依法追究刑事责任”等情形,用人单位完全可以依法解除劳动合同关系。现实中常见的情形是,个别女员工怀孕后,以为自己进了“保险箱”,完全无视企业制度规定,肆无忌惮地作出严重违反企业规章制度的行为,致使其被企业解除劳动合同后打官司败诉,这才明白:法律对女员工的特殊保护是有范围的,有条件的,并不是无原则地一味迁就劳动者。另外,用人单位虽然不能因为女员工怀孕或者生育而解除其劳动合同,但是如果女员工在是否怀孕或者生育问题上,存在欺诈行为,如出现上述案例 2 中的情形,用人单位是可以依法对该女员工进行处理。

实践中,很多用人单位知道法律规定,“三期”女职工合同到期后不能终止,因此,不少用人单位都选择与女职工新签订(即续订)一个劳动合同,约定劳动合同期限到哺乳期期满之日。这样做对企业的不利后果是,可能会被认为是在签订第二次固定期限的劳动合同,以至于“三期”期满之后,女职工主张已经连续签订过两次固定期限劳动合同了，要求签订无固定期限劳动合同。这样就达不到用人单位想终止劳动合同的初衷了。因此，"三期"女职工合同到期后，建议用人单位最好是以书面形式通知"三期"女职工："因其存在着法定的延续事由（孕期、产期、哺乳期），本劳动合同依法自动延续至女员工受《劳动合同法》第四十五条特殊保护的状态消失时终止。"用人单位没必要新签订（即续订）一个终止日期为哺乳期期满之日的劳动合同。

其实，除了解除劳动合同之外，对于"三期"女职工还可以有其他处理方式可供选择：

（1）有些孕期女职工，由于对胎儿的重视，怀孕后把生活重心完全集中在胎儿身上，有时候会主动要求不上班，但是要求保留劳动关系，以保留生育保险和产假利益和产假之后上班的权利。鉴于此，本书作者建议企业可以考虑与孕期女职工协商放假事宜。如果女员工愿意请事假，公司可以批准其事假，事假期间不发工资，但是为其缴纳各项社会保险，同时承诺在产假期间让其依法享受生育津贴，产假之后可以回公司上班；但如果是公司愿意让女员工放假在家，而女员工不愿意休事假的话，则公司可以与女职工协商，在放假期间每月给予其一定金额的生活费，员工可以不来公司上班，放假期间公司为其缴纳各项社会保险，在产假期间让其依法享受生育津贴，产假之后可以回公司上班。

上述两种做法，对于女职工来说，便于保胎生育，对于企业来说，便于节省成本，和谐劳动关系。

（2）如果员工是在电脑前工作的管理人员或技术人员，公司可以与女职工协商适当调整工作岗位。将其从原来的工作岗位上，调整到一个不接触强烈的辐射的工作岗位。一般来说，女职工大多都会感受到企业的善意，从而很愿意接受企业的这种提议。这样做，既便于公司正常安排工作，保持生产经营不受任何影响，同时也对女职工的身心及胎儿是一种很好的保护。

（3）对于某些可以接受补偿，同意与公司解除劳动合同的"三期"女员工，公司也可以与其协商解除劳动合同关系。企业通过答应员工的合理诉求，换来女员工同意与企业签署解除劳动合同协议书，从而达到解聘“三期”女职工，以及避免发生劳动仲裁和诉讼的目的。

法条重现

《中华人民共和国劳动合同法》

（2007年6月29日公布　自2008年1月1日起施行　2012年12月28日修正　《修正决定》自2013年7月1日起施行）

第三十六条　用人单位与劳动者协商一致，可以解除劳动合同。

第三十七条　劳动者提前三十日以书面形式通知用人单位，可以解除劳动合同。劳动者在试用期内提前三日通知用人单位，可以解除劳动合同。

第三十九条　劳动者有下列情形之一的，用人单位可以解除劳动合同：

（一）在试用期间被证明不符合录用条件的；

（二）严重违反用人单位的规章制度的；

（三）严重失职，营私舞弊，给用人单位造成重大损害的；

（四）劳动者同时与其他用人单位建立劳动关系，对完成本单位的工作任务造成严重影响，或者经用人单位提出，拒不改正的；

（五）因本法第二十六条第一款第一项规定的情形致使劳动合同无效的；

（六）被依法追究刑事责任的。

第四十条　有下列情形之一的，用人单位提前三十日以书面形式通知劳动者本人或者额外支付劳动者一个月工资后，可以解除劳动合同：

（一）劳动者患病或者非因工负伤，在规定的医疗期满后不能从事原工作，也不能从事由用人单位另行安排的工作的；

（二）劳动者不能胜任工作，经过培训或者调整工作岗位，仍不能胜任工作的；

（三）劳动合同订立时所依据的客观情况发生重大变化，致使劳动合同无法履行，经用人单位与劳动者协商，未能就变更劳动合同内容达成协议的。

第四十一条 有下列情形之一，需要裁减人员二十人以上或者裁减不足二十人但占企业职工总数百分之十以上的，用人单位提前三十日向工会或者全体职工说明情况，听取工会或者职工的意见后，裁减人员方案经向劳动行政部门报告，可以裁减人员：

（一）依照企业破产法规定进行重整的；

（二）生产经营发生严重困难的；

（三）企业转产、重大技术革新或者经营方式调整，经变更劳动合同后，仍需裁减人员的；

（四）其他因劳动合同订立时所依据的客观经济情况发生重大变化，致使劳动合同无法履行的。

裁减人员时，应当优先留用下列人员：

（一）与本单位订立较长期限的固定期限劳动合同的；

（二）与本单位订立无固定期限劳动合同的；

（三）家庭无其他就业人员，有需要扶养的老人或者未成年人的。

用人单位依照本条第一款规定裁减人员，在六个月内重新招用人员的，应当通知被裁减的人员，并在同等条件下优先招用被裁减的人员。

第四十二条 劳动者有下列情形之一的，用人单位不得依照本法第四十条、第四十一条的规定解除劳动合同：

（一）从事接触职业病危害作业的劳动者未进行离岗前职业健康检查，或者疑似职业病病人在诊断或者医学观察期间的；

（二）在本单位患职业病或者因工负伤并被确认丧失或者部分丧失劳动能力的；

（三）患病或者非因工负伤，在规定的医疗期内的；

（四）女职工在孕期、产期、哺乳期的；

（五）在本单位连续工作满十五年，且距法定退休年龄不足五年的；

（六）法律、行政法规规定的其他情形。

第四十四条　有下列情形之一的，劳动合同终止：

（一）劳动合同期满的；

（二）劳动者开始依法享受基本养老保险待遇的；

（三）劳动者死亡，或者被人民法院宣告死亡或者宣告失踪的；

（四）用人单位被依法宣告破产的；

（五）用人单位被吊销营业执照、责令关闭、撤销或者用人单位决定提前解散的；

（六）法律、行政法规规定的其他情形。

第四十五条　劳动合同期满，有本法第四十二条规定情形之一的，劳动合同应当续延至相应的情形消失时终止。但是，本法第四十二条第二项规定丧失或者部分丧失劳动能力劳动者的劳动合同的终止，按照国家有关工伤保险的规定执行。

第四十六条　有下列情形之一的，用人单位应当向劳动者支付经济补偿：

（一）劳动者依照本法第三十八条规定解除劳动合同的；

（二）用人单位依照本法第三十六条规定向劳动者提出解除劳动合同并与劳动者协商一致解除劳动合同的；

（三）用人单位依照本法第四十条规定解除劳动合同的；

（四）用人单位依照本法第四十一条第一款规定解除劳动合同的；

（五）除用人单位维持或者提高劳动合同约定条件续订劳动合同，劳动者不同意续订的情形外，依照本法第四十四条第一项规定终止固定期限劳动合同的；

（六）依照本法第四十四条第四项、第五项规定终止劳动合同的；

（七）法律、行政法规规定的其他情形。

第四十七条　经济补偿按劳动者在本单位工作的年限，每满一年支付一个月工资的标准向劳动者支付。六个月以上不满一年的，按一年计算；不满六个月的，向劳动者支付半个月工资的经济补偿。

劳动者月工资高于用人单位所在直辖市、设区的市级人民政府公布的本地区上年度职工月平均工资三倍的，向其支付经济补偿的标准按职工月平均工资三倍的数额支付,向其支付经济补偿的年限最高不超过十二年。

本条所称月工资是指劳动者在劳动合同解除或者终止前十二个月的平均工资。

☞ 为何外企裁员总出事儿?

典型现象

摩托罗拉在中国裁员所引发的麻烦

这些年,企业裁员的消息越来越多,其中外资企业(以下简称外企)的情况显得尤为严重。国内某个媒体统计发现,在最近的一年中,传出裁员的知名外资企业就多达数十家,涉及通信、日化、电子、家电、零售、化工、酒店等多个领域。

案例展示

2012 年下半年,摩托罗拉在华裁员 1000 多人,截止到 9 月 1 日"重灾区"南京 500 多名员工均拒绝签署离职书。

"我会怀念在摩托的美好时光。"8 月初,一名摩托罗拉南京软件中心的员工修改了自己的微博签名。在被谷歌宣布收购后 1 年,摩托罗拉的新 CEO 宣布全球裁员 4000 人,而中国区是其中的重灾区。而在这次引人关注的大裁员中,劳方的抗争、资方的强硬以及地方政府的介入,展示了一场中国式裁员。

这次裁员,在中国,首先是在北京地区的摩托罗拉启动的,在北京摩托罗拉工作的部分被裁减员工在毫无预兆的情况下,收到了被裁通知。其中一些员工马上询问自己所在部门的主管,希望获得更详细的信息。但主管没有给出任何答案,因为主管也不知道哪些人将被裁掉,以及裁员补偿等信息。

有个媒体记者闻讯赶来,对员工进行采访。"几乎所有岗位都涉及了。”一名被裁员工对记者说。在北京到底裁了多少人？摩托罗拉一直没有对该记者给出明确的数字。

在此次裁员中一位被推举为北京员工代表的女士对记者说：“8月20日，人力资源和工会主席跟我说是裁了600多人。这600多人只是摩托罗拉在中国裁员的一部分。天津、上海、成都等其他城市都均有不同程度裁员。”

摩托罗拉在南京的裁员则更为彻底。摩托罗拉计划关闭这个成立于1997年，拥有560名员工的研发中心，只有40名员工有机会被调至南京以外的城市工作，其余500多人将一起失业。

孙女士是南京研发中心(以下简称南摩)500多名员工中的一位。2009年，她通过校园招聘进入这家位于南京市江宁区将军大道88号的公司。

“长久以来，都认为摩托是一家企业文化非常好的企业”。她说，在南摩上下班不用打卡，员工关系跟学校差不多，工作自主性大。“能在这里工作是一件幸事。”然而，突如其来的大裁员改变了这一印象。她觉得自己“被粗暴对待”了。

“南京和北京、上海不一样，这方面的工作岗位比较少。500多人一起找工作，机会太少了。”她说，“很多员工已经把家安在南京这边了，不想再去其他城市了。”

摩托罗拉高管与员工的数次谈判均无果。8月20日上午，摩托罗拉移动负责研发的全球副总裁，以及大中华区总裁抵达南摩。他们与数百名员工选出的13名员工代表进行了谈判。

在办公楼外，迎接这些高管的是抗议的人群。当天上午，400多名员工统一穿上了印有谷歌LOGO的黑色T恤，并举起了印有“反对谷歌歧视中国，保留南摩护我家园”字样的横幅，出现在南摩办公楼前。

这一幕已经上演过一次。这些员工在8月15日从非官方渠道获知消息后，已经组织了一次抗议。

曾让被裁员工们寄予一定希望的谈判没有结果。

8月28日，摩托罗拉亚太区总裁前往南京与员工谈判，依然没有进展。谈判再次陷入僵局。

至 9 月 1 日,南摩仍无一名员工签署离职协议。

一位员工代表称,员工的诉求不是更高的经济赔偿,而是保留南京软件中心,或者延期 12 个月关闭,给员工一个缓冲期,方便找工作。这一诉求被摩托罗拉拒绝。"高管希望提出其他合理性建议。"这位员工代表说。这位员工代表始终想不明白,为何在成本较低的南京如此大手笔裁员。

在微博等网络平台上,这些被裁员工不断地指责公司的冷漠与 HR(人力资源)粗暴的工作方式。

后来,员工们均被告知需在限定时间内签离职协议,否则将被公司单方解除劳动合同。

从目前的情况来看,摩托罗拉此次在中国裁员人数达四位数。而这项庞大的工作由其公司内部的 HR 处理。据了解,在欧美等国,这种工作通常会被外包给第三方的专业裁员公司。

"HR 单线操作,没有任何沟通。我是收到通知才知道被裁。"一位员工说。

"前一天还忙得顾不上吃饭,第二天说走人就得走人。"另一名员工说。

8 月 17 日上午 11 点,一百多名员工在摩托罗拉北京望京园区外拉起条幅。他们要求获得知情权,对等协商。条幅上言辞火爆:"反对暴力裁员,要求对等协商"。

20 分钟后,来了一辆警车,民警将条幅收走。

经历过这场抗议后,8 月 20 日,被裁员工收到 HR 的邮件。邮件中称,赔偿在 N+2(N 对应的当地社会平均工资的 3 倍,2 对应的是基本工资)的基础上一次性发放补充住房公积金和未休年假补偿。员工需在 8 月 21 日中午 12 点前签离职协议,否则公司将单方解除劳动合同。

这场裁员风波类似于同年的西门子裁员事件。

当时的西门子将手机业务卖给明基,并裁员 16,750 人。在中国,西门子被裁员工没有得到“因工会强烈反对裁员而暂时幸免”的机会。当时的他们和现在的摩托罗拉被裁员工一样，在拉起条幅抗议后依然被裁。

工会，对于摩托罗拉的部分被裁员工来说有些陌生。“我们之前都不知道有工会，也不知道主席是谁，工会没有对裁员计划提出任何异议就同意了。”一位女员工说，她后来才知道工会早在7月就签字同意裁员。

8月14日，她去找摩托罗拉，要求与签字的工会主席见面。第二天，她去朝阳区工会查询了北京公司工会主席的名称。第三天，她见到了摩托罗拉“提供”的工会主席，该人与朝阳区工会在册登记的工会主席不是一个人。这到底是怎么回事，没有人给出解释。

由于“别无他法”，除了拉条幅，他们始终未通过其他途径抗议。

南京的抗争还在继续。8月27日，有40名员工去了南京人力资源和社会保障局，查询得知公司未就裁员进行备案。

按照劳动合同法，企业裁减人员20人以上或裁减总数10%以上的，应提前30日向工会或者全体职工说明情况，裁减人员方案向劳动行政部门报告。

“公司正与当地政府沟通中，需要一个过程。”公司一位高管解释称。

对此，员工们认为，“公司想绕开法律，通过协商达到裁员效果。”

除了拉条幅，他们始终没有走其他的抗议途径。“别无他法。”一名员工说。这位员工咨询过律师。律师说，目前处在协商阶段，公司没有强行解除劳动关系，暂不适合打官司。

这位员工还说，劳动部门此前与员工进行了沟通，认为裁员是企业的事，如果没有违反相关法律法规，他们不适合参与其中。

截止到9月1日，摩托罗拉南京的500名员工与资方的僵持没有丝毫被打破，双方的僵持状态仍在持续中。

追本溯源

外企在中国裁员遭遇滑铁卢的主要原因

近年来，外企在中国裁员引发群体性事件的例子层出不穷，案例中的摩托罗拉裁员遭南京500多员工集体抵制的事件，再一次引发社会对裁员话题的关注。本书作者凭借十几年对企业裁员的理论研究，以及作为裁员顾问为企业策划和指导数十起成功裁员案例的经验，在此简明扼要地向读者分析一下外企在中国裁员屡遭滑铁卢的根本原因：

（一）外企与中国文化和法律的冲突是一个重要原因

外国公司，如摩托罗拉，在裁员之前往往会在国外宣布，在全球计划裁员 4000 人，有 2/3 是在美国之外的地区，1/3 在美国本土。这种宣布在美国是没有问题的，而且按照美国的法律，摩托罗拉完全可以理直气壮地，没有任何障碍地完成在美国本土的裁员。理由很简单，摩托罗拉这种做法完全符合美国的文化和法律。于是，摩托罗拉的老板凭借其美国人的思维方式，理所当然地认为，这种裁员在中国也应该是合理合法，没有任何障碍的。殊不知，中国劳动法对企业裁员作了非常严格的限制，这种限制在外国人看来近乎苛刻。

同理，目前的中国员工也仅知道中国的劳动法，他们既不知道，也不可能去理会美国的劳工法。员工一般会认为，老板发出的命令，应该是合法的才行，而他们所理解的合法，自然是符合中国的法律。如果不符合中国的法律，即使老板在美国公司里对着美国人说的，让中国员工听了，也会觉得是违法的。

于是，两国这种文化和法律上的不一致，让外国老板和中国员工有了误会和冲突。双方冲突发生后的不理智，往往又会加剧情绪的对立，继而引发群体事件，形成劳资危机。

（二）“裁员”一词在不同人心中有不同的理解，这种混乱所导致的各方误解，也是引发企业裁员失败的重要原因之一

一谈到“裁员”，员工马上就会认为是指的《劳动合同法》里的“经济性裁员”，特别是员工如果再找个律师一问，律师往往就更会按照中国《劳动合同法》中有关“经济性裁员”的规定，立即挑出企业裁员的种种不合法。

而对于企业管理人员来说，他们听到外国老板说要“裁员”，就会理解为，这是老板命令自己要做“批量解聘”一批员工的工作。于是自

己就要想办法在老板限定的时间内，完成这个任务。经过与律师咨询，得知中国法律规定的"经济性裁员"程序很复杂且条件很苛刻，本企业的情况是否符合裁员条件也说不好，于是，就想与员工签署协议，最终形成法律上的协商解除合同，而让一批员工离职，以达到老板的目的。

由于企业对外宣布的是裁员（裁员的含义是企业单方解聘员工，完全不需要员工的同意），但在操作时，由于企业怕单方解聘不合法而带来麻烦，往往在咨询完律师后就演变成了让员工签署解除劳动合同协议（这在法律上完全不是单方解聘员工"裁员"，而是双方合意解除劳动关系）。

到头来，企业开始嘴上说的"裁员"与其后来又按协商解除操作的混乱，让本来就有不满情绪的员工，觉得企业又在耍花招，于是更加剧了双方的矛盾和冲突。当员工得知，企业是想用签署协议的方式规避风险时，员工要么还在追究企业裁员是否合法，不给出令人信服的理由，就不签字；要么就可能会提出企业难以接受的补偿金额，否则自己不会在协议上签字。事情到了这个地步，就是企业最尴尬的时候了。可以说，上述摩托罗拉南京公司的情况就是如此。

☆ 专家锦囊

企业裁员的操作流程及相关注意事项

在此，本书作者想给企业的建议是，在中国办企业，就要了解中国的文化和法律，尤其是在裁员这种涉及中国众多员工心理、文化、政治、法律等综合方面的专业实务，不要认为是个小事，或者根本不当一回事，一定要引起足够的认识，最好能在真正研究好中国法律和文化或者聘请中国有足够经验的专业人士后，制定出全面且完善的可行方案，再谨慎地实施。只有这样，才能做好合理合法地批量解聘员工工作，平稳顺利实现企业减员目的。

（一）企业经济性裁员的法定条件

《劳动合同法》第 41 条第 1 款规定："有下列情形之一，需要裁减人员二十人以上或者裁减不足二十人但占企业职工总数百分之十以上的，用人单位提前三十日向工会或者全体职工说明情况，听取工会或者职工的意见后，裁减人员方案经向劳动行政部门报告，可以裁减人员：（一）依照企业破产法规定进行重整的；（二）生产经营发生严重困难的；（三）企业转产、重大技术革新或者经营方式调整，经变更劳动合同后，仍需裁减人员的；（四）其他因劳动合同订立时所依据的客观经济情况发生重大变化，致使劳动合同无法履行的。”

上述有关经济性裁员的法律规定，是属于企业成批解除员工劳动合同的情形。企业在市场经济中直接面对市场竞争，它们需要自主经营，自负盈亏。因此我国法律规定，企业享有经营自主权。这里所说的经营自主权不仅包括生产自主权，也包括用人自主权。所谓用人自主权是指，企业可以根据企业的实际需要招用人员，也可以裁减人员。为此，《劳动合同法》规定，在满足上述法定条件下，用人单位可以单方一次性解除部分劳动者的劳动合同，即裁员。也就是说，《劳动合同法》规定了四种情况之一出现时，企业可以进行经济性裁员：

1. 依照企业破产法规定进行重整。

《企业破产法》第2条规定：“企业法人不能清偿到期债务，并且资产不足以清偿全部债务或者明显缺乏清偿能力的，依照本法规定清理债务。企业法人有前款规定情形，或者有明显丧失清偿能力可能的，可以依照本法规定进行重整。”另外，根据《企业破产法》第70条第2款的规定，债权人申请对债务人进行破产清算的，在人民法院受理破产申请后、宣告债务人破产前，债务人或者出资额占债务人注册资本十分之一以上的出资人，可以向人民法院申请重整。企业破产法设置重整制度，主要目的就是使企业根据重整的经营方案、债权的调整和清偿方案以及其他有利于企业重整的方案在内的重整计划，继续经营并清偿债务，避免企业进入破产清算程序，使经营失败的企业有可能通过重整而得到起死回生的机会。因此，为了帮助企业渡过难关，在重整过程中，劳动合同法允许用人单位根据实际经营情况，进行经济性裁员。

2. 生产经营发生严重困难。

企业在市场竞争，如果出现决策失误或经营不善，可能就会发生生产或经营上的困难。面对这种情况，企业都会采用各种自救方式来扭转困局。其中，裁减人员、缩减员工规模是常用的自救方式之一。企业裁员后如能自救成功，从全局来看，对用人单位的劳动者群体也是有利的，因此，法律允许企业在生产经营发生严重困难时，进行裁员。

3. 企业转产、重大技术革新或者经营方式调整，经变更劳动合同后，仍需裁减人员。

企业在生产经营过程中，为了寻求生存或发展，往往要进行产品结构的调整（即转产）、技术革新或经营方式的调整。这种调整很可能会出现富余人员需要裁减，但企业转产、重大技术革新或者经营方式的调整有时也不一定需要裁员或仅需要进行少量裁员即可。法律为了保护劳动者权益，要求企业转产、重大技术革新或者经营方式调整，只有在变更劳动合同后，仍需要裁减人员，才可进行裁员。

4. 其他因劳动合同订立时所依据的客观经济情况发生重大变化，致使劳动合同无法履行的。

除了上述列举的几种客观情况发生重大变化外，企业在生产经营中，还可能有一些客观经济情况发生变化需要经济性裁员的情形，如有些企业为了防治污染进行搬迁而需要裁员等，因此劳动合同法规定，对于其他因劳动合同订立时所依据的客观经济情况发生重大变化，致使劳动合同无法履行的，也应允许用人单位进行裁员。

（二）企业裁员的法定程序

在裁员操作中，如果裁减人员20人以上或者裁减不足20人但占企业职工总数10%以上的，企业还应该严格按照《劳动合同法》规定的下列法定程序进行：

1. 提前30日向工会或者全体职工说明情况，并听取工会或者职工的意见。

由于裁员涉及一批劳动者的群体利益，企业应该让工会和劳动者了解裁减人员方案及裁减理由，取得工会和劳动者对裁员的理解和认同,因此法律规定,用人单位必须提前 30 日向工会或者全体职工说明情况,并听取工会或者职工的意见。对于已建立了工会的企业,可以选择向工会或者全体职工说明情况;而对于还没有建立工会的企业,只能向全体职工说明情况,听取职工的意见。

2. 将裁减人员方案向劳动行政部门报告。

按照原国家劳动部《企业经济性裁减人员规定》(劳部发〔1994〕447 号),裁减人员方案的内容包括:被裁减人员名单,裁减时间及实施步骤,符合法律、法规规定和集体合同约定的被裁减人员经济补偿办法。为了使劳动行政部门了解企业裁减情况,监控企业裁员活动,防止出现意外情况,《劳动合同法》规定,企业应将裁减人员方案向劳动行政部门报告。这里所说的"报告"是要求企业履行告知义务,将裁减人员方案向劳动行政部门进行备案,并不需要事前征得劳动行政部门的许可或者审批。

3. 裁员时应考虑对弱势群体的保护。

《劳动合同法》要求企业裁员时还要考虑社会因素,优先保护对用人单位贡献较大、再就业能力较差的劳动者。其中规定了三类优先留用的人员:(1)与本单位订立较长期限的固定期限劳动合同的劳动者;(2)与本单位订立无固定期限劳动合同的劳动者;(3)家庭无其他就业人员,有需要扶养的老人或者未成年人的。

(三)企业重新录用员工时,应先考虑被裁人员

企业还应该注意,在裁员以后,重新招用人员时,被裁减人员具有优先被录用权。被裁减人员并不是因为个人有违法违纪违规的行为而被解除劳动合同的,是因为用人单位经营出现严重困难等情况服从大局而被解除劳动合同的,因此《劳动合同法》第 41 条中规定,用人单位裁减人员,在 6 个月内重新招用人员的,应当通知被裁减的人员,并在同等条件下优先招用被裁减的人员。这一规定,不但保障了被裁减人员可以享受优先就业权,还可以有效防止用人单位以经济性裁员为借口,随意裁减劳动者。

法条重现

《中华人民共和国劳动合同法》

（2007年6月29日公布　自2008年1月1日起施行　2012年12月28日修正　《修正决定》自2013年7月1日起施行）

第四十一条　有下列情形之一，需要裁减人员二十人以上或者裁减不足二十人但占企业职工总数百分之十以上的，用人单位提前三十日向工会或者全体职工说明情况，听取工会或者职工的意见后，裁减人员方案经向劳动行政部门报告，可以裁减人员：

（一）依照企业破产法规定进行重整的；

（二）生产经营发生严重困难的；

（三）企业转产、重大技术革新或者经营方式调整，经变更劳动合同后，仍需裁减人员的；

（四）其他因劳动合同订立时所依据的客观经济情况发生重大变化，致使劳动合同无法履行的。

裁减人员时，应当优先留用下列人员：

（一）与本单位订立较长期限的固定期限劳动合同的；

（二）与本单位订立无固定期限劳动合同的；

（三）家庭无其他就业人员，有需要扶养的老人或者未成年人的。

用人单位依照本条第一款规定裁减人员，在六个月内重新招用人员的，应当通知被裁减的人员，并在同等条件下优先招用被裁减的人员。

第七单元　解除劳动合同补偿金

☞ 与企业合并相关的解聘补偿金问题

典型现象

因企业合并解聘员工所引发的补偿金争议

我国进入市场经济社会后,企业之间的合并、分立等现象越来越普遍,而用人单位这一劳动合同主体的变化会对劳动关系产生重要影响,可能导致劳动合同的变更或解除,特别是在解除劳动合同补偿金问题上,极易发生劳动争议和纠纷。

案例展示1

马某与A公司签有劳动合同,任项目运营部经理。工作3年后,A公司被B公司收购,同时给出在职员工两种安置方案:一是成为B公司的员工,在不降低职位和薪资的前提下与B公司签订新的劳动合同,新劳动合同的期限不短于原合同期限。二是与A公司解除劳动合同,并根据在A公司的工作年限获得相应的经济补偿金。

马某如果选择与公司解除劳动合同并领取经济补偿金,按照他在A公司的工龄,他可以拿到近3万元。但是,马某考虑自己重新找工作有难度,最终决定还是要工作更为稳妥。于是,他作出的选择是,与B公司签订新劳动合同,继续工作。

马某在B公司工作两年后,马某的所在部门又被并入了C公司。马某又与C公司重新签订了一份3年期的劳动合同,继续在原来的工作地点,从事与以往相同的工作。

2 年后，C 公司因经营亏损严重，按照《劳动合同法》第 41 条规定，实施了经济性裁员，马某被列入了裁员名单。C 公司在履行了裁员的各种法律规定的前置程序后，与马某等一批员工解除了劳动合同。马某对公司解除其劳动合同的决定没有异议。但不能接受仅向其支付 2 个月工资作为解除合同补偿金。

马某认为，本人在 A、B、C 三个公司累计的工作年限是 7 年，C 公司应该支付其 7 个月工资作为解除合同补偿金。可 C 公司却认为，从马某与 C 公司开始签订劳动合同并为 C 公司开始工作时起算，到现在为止，仅有两年的时间，因此 C 公司向其支付 2 个月工资作为补偿是合法的。而马某此前为 A、B 两公司所提供的工作年限应享受的补偿，应该由马某向 A、B 公司索要，而无权向 C 公司索要。

案例展示 2

李某自进入某外商投资企业（X 公司）之日起，一直担任该公司的采购经理，很受 X 公司黄总经理的赏识，公司与其签订了无固定期限劳动合同。前不久，X 公司被国内一家民营企业（Y 公司）吞并成为 Y 公司的一部分。

Y 公司吞并 X 公司后，解聘了原 X 公司的黄总经理和另外两位副总经理。董事会宣布，由原 Y 公司的总经理担任合并后的公司总经理，该总经理上任后，在员工大会上这样说道："我想对从 X 公司合并过来的员工说，尽管你们原来的总经理和副总经理都已离职了，但你们不要有任何的顾虑和担心，每个员工和原 X 公司签署的劳动合同，我们会承接下来继续履行的。每个员工均可在原岗位继续工作，只要大家好好工作，今后工资福利待遇都会和以前保持一致的。"

尽管新总经理这样说，但李某看到一向很赏识自己的 X 总经理和副总经理均已离职了，心里开始嘀咕：要是新总经理不赏识自己怎么办呢？

果然，新总经理的工作风格与原来的黄总很不一样，对李某所管辖的采购部门工作实施了规范的流程化管理，使得李某原有的一些采购决策权分散到了其他下属员工手里，李某过去在公司内受宠的感觉一下子失去了，越来越觉得现在的采购部工作没意思，便向总经理提出，能否给他调换到其他部门做经理？没想到，被总经理一口回绝了。

“不如赶紧也给自己找退路吧”，想到这里，李某便开始在社会上寻找新的工作。很快，一家新单位就给了李某一个录用意向，李某这下心里踏实了。

一天，李某找到新总经理，提出了如下要求：

(1)自己离职；(2)因本人在 X 公司工作了 11 年，故由公司向其支付相当于 11 个月的工资，作为解除劳动合同的经济补偿金。

总经理没有同意李某的要求：“如果是公司解聘你，当然可以给你解除合同补偿金。但现在是你自己要辞职，为什么要让公司给你支付解除合同补偿呢?”

“因为我们原来的 X 公司被你们 Y 公司吞并了。我的劳动合同是与 X 公司签订的，X 公司被你们吞并后，属于我的劳动合同订立时所依据的客观情况发生了重大变化，你们现在的管理方式、管理理念都和以前很不一样，我干不下去了。我提出与公司协商变更我的工作岗位，公司又不同意。没办法，我只能离开公司了。而这种离开公司的原因是公司并购造成的，不是我的责任，因此，公司应该向我支付离职补偿金。”

尽管李某说得振振有词，但总经理仍然不同意向其支付解除合同补偿金。

李某心有不甘，遂向劳动争议仲裁机构提出了申请，要求公司向其支付 11 个月的工资作为解除合同经济补偿金。其法律依据如下：

《劳动合同法》

第四十条　有下列情形之一的，用人单位提前三十日以书面形式通知劳动者本人或者额外支付劳动者一个月工资后，可以解除劳动合同：

……

(三)劳动合同订立时所依据的客观情况发生重大变化，致使劳动合同无法履行，经用人单位与劳动者协商，未能就变更劳动合同内容达成协议的。

第四十六条 有下列情形之一的，用人单位应当向劳动者支付经济补偿：

……

（三）用人单位依照本法第四十条规定解除劳动合同的；

第四十七条 经济补偿按劳动者在本单位工作的年限，每满一年支付一个月工资的标准向劳动者支付。六个月以上不满一年的，按一年计算；不满六个月的，向劳动者支付半个月工资的经济补偿。

追本溯源

与企业合并相关的解聘补偿金争议判例分析

我们将对上述两个案例分别进行分析。

（一）对案例 1 的分析

一般来说，用人单位合并包含两种情况：一种是两个以上的用人单位都不再享有民事权利能力和民事行为能力，合并成为一个新的法人或者其他组织，即新设合并；另一种是一个用人单位不再享有民事权利能力和民事行为能力，其权利义务一并由另一个用人单位承担，即吸收合并。分立是指一个民事主体分解为多个民事主体。

《劳动合同法》第 34 条规定："用人单位发生合并或者分立等情况，原劳动合同继续有效，劳动合同由承继其权利和义务的用人单位继续履行。"

从以上规定可以看出，劳动者与企业建立劳动合同关系后，企业法人的变更（分立或合并）并不意味着与劳动者之间订立的劳动合同同时终止；企业法人发生变更后，其原法人与劳动者在劳动合同中规定的权利义务应当由继承其权利义务的新法人承担。

对于案例 1 中的 B 公司吞并 A 公司，属于法人之间的合并。B 公司成为 A 公司的权利义务承受者，它完全有义务对 A 公司的员工进行安置，有责任承担原劳动合同中规定的义务。因此，尽管 B 公司与马某等选择留下来继续工作的原A公司老员工们重新签订劳动合同，但该新签合同，实质上，只属于对马某等员工与A公司之间原有劳动合同的变更，不能因此就抹杀了马某等员工在A公司的工作年限。换句话说，随着B公司对A公司的吞并，马某等员工在A公司的工作年限则应自动视为B公司的工作年限。

同理，后续随着C公司又对B公司实施的吞并，马某等员工在A公司和B公司的工作年限，均应自动视为C公司的工作年限。因此，C公司在实施经济性裁员，与马某解除劳动合同时，所应向马某支付的补偿金年限不应仅是在C公司工作的2年，还应该包括其在A公司工作的3年和在B公司工作的2年，共计7年。也就是说，正确的做法是：C公司应该支付马某7个月工资，作为解除劳动合同的经济补偿金。

以上是从理论上分析所得出来的结论。另外，从下列国家《劳动合同法实施条例》的规定和最高人民法院的司法解释条款中也能找到相应的法律依据：

《劳动合同法实施条例》第10条规定，“劳动者非因本人原因从原用人单位被安排到新用人单位工作的，劳动者在原用人单位的工作年限合并计算为新用人单位的工作年限。原用人单位已经向劳动者支付经济补偿的，新用人单位在依法解除、终止劳动合同计算支付经济补偿的工作年限时，不再计算劳动者在原用人单位的工作年限。”

《最高人民法院关于审理劳动争议案件适用法律若干问题的解释（四）》第5条规定，“劳动者非因本人原因从原用人单位被安排到新用人单位工作，原用人单位未支付经济补偿，劳动者依照劳动合同法第三十八条规定与新用人单位解除劳动合同，或者新用人单位向劳动者提出解除、终止劳动合同，在计算支付经济补偿或赔偿金的工作年限时，劳动者请求把在原用人单位的工作年限合并计算为新用人单位工作年限的，人民法院应予支持。”

“用人单位符合下列情形之一的，应当认定属于‘劳动者非因本人原因从原用人单位被安排到新用人单位工作’：

（一）劳动者仍在原工作场所、工作岗位工作，劳动合同主体由原用人单位变更为新用人单位；

（二）用人单位以组织委派或任命形式对劳动者进行工作调动；

（三）因用人单位合并、分立等原因导致劳动者工作调动；

（四）用人单位及其关联企业与劳动者轮流订立劳动合同；

（五）其他合理情形。”

（二）对案例2的分析

如前所述，用人单位发生合并后，根据法律规定，原劳动合同继续有效，劳动合同由承继其权利和义务的用人单位继续履行。案例2中的Y公司将X公司合并后，应由Y公司继续与李某等原X公司的员工履行原劳动合同。如果企业合并后的客观情况发生重大变化导致原劳动合同不能履行的，企业应与职工依法协商变更劳动合同，变更协商达不成一致的，企业可以依据《劳动合同法》第40条第3项中关于“劳动合同订立时所依据的客观情况发生重大变化，致使劳动合同无法履行，经用人单位与劳动者协商，未能就变更劳动合同内容达成协议的，用人单位可提前三十日以书面形式通知劳动者，解除劳动合同”的规定，解除劳动合同并支付解除补偿金。但事实上，案例2中的X公司被Y公司吞并后，每个员工均还在原岗位继续工作，工资福利待遇也没有任何变化，公司也无意与任何员工解除劳动合同，在此情况下，李某提出要与公司解除劳动合同是不应该享受经济补偿金的。李某试图依据上述《劳动合同法》第40条第3项的规定，解除合同并索要补偿金的想法，是徒劳的，不可能得到劳动仲裁庭的支持。理由很简单，上述《劳动合同法》第40条第3项规定是法律赋予企业可以行使的单方解除合同权，法律并没有赋予员工该项权利。换句话说，员工无权依据《劳动合同法》第40条第3项规定，单方解除劳动合同。

综上所述，案例2中的李某要想通过辞职与公司解除劳动合同，需按《劳动合同法》第37条规定，提前30日书面通知公司，且无权向公司索要任何解除合同补偿金。

☆ 专家锦囊

企业合并、分立时如何正确解聘富余员工?

从理论上讲,在企业发生合并、分立时,劳动关系承继是我国现行《劳动合同法》确立的基本处理模式。也就是说,原劳动合同继续有效,只是用人单位这一劳动合同主体发生变化,而劳动合同所确立的期限、岗位、工资等其他各方面的内容均不发生变化。

不过,上述理论上所讲的状态,现实中很难达到。在企业合并分立、兼并收购的过程,许多合并分立后的用人单位出于种种原因,或多或少地总会有些变化。不少企业在合并后,往往希望减掉部分员工,其中最常用的手段就是与员工协商解除劳动合同,对于协商达不成一致的员工,可能会采用下列《劳动合同法》中关于"客观情况重大变化"的条款解除。

《劳动合同法》第 40 条第 3 项规定,劳动合同订立时所依据的客观情况发生重大变化,致使劳动合同无法履行,经用人单位与劳动者协商,未能就变更劳动合同内容达成协议的,用人单位可提前 30 日以书面形式通知劳动者,解除劳动合同。

从上述规定可以看出,以客观情况发生重大变化为依据解除劳动合同,需要同时满足以下条件:(1)劳动合同订立时所依据的客观情况发生重大变化。这里所要求发生的变化必须是基于客观情况,而不能基于主观或人为因素;变化的程度也必须非常重大,而非细小或一般的变化。对于何谓"客观情况发生重大变化",《劳动法》和《劳动合同法》均未规定,《劳动部关于〈中华人民共和国劳动法〉若干条文的说明》第 26 条规定:"本条中的客观情况指:发生不可抗力或出现致使劳动合同全部或部分条款无法履行的其他情况,如企业迁移、被兼并、企业资产转移等,并且排除本法第 27 条所列的客观情况。"(2)致使劳动合同无法履行。这一个条件非常重要,并不是所有"客观情况发生重大变化"都可以导致劳动合同解除,还必须严重到劳动合同无法履行的程度。如公司合并分立后,企业转产导致一些职能部门已经不再需要，员工的工作岗位不复存在，那么此时就可能导致劳动合同无法履行。(3)当劳动合同无法履行时，双方必须就不能履行的合同条款进行协商变更。(4)如果用人单位和劳动者对于变更劳动合同内容达成协议，也就不存在解除劳动合同的必要，只有当双方未能就变更劳动合同内容达成协议时，才可以依据法律规定进行解除。同时依法向员工支付解除劳动合同经济补偿金，经济补偿金的标准如下：

(1)经济补偿按劳动者在本单位工作的年限，每满一年支付一个月工资的标准向劳动者支付。六个月以上不满一年的，按一年计算；不满六个月的，向劳动者支付半个月工资的经济补偿。

(2)劳动者月工资高于用人单位所在直辖市、设区的市级人民政府公布的本地区上年度职工月平均工资三倍的，向其支付经济补偿的标准按职工月平均工资三倍的数额支付，向其支付经济补偿的年限最高不超过十二年。(注：若劳动者收入没有高于本条规定的三倍，则补偿年限不受最高十二年的限制)

(3)以上所称月工资，是指劳动者在劳动合同解除或者终止前十二个月的平均工资。

法条重现

《中华人民共和国劳动合同法》

(2007年6月29日公布　自2008年1月1日起施行　2012年12月28日修正　《修正决定》自2013年7月1日起施行)

第三十四条　用人单位发生合并或者分立等情况，原劳动合同继续有效，劳动合同由承继其权利和义务的用人单位继续履行。

第四十条　有下列情形之一的，用人单位提前三十日以书面形式通知劳动者本人或者额外支付劳动者一个月工资后，可以解除劳动合同：

(一)劳动者患病或者非因工负伤，在规定的医疗期满后不能从事原工作，也不能从事由用人单位另行安排的工作的；

(二)劳动者不能胜任工作，经过培训或者调整工作岗位，仍不能胜任工作的；

(三)劳动合同订立时所依据的客观情况发生重大变化,致使劳动合同无法履行,经用人单位与劳动者协商,未能就变更劳动合同内容达成协议的。

第四十六条 有下列情形之一的,用人单位应当向劳动者支付经济补偿:

(一)劳动者依照本法第三十八条规定解除劳动合同的;

(二)用人单位依照本法第三十六条规定向劳动者提出解除劳动合同并与劳动者协商一致解除劳动合同的;

(三)用人单位依照本法第四十条规定解除劳动合同的;

(四)用人单位依照本法第四十一条第一款规定解除劳动合同的;

(五)除用人单位维持或者提高劳动合同约定条件续订劳动合同,劳动者不同意续订的情形外,依照本法第四十四条第一项规定终止固定期限劳动合同的;

(六)依照本法第四十四条第四项、第五项规定终止劳动合同的;

(七)法律、行政法规规定的其他情形。

第四十七条 经济补偿按劳动者在本单位工作的年限,每满一年支付一个月工资的标准向劳动者支付。六个月以上不满一年的,按一年计算;不满六个月的,向劳动者支付半个月工资的经济补偿。

劳动者月工资高于用人单位所在直辖市、设区的市级人民政府公布的本地区上年度职工月平均工资三倍的,向其支付经济补偿的标准按职工月平均工资三倍的数额支付,向其支付经济补偿的年限最高不超过十二年。

本条所称月工资是指劳动者在劳动合同解除或者终止前十二个月的平均工资。

《中华人民共和国劳动合同法实施条例》

(2008 年 9 月 18 日国务院令第 535 号发布 自公布之日起施行)

第十条 劳动者非因本人原因从原用人单位被安排到新用人单位工作的,劳动者在原用人单位的工作年限合并计算为新用人单位的工作年限。原用人单位已经向劳动者支付经济补偿的,新用人单位在依法解除、终止劳动合同计算支付经济补偿的工作年限时，不再计算劳动者在原用人单位的工作年限。

《最高人民法院关于审理劳动争议案件适用法律若干问题的解释(四)》

(2013年1月18日 法释〔2013〕4号发布 自2013年2月1日起施行)

第五条 劳动者非因本人原因从原用人单位被安排到新用人单位工作，原用人单位未支付经济补偿，劳动者依照劳动合同法第三十八条规定与新用人单位解除劳动合同，或者新用人单位向劳动者提出解除、终止劳动合同，在计算支付经济补偿或赔偿金的工作年限时，劳动者请求把在原用人单位的工作年限合并计算为新用人单位工作年限的，人民法院应予支持。

用人单位符合下列情形之一的，应当认定属于“劳动者非因本人原因从原用人单位被安排到新用人单位工作”：

(一)劳动者仍在原工作场所、工作岗位工作，劳动合同主体由原用人单位变更为新用人单位；

(二)用人单位以组织委派或任命形式对劳动者进行工作调动；

(三)因用人单位合并、分立等原因导致劳动者工作调动；

(四)用人单位及其关联企业与劳动者轮流订立劳动合同；

(五)其他合理情形。

国家劳动部《关于〈中华人民共和国劳动法〉若干条文的说明》

(1994年9月5日 劳办发〔1994〕289号)

第二十六条 有下列情形之一的，用人单位可以解除劳动合同，但是应当提前三十日以书面形式通知劳动者本人：

(一)劳动者患病或者非因工负伤，医疗期满后，不能从事原工作也不能从事由用人单位另行安排的工作的；

(二)劳动者不能胜任工作，经过培训或者调整工作岗位，仍不能胜任工作的；

(三)劳动合同订立时所依据的客观情况发生重大变化，致使原劳动合同无法履行，经当事人协商不能就变更劳动合同达成协议的。

本条第(一)项指劳动者医疗期满后，不能从事原工作的，由原用人单位另行安排适当的工作之后，仍不能从事另行安排的工作的，可以解除劳动合同。

本条第(二)项中的“不能胜任工作”，是指不能按要求完成劳动合同中约定的任务或者同工种、同岗位人员的工作量。用人单位不得故意提高定额标准，使劳动者无法完成。

本条中的“客观情况”指：发生不可抗力或出现致使劳动合同全部或部分条款无法履行的其他情况，如企业迁移、被兼并、企业资产转移等，并且排除本法第二十七条所列的客观情况。

☞ 约定的解聘补偿可否与法定标准不一致?

典型现象

协商解除劳动合同时，双方约定的补偿金
往往会与法定标准不一致

尽管我国法律对于解除劳动合同的经济补偿金规定了具体支付标准，但在用人单位与劳动者协商一致解除劳动合同的情况下，双方经常还会对解除合同补偿金的支付标准进行协商，协商后落实到协议上的补偿金额，有时可能是高于法定标准的，有时也可能是低于法定标准的。对于高于法定标准的，用人单位支付后，劳动者一般不会反悔；但对于低于法定标准的，用人单位支付后，劳动者有时就会反悔，甚至诉至劳动仲裁。

案例展示

某中外合资企业成立之初，由于规模不大，公司就设在了某城市的市中心，一个面积不大的院落里。但是随着生产经营规模的逐渐扩大，公司的生产经营场地明显不足，特别是狭小的生产车间已无法满足大规模生产的需要，于是，总经理作出决定：在远郊县盖一个很大的厂房，把生产车间迁往那里。

姜某是该公司生产车间负责技术的一位工程师,一听说生产车间要搬到很远的县里去,便找到了总经理:"总经理,生产车间将来搬得那么远,让我们怎么上班呀?"

"公司会设专门的班车接送你们上、下班。另外,公司准备再给你们发些郊区补贴。"总经理回答。

"万一在上班时,家里有急事儿需要回来怎么办?我可不愿随着生产车间到远郊县去上班。经理,您把我调到别的部门工作吧,省得我上班得跑那么远的路了。"

"那可不行,要是我同意你的要求,你们车间里别的员工都来跟你攀比,我可怎么办?"

"可是,劳动合同中规定的工作地点是这里,而不是远郊县。"

"要是这么说的话,那你的劳动合同中规定的工作岗位就是生产车间,凭什么还想往别的部门调呢?再说,《员工守则》上有规定,员工必须服从公司的领导。我作为总经理作出的决定,你就得服从。"

姜某看到跟总经理越说越话不投机,便转身离去了。

第二天,公司人事经理在总经理的授意下,与姜某进一步沟通:"既然你们车间搬迁到县里,你不愿意去,那公司就只能与你解除劳动合同了。"

"解除合同可以,只要公司向我支付解除补偿金就行!"姜某显然也是有思想准备的,"我在公司工作9年了,按照法律规定,公司需付我9个月工资作为补偿。"

"其实,公司根本没想与您解除合同,恰恰相反,公司还非常希望留住您这样有经验的工程师。今天之所以提到了解除劳动合同,主要是您不愿意前往搬迁后的车间工作,公司迫不得已,并且也是想把这件事儿妥善解决好,才跟您商量的。"人事经理耐心地向姜某解释,"凭良心说,导致劳动合同解除,不能说都是公司的责任,您也有责任,我认为,我们双方各有一半责任,既不能全怪公司,也不能全怪您。您认同我这个说法吗?"

人事经理见姜某默默地点了点头,继续说道:"那您看这样是不是公平,公司付您一半解除补偿金,4.5 个月工资。我知道您也是个通情达理的人,您要是同意的话,我请示一下总经理,只要总经理同意这个方案,公司就可以给您签个协议。”

姜某听了人事经理一席话,认为比较在理,便同意了。

几天后,公司与姜某共同签署了《劳动合同解除协议书》,其中,双方约定的解除合同补偿金是法定标准的一半(即 4.5 个月工资)。协议签完,姜某办理了工作交接后就离职了。

几个月后,姜某因一直没找到新工作,从公司领取的补偿金也全部花完了,后续的生活来源没有着落,故向劳动争议仲裁委员会提出了仲裁申请,要求公司补足当初应按法定标准向其支付的解除合同补偿金差额 4.5 个月工资。

公司向仲裁庭答辩道:在公司与姜某签署的《劳动合同解除协议书》中明确约定,乙方(指姜某)同意甲方(指公司)向其支付解除劳动合同补偿金共计 4.5 个月工资。该协议是经双方当事人平等自愿,协商一致的基础上签订的,并且早已履行完毕。现在姜某反悔,试图单方推翻双方签署的协议,这种行为有悖诚实信用原则。建议仲裁庭予以驳回。

追本溯源

司法界可能会怎样处理,约定补偿与法定标准不一致所引发的争议案件?

在《劳动合同法》的立法过程中,关于经济补偿金性质的不同看法都曾出现过讨论,最终形成的观点是,经济补偿是国家要求用人单位承担的一种社会责任,在我国失业保险制度建立健全的过程中,经济补偿可以有效缓解失业者的焦虑情绪和生活实际困难,维护社会稳定,形成社会互助的良好氛围。经济补偿不同于经济赔偿,不是一种惩罚手段。

我国《劳动合同法》中规定,经济补偿按劳动者在本单位工作的年限,每满 1 年支付 1 个月工资的标准向劳动者支付。6 个月以上不满

1 年的，按 1 年计算；不满 6 个月的，向劳动者支付半个月工资的经济补偿。

由此可见，向劳动者的支付经济补偿金额，在我国是有法定标准的。但在现实操作中，由于各种各样的原因，导致用人单位和劳动者在解除劳动合同时，通过协商后约定了高于或低于上述法定标准的经济补偿金额，正如上述案例中的情形。在发生争议后，由于我国目前的仲裁和司法实践中，不同地区的法官或仲裁员有着完全不同的观点，因此裁决或判决结果并不统一。下面结合上述案例分析一下比较常见的几种观点。

1. 观点一认为：如果在劳动者自愿的前提下，约定经济补偿金的标准低于国家规定的标准，则也应当允许。案例中的双方就经济补偿数额进行了约定，该约定可以认定是姜某在劳动关系被解除后放弃部分经济补偿的权利。理由是：从本案劳动关系的解除原因及过程来看，公司并未"强制"姜某接受低于法律规定数额的经济补偿金，而作为劳动者的姜某也明知我国劳动合同法及其相关规定对解除劳动关系经济补偿金的给付条件与数额所作的规定（即姜某在双方协商解除劳动关系时对自己可能取得的权利范围很清楚），但姜某还是认同了协议约定的 4.5 个月工资补偿数额。由此看出，双方上述协议体现了双方的意思自治，该意思自治的结果应当得到法律的尊重，姜某事后无正当理由反悔的，不应得到支持。综上，此案应驳回姜某的申诉请求。

2. 观点二认为：用人单位提出并与劳动者协商解除合同时，应当向劳动者明示法定的支付经济补偿金的标准，或者在劳动者知道国家规定标准的情况下进行协商，法定的经济补偿金的标准是最低标准，双方协商后约定的经济补偿金标准高于法定的为有效，低于法定的为无效。例如，北京市高级人民法院北京市劳动和社会保障局《关于劳动争议案件法律适用问题研讨会会议纪要》中规定：用人单位与劳动者就经济补偿金的给付标准自行达成的协议，如约定的给付标准低于法定标准，劳动者领取后，又在仲裁时效内主张权利，要求用人单位补足差额部分,应予以支持。但如果用人单位在协议中已明确告知劳动者相关法律或政策规定的标准,劳动者明确表示放弃权利,对其主张则不应予以支持。

如果按这种观点来处理上述案例的话,就会得出公司败诉的结论。理由是:姜某与公司在协议中约定的经济补偿金低于法律规定的数额,且公司也没有在协议中明确告知其法定标准,加之姜某又没有明确表示放弃权利。

3. 观点三认为:双方关于当事人解除劳动合同后由用人单位支付劳动者补偿金的约定,从性质上讲,即为《劳动合同法》规定的经济补偿金,其标准必须按照法定标准确定。故双方约定标准与法定经济补偿金标准不同的,无论是低于法定标准,还是高于法定标准,均应认定无效。例如,深圳市中级人民法院《关于审理劳动争议案件若干问题的指导意见》中规定,双方约定解除劳动合同后,由用人单位支付给劳动者的补偿金或违约金标准与法定经济补偿金标准不同的,均应认定无效。

很显然,如果按这种观点来处理上述案例的话,公司肯定败诉,必须另行补足应按法定标准向姜某支付的解除合同补偿金差额 4.5 个月工资。

☆ ‖ 专家锦囊

根据当地司法机关所持观点,
正确与员工约定解除合同补偿金

解除劳动合同协议书对经济补偿金的约定,首先是依照法定标准,其次是依据实际情况约定。依照法定标准支付的,一般不会出现劳动者反悔的问题;只有未依照法定标准或法律规定不明确而依据实际情况约定的,才会发生劳动者反悔的情况。劳动争议仲裁委员会或人民法院对这种情况进行处理时,由于有上述三种不同观点,则不同地区的仲裁或法院所给出的裁判结果,就可以很不相同。

因此,用人单位一定要熟悉本地区的仲裁机构和法院持哪种观

点，如前所述，在当前的司法环境中，各地对经济补偿金问题的认识和理解各不相同，相同个案可能在不同的地区会有不同的处理原则或有不同的处理结果，所以，用人单位务必要了解本地区司法机关对此问题持哪种观点后，在与员工签署的协议中，选择当地司法机关认可的条款表述方式，从而避免协议履行后，劳动者反悔还能胜诉的被动局面出现。

综上所述，在订立解除劳动合同协议书时，无论如何，都应当根据平等自愿、协商一致、符合法律规定，以及公平合理、诚实信用的原则，尽量将双方的权利和义务约定的缜密而完善，以免后患。

法条重现

《中华人民共和国劳动合同法》

（2007年6月29日公布 自2008年1月1日起施行 2012年12月28日修正 《修正决定》自2013年7月1日起施行）

第四十六条 有下列情形之一的，用人单位应当向劳动者支付经济补偿：

（一）劳动者依照本法第三十八条规定解除劳动合同的；

（二）用人单位依照本法第三十六条规定向劳动者提出解除劳动合同并与劳动者协商一致解除劳动合同的；

（三）用人单位依照本法第四十条规定解除劳动合同的；

（四）用人单位依照本法第四十一条第一款规定解除劳动合同的；

（五）除用人单位维持或者提高劳动合同约定条件续订劳动合同，劳动者不同意续订的情形外，依照本法第四十四条第一项规定终止固定期限劳动合同的；

（六）依照本法第四十四条第四项、第五项规定终止劳动合同的；

（七）法律、行政法规规定的其他情形。

第四十七条 经济补偿按劳动者在本单位工作的年限，每满一年支付一个月工资的标准向劳动者支付。六个月以上不满一年的，按一年计算；不满六个月的，向劳动者支付半个月工资的经济补偿。

劳动者月工资高于用人单位所在直辖市、设区的市级人民政府公布的本地区上年度职工月平均工资三倍的，向其支付经济补偿的标准按职工月平均工资三倍的数额支付，向其支付经济补偿的年限最高不超过十二年。

本条所称月工资是指劳动者在劳动合同解除或者终止前十二个月的平均工资。

北京市劳动和社会保障局、北京市高级人民法院《关于劳动争议案件法律适用问题研讨会会议纪要》

（2009 年 8 月 17 日）

30. 用人单位与劳动者就经济补偿金的给付标准自行达成的协议，如约定的给付标准低于法定标准，劳动者领取后，又在仲裁时效内主张权利，要求用人单位补足差额部分，应予以支持。但如果用人单位在协议中已明确告知劳动者相关法律或政策规定的标准，劳动者明确表示放弃权利，对其主张则不应予以支持。

深圳市中级人民法院《关于审理劳动争议案件若干问题的指导意见》（试行）

（2009 年 4 月 15 日）

88. 双方约定解除劳动合同后，由用人单位支付给劳动者的补偿金或违约金标准与法定经济补偿金标准不同的，均应认定无效。

第八单元　劳务派遣

☞ 为何《劳动合同法》修订完全聚焦在劳务派遣？

典型现象

劳务派遣被滥用的种种现象

中国的劳务派遣起步晚，发展快，人数多，在满足用人单位灵活用工、促进就业方面起到一定的积极作用。但与此同时，劳务派遣也被许多社会人士，诸如劳动者、工会干部、人大代表等诟病，早在全国人大常委会《关于修改〈中华人民共和国劳动合同法〉的决定》出台之前的几年时间里，陆续有人大代表指出，劳务派遣正在逐渐异化为一些用人单位降低用工成本、逃避法律责任的手段，为劳动关系的不和谐埋下了隐患，导致争议案件，尤其是集体争议案件大量增加。

案例展示

阿玉是深圳一家银行信用卡营销中心的初审职员，主要工作是对日常初审信用卡时发现有疑点的申请件风险排查、负责信用卡申请件的预审核工作等。虽然年纪不大，但她已被派遣到几个银行工作过，对于派遣员工的辛酸，她深有感触。

“我本来可以去内地银行做正式员工，为了有更多更好的发展机会，选择来到深圳，没想到反而成为派遣员工。”回忆起自己当初的选择，阿玉有点哭笑不得。

前几年，她大学毕业时，原本可以去当地的邮政储蓄银行成为正式员工。后来，一家股份制银行深圳分行前往学校招人，她觉得深圳更有前途，就放弃正式工，选择了来深圳。“现在，我对当初的选择有些后悔。”

对于刚来深圳的辛苦，阿玉记忆犹深，“当时我们还没毕业，就过来这家银行实习培训。”最初 4 个月的实习培训，每天不停地忙碌，到手的仅有 1800 元工资，没有社保和医保等，理由是毕业证没有拿到之前不能签订劳务合同。“收入有限，大家租的房子比较便宜，没有空调。”忙碌的生活，加上艰苦的条件，同来的 48 个同学当中，陆陆续续走了一大半。

好不容易熬到实习结束可以签合同了，阿玉发现签约单位不是银行，而是一家劳务派遣公司，她作为派遣员工派到银行信贷部工作，工资、社保也是派遣公司发放和购买。“去年辞职时我才发现，这家人力资源公司与银行都属于一个集团。”

阿玉说，劳务派遣工和正式员工各方面差别挺大。“首先是工资，信贷部最低级别的正式员工，工资每个月在 7000 元左右，还不包括绩效和年终奖，还有房补交通等补贴，而我们的收入比他们低很多，每个月仅有 4000 元左右。”说到工资和待遇上的区别时，阿玉长长地叹了一口气。

“最让人气愤的是，正式工可以午休，而我们连午休也不准，公司给的答复是岗位性质不同。”阿玉说，派遣工每年有七八个月的时间都在加班，而正式工的加班时间就比派遣员工少了很多。“派遣员工不仅收入低，而且非常忙，连恋爱的时间都没有。我们简直就是当代的包身工！”

阿玉发现，派遣工在公司占的比例很大，信贷部门共有千余名员工，仅有 300 人左右是正式员工。客服部更甚，1000 多员工中仅有领导是正式员工，其他全是派遣员工。

忙忙碌碌度过两年半，阿玉发现个人上升空间实在太小，加上工作过于劳累，阿玉选择了跳槽。正好一家劳务派遣公司在招聘另一家银行的派遣员工，应聘成功后，阿玉成为这家异地城市商业银行深圳信用卡营销中心一名初审职员。和在原来那家银行工作一样，阿玉的工资等也由劳务派遣公司发放，这家银行的深圳信用卡营销中心员工共有50多个人,仅有老总一人是正式员工,其他的员工都是派遣工。“正式员工最低级别的年薪也有8万元。”而阿玉他们到手的工资,一年和正式员工相差三四万,还不算年终奖的差别。

“其实我们要求不高,工作苦点累点也不要紧,只希望公司能对正式工和派遣工一视同仁,不要有歧视和分别。增加一些上升的通道与空间,让大家可以看到未来的希望。”对于有过两家银行派遣经历的阿玉来说,这点小小的愿望不知何时能够实现?

《2011中国人力资源服务业白皮书》中的数据显示,中国符合法律规定的劳务派遣工在1000万人左右,官方的统计则显示,我国现有劳务派遣用工总数为2700万人,而非官方调查则认为这一数字要超过6000万人。尽管数字在“打架”,但劳务派遣工的数量庞大却不容置疑。上海公布的数据显示,截止到2011年10月,上海劳务派遣工的数量达132万人。

上海市总工会2011年1月提供的调查报告,详细说明了劳务派遣用工已经泛滥到了何种程度:2003年劳务派遣工占企业全部用工人数的28.3%,2006年上升至33.8%,2007年达到38.3%,2008年年初达39.7%,2009年和2010年两年仍呈快速上升趋势。从行业类型来看,制造业比例最高,占43.6%;从所有制类型来看,国有企业最高,占47.2%,个别企业甚至高达90%。

劳务派遣用工的行业分布广,几乎遍布各行各业,且岗位门类齐全。甚至在一些党政机关和事业单位,也大批量使用名为“人才派遣”的劳务派遣工。来自人力资源和社会保障部的统计,劳务派遣工主要集中在通信、石油石化、电力、铁路、银行等行业。仅21家央企使用派遣工就达120余万人,约占其用工总量的17%,不少大型央企派遣工占企业用工总量的一半以上。而在西方主要国家,劳务派遣的用工比例一般不会超过5%。

追本溯源

劳务派遣的起源及在中国的畸形发展

劳务派遣是指用人单位即劳务派遣单位与用工单位签订派遣协议,在得到被派遣劳动者同意后,使其在用工单位的指挥监督下提供劳动的用工方式,其显著的特点是雇人不用人,用人不雇人,亦称有关系没劳动,有劳动没关系。

(一)劳务派遣的起源

劳务派遣是从国外传入中国的一个舶来品,最早源于哪一个国家,一般有两种说法。有的说劳务派遣起源于1920年美国的Samuel Workman开创的租赁支援服务。他雇用了一批已婚妇女,在夜间处理盘点工作,稍后又训练妇女操作计算器,满足企业当时的临时或短期用工需求。欧洲法院大法官(Generalanwalt)Alain Dutheillet de Lamothe持另一种看法,认为派遣机构起源于英国。但是,不论其源于哪一个国家,劳务派遣广受关注始于20世纪六七十年代,迄今已有50多年的历史。现在,相当多国家,或多或少都存在劳务派遣用工形式。比如,美国劳务派遣工占总受雇就业人口的比例为0.9%、日本为3.4%、英国为2.6%、德国为1.2%、法国为2.1%、荷兰为2.5%。劳务派遣占就业人口的比例都不高,一般都不超过3%,是种非主流、灵活的就业方式。

(二)我国劳务派遣的发展状况

我国出现劳务派遣主要是在20世纪70年代末,当时,由于一些来华投资的外国企业或者在华常驻代表机构的组织在中国没有取得法人资格,不享有在中国招聘员工的权利,为了解决这一问题,对外服务公司应运而生。对外服务公司先在中国境内招聘员工并与其订立劳动合同,然后将招聘的员工派往上述企业或者组织。在改革开放后的几十年里,劳务派遣企业大量出现,劳务派遣这一用工方式在我国得到了飞速的发展。

用工单位使用劳务派遣案的原因是多方面的,主要表现为:一是将劳务派遣作为规避无固定期限合同与纠正用工机制的手段。二是应对工资总额与编制控制的变通措施。三是降低人工成本,包括工资和社保缴费派遣工都与直接用工有差别。四是一些上市公司为了人为提高人均生产率,通过使用派遣工,将分母做小,提高人均生产率,美化了公司业绩,增强企业的融资能力。五是一些上市公司和大型外资企业出于企业树立“良好”对外形象需要,避免频繁解雇员工,以及发生劳动争议产生的负面影响。六是获取专业化服务、减少事务性工作。

总之,中国企业使用劳务派遣有着复杂的原因,既有与国外相同状况的一面,亦有中国特殊的另一面;既有正常需求,亦有不合理需求;既有理性的需求,亦有盲目的“跟风”和对无固定期劳动合同的惧怕的因素;既有规避法律的趋向,亦有中国外部制度体制环境不完善的无奈。

2008 年《劳动合同法》实施后,我国劳务派遣工数量激增。全国人大常委两次专题调研,都把劳务派遣作为执法检查的重点。检查组在调查中发现,劳务派遣在部分单位中存在被滥用的问题,一些用工单位在主营业务岗位上长期使用劳务派遣人员,劳动派遣人员同工不同酬、损害派遣工合法权益等问题比较突出。

正如案例中阿玉所遭遇的那样:干一样的活,甚至干活更多更累,承担责任更大,对企业贡献更多,却拿不一样的工资和短斤缺两的奖金及福利,这是劳务派遣工与正式合同工的本质差别,亦是各类用人单位滥用劳务派遣工已到肆无忌惮的关键所在。

2008 年 1 月 1 日《劳动合同法》的实施,本系加大保护劳动者权益的一个进步;但在上有政策(法律)、下有对策的现实国情下,大范围滥用劳务派遣工成为众多国企、事业单位甚至机关部门恶意降低用工成本、规避自身责任的旁门左道。而各地劳动执法的软弱与形式主义盛行,又间接助长乃至放纵劳务派遣工的滥用。全国劳务派遣工的数量,至今不得而知。被官方媒体引用的数据有 2008 年 2000 余万人和 2009 年 2700 万人两个版本。网上更有总量破 6000 万人一说,该数据固然未必可信,但劳动派遣工数量之惊人、问题之严重恐怕亦是不争的事实。

有鉴于此,2012 年 12 月 28 日,第十一届全国人大常委会第三十次会议通过了《关于修改〈中华人民共和国劳动合同法〉的决定》,对劳务派遣作了新的法律规定。该决定于 2013 年 7 月 1 日起施行。

☆ ‖ 专家锦囊

法律对劳务派遣规定作了哪几个方面的修改?

2012 年 12 月 28 日全国人大常委会第三十次会议通过的《关于修改〈中华人民共和国劳动合同法〉的决定》,内容主要涉及四个方面:

一是针对劳务派遣单位过多过滥,经营不规范问题,提高了经营劳务派遣业务单位的准入"门槛",将注册资本金由 50 万元提高到 200 万元,要求其必须具有固定经营场所及设施,有符合法律规定的管理制度,并且必须取得行政许可。

二是针对被派遣劳动者反映最强烈的同工同酬问题,进一步强调了被派遣劳动者与本单位同类岗位的劳动者的同工同酬权利,规定"用工单位应当按照同工同酬原则,对被派遣劳动者与本单位同类岗位的劳动者实行相同的劳动报酬分配办法",从法律制度上保障被派遣劳动者同工同酬权利得以落实。

三是针对一些行业、企业长期在主营业务、一线岗位大规模使用劳务派遣工问题,这次《劳动合同法》修改对劳务派遣用工进行了严格限制,由现行法律规定的"一般"在临时性、辅助性或者替代性的工作岗位上实施修改为"只能"在这"三性"岗位上实施,并对"三性"岗位作了明确界定。同时增加条款规定,用工单位应当严格控制劳务派遣用工数量,不得超过其用工总量的一定比例。

四是为增强法律约束力,加重了对相应违法行为的处罚。作出这种修改的目的,就是要更进一步地体现《劳动合同法》立法本意,使劳务派遣回归其作为劳动用工补充形式的定位,把派遣用工数量控制在合理范围内。

对于广大的用工单位来说,《关于修改〈中华人民共和国劳动合同法〉的决定》中的新规定所带来的是,劳务派遣用工的大变革。建议已使用了派遣员工的用工单位要对本单位原有派遣用工进行全面梳理及回顾,并对照新规定作出相应的用工调整。

法条重现

全国人民代表大会常务委员会《关于修改〈中华人民共和国劳动合同法〉的决定》

(2012年12月28日公布　自2013年7月1日起施行)

第十一届全国人民代表大会常务委员会第三十次会议决定对《中华人民共和国劳动合同法》作如下修改:

一、将第五十七条修改为:"经营劳务派遣业务应当具备下列条件:

"(一)注册资本不得少于人民币二百万元;

"(二)有与开展业务相适应的固定的经营场所和设施;

"(三)有符合法律、行政法规规定的劳务派遣管理制度;

"(四)法律、行政法规规定的其他条件。

"经营劳务派遣业务,应当向劳动行政部门依法申请行政许可;经许可的,依法办理相应的公司登记。未经许可,任何单位和个人不得经营劳务派遣业务。"

二、将第六十三条修改为:"被派遣劳动者享有与用工单位的劳动者同工同酬的权利。用工单位应当按照同工同酬原则,对被派遣劳动者与本单位同类岗位的劳动者实行相同的劳动报酬分配办法。用工单位无同类岗位劳动者的,参照用工单位所在地相同或者相近岗位劳动者的劳动报酬确定。

"劳务派遣单位与被派遣劳动者订立的劳动合同和与用工单位订立的劳务派遣协议,载明或者约定的向被派遣劳动者支付的劳动报酬应当符合前款规定。"

三、将第六十六条修改为:"劳动合同用工是我国的企业基本用工形式。劳务派遣用工是补充形式，只能在临时性、辅助性或者替代性的工作岗位上实施。

“前款规定的临时性工作岗位是指存续时间不超过六个月的岗位；辅助性工作岗位是指为主营业务岗位提供服务的非主营业务岗位；替代性工作岗位是指用工单位的劳动者因脱产学习、休假等原因无法工作的一定期间内，可以由其他劳动者替代工作的岗位。

“用工单位应当严格控制劳务派遣用工数量，不得超过其用工总量的一定比例，具体比例由国务院劳动行政部门规定。”

四、将第九十二条修改为：“违反本法规定，未经许可，擅自经营劳务派遣业务的，由劳动行政部门责令停止违法行为，没收违法所得，并处违法所得一倍以上五倍以下的罚款；没有违法所得的，可以处五万元以下的罚款。

“劳务派遣单位、用工单位违反本法有关劳务派遣规定的，由劳动行政部门责令限期改正；逾期不改正的，以每人五千元以上一万元以下的标准处以罚款，对劳务派遣单位，吊销其劳务派遣业务经营许可证。用工单位给被派遣劳动者造成损害的，劳务派遣单位与用工单位承担连带赔偿责任。”

本决定自 2013 年 7 月 1 日起施行。

☞ 怎样甄选合法的劳务派遣机构？

典型现象

使用没有资质的劳务派遣公司，
会给用工单位带来多大危害？

用工单位在符合法律规定的岗位上通过劳务派遣用工，可以节省用工单位的管理成本，提高用工单位的用工灵活性。但在选择与之合作的劳务派遣公司时，面对社会上多如牛毛的劳务派遣公司，用工单位一定要擦亮双眼，谨慎仔细地甄选出具有合法资质且真正能满足本单位要求的,合格劳务派遣公司。

案例展示

某服装厂与当地一家劳务派遣公司签订《劳务派遣合作协议书》(以下简称“派遣协议书”),约定由劳务派遣公司常年派遣符合服装厂用工条件的员工,派遣员工每月的工资和社保费先由服装厂支付给派遣公司,派遣公司再转给派遣员工,服装厂按派遣员工人数每月另付派遣公司每人60元服务费。

娄某就是与派遣公司签订劳动合同后被派到服装厂工作的人员之一。娄某与劳务派遣公司签订的劳动合同中约定:(1)由劳务派遣公司派遣娄某服装厂工作;(2)合同期限为两年;(3)工作岗位为送货司机(驾驶员);(4)劳动报酬每月2800元……该劳动合同签订后,娄某便来到服装厂,接受服装厂的管理和工作安排。

一个刚下过雪的上午,娄某驾驶着送货车,从服装厂出来行使在前往某企业客户的路上,行车途中因雪天路滑,与旁边行驶的一辆摩托车发生了剐蹭,骑摩托人衣服被刮破,脚部被刮伤。娄某见状赶紧停车,并从车上下来,还没来得及道歉,头部就被冲上来的骑摩托人击中了一拳。随后,双方展开了争吵、谩骂,直至扭打在一起。在争执中,骑摩托人恼羞成怒,回身从车上拿出一把尖刀,刺中了娄某胸部和腹部,被送到医院经抢救治疗无效,娄某于当日死亡。

此后,经当地劳动行政部门认定,娄某的死亡为工伤死亡(简称工亡)。但当娄某妻子拿着工伤证找到劳务派遣公司,要求给予其娄某工亡的工伤保险待遇时,劳务派遣公司却告知娄某妻子,该公司从来没有给任何一个员工缴纳过工伤保险,并称,娄某是在为服装厂工作期间导致的工亡,因此建议娄某妻子向服装厂主张工伤赔偿。

服装厂从娄某妻子嘴里得知劳务派遣公司没有给员工缴纳工伤保险的消息后,很是意外,“我们每个月都向劳务派遣公司给付员工社会保险费呀?他们怎么会没给员工缴纳呢?”服装厂的人事经理一边这样说着,一边赶紧起身与娄某妻子一起前往劳务派遣公司进行理论。

没想到，当人事经理与娄某妻子赶到劳务派遣公司时，该公司总经理已经卷款逃走了。服装厂立即向警方报了案，警方立案后虽没有抓到派遣公司总经理，但查明了如下情况：

该总经理是这家劳务派遣公司最大的股东，占90%股份。该派遣公司注册资本只有20万元，全国人大常委会《修改〈劳动合同法〉的决定》实施后，也没有将注册资本增加到200万元以上，并且也没有依法取得所在地人力资源和社会保障行政部门颁发的劳务派遣许可证书，属于一家没有合法资质的非法派遣公司。该公司与服装厂建立派遣关系后，服装厂每月给付的员工社会保险费用都被派遣公司偷偷截留下来，根本没有给任何一个员工缴纳过社会保险。到案发为止，该公司总经理擅自截留并卷走的款项不少于260万元。

娄某妻子见派遣公司总经理已经潜逃，自己又无法从工伤保险基金拿到工伤赔偿，只得将服装厂告上仲裁庭，要求服装厂按照国家《工伤保险条例》的规定，支付娄某的工伤赔偿款共计52万多元。仲裁庭经审理后认为，娄某妻子的主张符合法律规定，支持了娄某妻子的仲裁请求。

追本溯源

我国劳务派遣机构的种类、现状及其特点

随着我国改革开放，实行市场经济，用人单位对劳务派遣的需求越来越旺盛，因此，为各类用人单位提供劳务派遣服务的派遣单位应运而生且大量涌现，因为没有正式统计资料，综合各省汇报资料以及相关信息，全国有各类劳务派遣机构应超两万家。这些劳务派遣机构（或称人力资源服务机构）可分为如下几类：

（一）经国务院及省级政府批准成立的外企服务系统的劳务派遣企业

经过30年的发展，这些企业都成为各地派遣业的龙头老大。业务范围也不再局限于外国企业驻华代表机构，还为三资企业、国有企

业、民营企业派遣员工。比如上海外服的 11,648 家客户中(其中派遣客户 7611 家),包含大量的各类三资企业、国有企业、外资企业。

(二)各级政府劳动保障和人事部门依托公共就业服务机构或人才交流服务机构成立的劳务派遣组织

20 世纪 90 年代后期,政府为了解决国有企业改制出现的下岗失业问题,各级劳动保障部门开办了一些劳务派遣组织。其中有的是营利性的,有的是非营利性的。还有各级人事部门开办的劳务派遣组织,这类机构基本是营利性的,主要以专业技术人员、大中专毕业生为服务对象。有的是事业单位,也有的是企业建制;有的与人事部门脱钩,有的还隶属于人事部门。它们构成各地劳务派遣企业的主体。这类机构都与各级政府的劳动与人事部门的政策推动分不开,至今与当地政府劳动保障和人事部门有很密切的关联。

(三)民营派遣企业

可分为三种情况。一是从网络招聘、猎头起步,后涉入派遣业。比如前程无忧、智联招聘、易才等。二是 2002 年后,由于农民工短缺而引发的、以招工难为背景,在长、珠三角快速发展起来的、专为世界 500 强和一些优质的外资制造业提供员工招聘与派遣服务的民营派遣企业。比如,为苏州工业园区制造业提供派遣服务的苏州汇思、英格玛、博尔捷等。三是仅有几个人兴办的小规模派遣企业。《劳动合同法》实施后,这类企业在各地快速增多,且发展较快。

(四)外资与合资的派遣企业

随着中国加入 WT0,国际上著名人力资源服务企业开始关注中国市场。比如:世界 500 强企业、全球排名前三位的人力资源服务机构 Adecco(艺珂)、Manpower(万宝盛华)、Randstad(任仕达)近几年陆续进入中国,以合资或独资形式加入这个行业。它们的特点主要以网络招聘、猎头业务为核心开展业务,最近,有的企业开始进入派遣领域。

(五)专属性派遣机构

专属性派遣机构主要有三种:一是为外国航空公司提供中国员工的外航系统的企业或事业单位,如成立于 1982 年北京外航服务公司。

二是为外交使馆、领事馆等提供中国员工的外事系统的企业和事业单位，如成立于 1975 年隶属于上海市人民政府外事办公室的上海市外国机构服务处。三是为中外海上钻井平台提供中国员工的石油系统的企业事业单位，如 1982 年 5 月成立的中国南海石油联合服务总公司。

当用人单位有劳务派遣需求时，可以从上述各类劳务派遣机构中选择适合本单位的派遣机构。在选择劳务派遣单位时首先要注意的是，所选择的的劳务派遣机构必须是有合法资质的，否则，就像案例中的服装厂那样，一旦劳务派遣机构出现了问题，势必会给用工单位带来不可估量的损失。

我国在劳务派遣立法时，为防止用工单位规避劳动保障法律法规，促使用工单位只有在真正符合社会化分工需要时才采用劳务派遣形式用工，并且与规范的劳务派遣单位合作、督促劳务派遣单位依法履行义务，《劳动合同法》规定，在被派遣劳动者合法权益受到侵害时，用工单位与劳务派遣单位承担连带赔偿责任。《劳动合同法实施条例》中进一步明确，因用工单位违法而给被派遣劳动者造成损失的，劳务派遣单位和用工单位承担连带赔偿责任。因此，无论是派遣单位违法，还是用工单位违法，都应当对劳务派遣员工承担连带赔偿责任。由此可见，案例中的劳务派遣公司没有为娄某等职工缴纳工伤等社会保险的行为是违法的，应该承担对娄某的赔偿责任，在劳务派遣公司总经理携款逃走的情况下，娄某妻子选择让服装厂承担工伤赔偿责任是有法律依据的。仲裁庭作出服装厂败诉的裁决是完全正确的。

☆ 专家锦囊

如何甄选出正规且符合本单位需求的劳务派遣机构与之合作？

对于存在劳务派遣用工需求的用工单位来说，如何选择合格的派遣公司与之合作，是关乎用工单位合法用工，保全员工利益，和谐劳资关系的重要元素。用工单位应选择实力强、口碑好、正规化的劳务派遣单位进行合作，通过诚信、合法、规范的派遣服务维护员工的各项权益及用工安全。本书作者建议，用工单位在甄选与之合作的劳务派遣单位时，应着重把握如下要点。

（一）选择有资质的劳务派遣机构

首先要审核派遣单位的资质，确认其确属依法注册的具备独立法人资格的企业。修改前的《劳动合同法》第57条规定劳务派遣单位的注册资本不得少于50万元。实务中，一些劳务派遣单位存在着经营不规范、规章制度不健全、准入门槛低、承担责任能力差等诸多问题。修改后的《劳动合同法》第57条第1款第1项将其修改为“注册资本不得少于人民币二百万元”。另外，修改后的《劳动合同法》在第57条增加了第2款规定：“经营劳务派遣业务，应当向劳动行政部门依法申请行政许可；经许可的，依法办理相应的公司登记。未经许可，任何单位和个人不得经营劳务派遣业务。”相应地，该法在第92条新增了第1款规定：“违反本法规定，未经许可，擅自经营劳务派遣业务的，由劳动行政部门责令停止违法行为，没收违法所得，并处违法所得一倍以上五倍以下的罚款；没有违法所得的，可以处五万元以下的罚款。”这体现出立法机关对该行政许可制度进行强力维护的意图。

因此，用工单位可以通过审查劳务派遣企业营业执照等资质证书经营范围中是否有“劳务派遣”字样，注册资金是否超过或等于200万元，以及是否有所在地有管辖权的人力资源和社会保障行政部门颁发的，从事劳务派遣业务许可证书，来确认其是否有合法资质。

（二）选择品牌实力强、经营规模大的劳务派遣机构

《劳动合同法》第92条规定：“给被派遣劳动者造成损害的，劳务派遣单位与用工单位承担连带赔偿责任。”也就是说，在派遣用工过程中，只要给劳动者造成损害了，无论是派遣单位和用工单位哪一方的过错，全部责任都可能由这两家单位中的任何一家先行承担。在这种情况下，选择本地知名度和品牌影响力大的派遣机构就显得尤为重要。因此，要注重考察劳务派遣单位的品牌、发展速度、与之合作单位的数量及派遣人数。对于一个派遣业务发展快、合作单位上百家、派

遣人员上万人或几十万人的单位来说,可信度是较高的;而对一个注册了二三年,甚至时间更短,派遣人员不足二三千人的公司来说,自身经营定会困难重重,与这类劳务派遣公司合作风险极大。

(三)选择企业经营理念和服务意识好的劳务派遣机构

劳务派遣单位的管理服务理念集中体现了一个企业的价值观与行为准则。因此选择具有与用工单位自身文化理念相通的劳务派遣单位进行合作非常重要,考察中要与用工单位的负责人或政策顾问面对面地沟通,如果这层人员不具备人事、劳动和社保工作经验,就很难对政策把关定向,更谈不上灵活的用好政策,发生问题和纠纷是必然的。服务意识淡薄的派遣机构,在预防劳动争议的能力上相对欠缺,选择这类机构会增大发生劳动争议的几率,而一旦发生劳动争议,需要通过法律程序来解决,对企业来说已构成损失。

(四)选择专业能力强的劳务派遣机构

《劳动合同法》及其修改决定,大大提高了劳务派遣用工的运作难度和违法成本。对于用工单位来说,构建和谐稳定的劳动关系、预防劳动争议的发生,要比被动应对劳动争议更加重要。因此,预防和应对法律风险能力,法律问题专业程度和处理经验,专业人员特别是劳动法关系协调专业人员的数量,都是企业在选择派遣机构时应该慎重考量的。企业只有选择更富有专业处理能力的派遣机构才可以防范不可预见的风险发生。因此,选择劳务派遣公司不仅要考察从业人员的专业水平, 还要了解有没有名师和专家在指导。

(五)选择规范化管理程度高的劳务派遣机构

劳务派遣服务是一项综合性的人力资源专业服务。劳务派遣单位规范的管理制度、现代化的管理手段、完善的服务体系和管理服务质量控制标准,是做好劳务派遣全过程的基础条件。考察时,对合作单位的合作协议、劳动合同、各项管理制度、运作机制和服务项目以及要求都应详细地分析和掌握。

(六)选择招聘能力强的劳务派遣机构

高质量、高效率的人才招聘和灵活的用工机制,是用工单位选择劳务派遣用工方式的重要目的。如果一个劳务派遣公司在市、县、区布局多个人力招聘市场,在各种层面上设置不同招聘网络,这个公司实力就强,人才储备与人才招聘的渠道就多。特别是对于一些招工难的用人单位来说,选择一个招聘能力强的劳务派遣单位合作是十分必要的。

法条重现

全国人民代表大会常务委员会《关于修改〈中华人民共和国劳动合同法〉的决定》

(2012年12月28日公布 自2013年7月1日起施行)

第十一届全国人民代表大会常务委员会第三十次会议决定对《中华人民共和国劳动合同法》作如下修改:

一、将第五十七条修改为:"经营劳务派遣业务应当具备下列条件:

"(一)注册资本不得少于人民币二百万元;

"(二)有与开展业务相适应的固定的经营场所和设施;

"(三)有符合法律、行政法规规定的劳务派遣管理制度;

"(四)法律、行政法规规定的其他条件。

"经营劳务派遣业务,应当向劳动行政部门依法申请行政许可;经许可的,依法办理相应的公司登记。未经许可,任何单位和个人不得经营劳务派遣业务。"

四、将第九十二条修改为:"违反本法规定,未经许可,擅自经营劳务派遣业务的,由劳动行政部门责令停止违法行为,没收违法所得,并处违法所得一倍以上五倍以下的罚款;没有违法所得的,可以处五万元以下的罚款。

"劳务派遣单位、用工单位违反本法有关劳务派遣规定的,由劳动行政部门责令限期改正;逾期不改正的,以每人五千元以上一万元以下的标准处以罚款,对劳务派遣单位,吊销其劳务派遣业务经营许可证。用工单位给被派遣劳动者造成损害的,劳务派遣单位与用工单位承担连带赔偿责任。”

《中华人民共和国劳动合同法实施条例》

（2008 年 9 月 18 日　国务院令第 535 号公布　自公布之日起施行）

第三十五条　用工单位违反劳动合同法和本条例有关劳务派遣规定的，由劳动行政部门和其他有关主管部门责令改正；情节严重的，以每位被派遣劳动者 1000 元以上 5000 元以下的标准处以罚款；给被派遣劳动者造成损害的，劳务派遣单位和用工单位承担连带赔偿责任。

☞“三性”岗位的界定与派遣用工

典型现象

企业违反“三性”岗位的派遣用工规定，
可能会引发派遣员工群体性不满

何谓“三性”岗位？修改前的《劳动合同法》第 66 条规定，“劳务派遣一般在临时性、辅助性或者替代性的工作岗位上实施”，这其中的“临时性、辅助性或者替代性工作岗位”即被简称为“三性”岗位。

可是，如果再追问一句，何谓临时性、辅助性、替代性的工作岗位？修改之前的《劳动合同法》没有明确界定，而国务院颁发的《劳动合同法实施条例》也未作具体规定，这就使得不同的人对“临时性、辅助性、替代性”的具体内涵有不同的解读。这种不确定性导致法律执行不一致。有些用工单位比较严格地执行法律规定，有些用工单位游走于边缘地带。

案例展示

某国有公司有数万名员工，其中 82.3% 都是劳务派遣员工。全国人大常委会出台《关于修改〈中华人民共和国劳动合同法〉的决定》后，一些员工陆续向劳动监察部门投诉，反映该公司滥用劳务派遣的非法行为。其中一名叫刘某某的员工对劳动监察部门的官员这样说道:"几年前,我在网上看到该国有公司招工,于是就赶紧报名应聘。面试和体检合格后,进入到该公司工作,作为该公司生产一线的员工,我一直兢兢业业地工作,四年后,我升职为主管,带来20名工人每天工作在生产最前沿。可如今,我在这家公司已经工作5年,并且还是生产一线中的骨干,但却不是正式员工,还仍然是一名劳务派遣员工。"

刘某某是外地一位农家子弟,2008年7月毕业于某职业技术学院。毕业后,他怀着对生活的憧憬回到本地,想尽快参加工作,挣钱回报父母辛劳的付出。

他清楚地记得上班第一天,与公司签订劳动合同的那个场景:

该公司一位人事助理在和我们几个新入职员工谈完有关事项后,从桌上拿起几份劳动合同让我们看后签字。我一看,用人单位是一个叫刘某某劳务派遣公司(以下简称"派遣公司")的单位。

我问,这是怎么回事?人事助理回答,从今年年初开始,公司不再招用正式员工了,而是只招劳务派遣工。你们等于是劳务派遣公司派到本公司的劳务工,你们的劳动关系在派遣公司。今后,如果有劳动纠纷,去找派遣公司。

我又问,如何才能成为公司的正式员工?人事助理说,要看上面给的名额,还要看个人的工作能力。然后,公司再从优中选优,转为正式员工。

人事助理所说的这家劳务派遣公司在哪儿,是干什么的,当时我们几个新入职员工谁都不知道,更没见过这家公司的工作人员。本来是到该国有公司求职,为什么让我们与派遣公司签劳动合同?在国有公司上班,劳务派遣工与正式员工有什么不同?我当时是一头雾水。但为了得到这份工作,也不好多问。于是,稀里糊涂地签了。

工作以后,刘某某渐渐地发现,身边绝大部分同事都是派遣员工,只有少数一些同事是正式员工。正式工享有的许多福利待遇,派遣工都不能享受。正式工往往较派遣工的工作轻松一些,工资却高一些。

刘某某觉得不公平，但也没办法。

在全国人大常委会发布《关于修改〈中华人民共和国劳动合同法〉的决定》后，刘某某得知，修改后的法律规定，劳务派遣只能用在临时性、辅助性或替代性（简称"三性"）工作岗位上。"我们这些一线工人的岗位都不是"三性"岗位，公司何时给我们转成正式员工呢？"刘某某找到公司人事部，向人事经理询问。"不知道。"人事经理答道，"这个要等上边领导的指示，截止到目前为止，我没听到哪个领导说，要改变现在的劳务派遣用工制度。"

刘某某从人事部出来后，心情很郁闷，找到另外几个同事商议后，大家一致认为，公司仍然维持现状的做法，违反了新法关于"三性"岗位的用工规定，应该采取法律手段维权。于是，刘某某等二十几名员工一起前往当地劳动监察大队，举报企业的违法行为。

劳动监察大队受理员工的举报后，经过调查核实，认定了该公司违法使用劳务派遣用工的事实，并依据《关于修改〈中华人民共和国劳动合同法〉的决定》向该公司发出了责令限期改正通知书。同时还告知该公司，如逾期不改，则会受到相应的行政处罚；给员工造成经济损失的，还应承担损失赔偿责任。

追本溯源

严格规范劳务派遣用工，不得把劳务派遣变成用工主渠道

原《劳动合同法》第 66 条规定，"劳务派遣一般在临时性、辅助性或者替代性的工作岗位上实施。"这一规定并不属于强制性规范，而属于倡导性约束。这种法律规定的不确定性，导致了社会上法律执行的不一致。有些用工单位比较严格地执行法律规定，有些用工单位则故意钻法律空子。

全国人大常委会 2011 年对《劳动合同法》施行情况进行执法检查发现，用工单位用工有不少超出临时性、辅助性、替代性岗位范围，正如案例中的企业那样在主营业务岗位长期使用劳务派遣人员，其结果

是“近 3 年来,劳务派遣公司和劳务派遣人员明显增多,劳务派遣人员同工不同酬、不予参加社会保险或少缴社会保险费等问题比较突出”。

事实上,不少用工单位的实际做法比上述的还要离谱,不仅在非“三性”岗位长期大量使用劳务派遣工,而且实行“逆向派遣”,即将原有的正式工转入劳务派遣公司成为劳务派遣工,这些职工岗位不变、工作不变,但身份却发生了根本变化,成为了劳务派遣工的他们在劳动报酬、福利待遇等方面与正式职工拉开了差距。职工的合法利益受到侵害,企业却因此增加了利润。

显然,这些做法和实际后果,与劳动合同法规制劳务派遣用工的立法初衷是完全相悖的。

众所周知,劳务派遣是在全球就业形式多样化发展趋势下出现的用工形式,从其产生那一天起,就扮演拾遗补缺的角色,从来都不是主流用工方式。即便在市场经济发达国家,劳务派遣工占全体从业人员的比例一般不超过 5% 。

道理很简单:劳动者本可以与实际用人单位建立劳动关系,享有同其他劳动者平等的待遇,而劳务派遣却使得劳动者与实际用人单位人为隔开,用工环节的增加势必造成对劳动者的多层盘剥,并使劳动者组织工会的团结权和职业稳定权受到制约;同时也为用人单位规避劳动法创造了“空间”,特别是派遣机构、用人单位与劳动者之间的法律关系远比劳动者与用人单位二者关系复杂得多,一旦出现争议处理难度大,不利于劳动者维权和劳动关系稳定。

因此,如果任由劳务派遣用工规模无限制扩大,不仅直接损害劳动者的合法权益,而且必然会冲击常规的用工方式和劳动合同制度,最终殃及劳动关系和谐与社会稳定。

在这个意义上,全国人大常委会正式启动《劳动合同法》修改工作,明确“严格规范劳务派遣用工,不能把劳务派遣变成用工主渠道”是这次修法的原则和重点之一,严格限制劳务派遣用工岗位范围,不仅规定劳务派遣“只能”在“三性”岗位上实施,而且对“三性”岗位的具体含义作了进一步界定,这一点被各大媒体和工会组织誉为此次修法的最大亮点。

☆ 专家锦囊

如何正确落实修法后有关劳务派遣的新规定?

劳务派遣工和正式工形成了许多用人单位用工的二元结构。劳务派遣,作为一种灵活的用工方式,有其不可替代的优势,也是国际流行的用工制度。但在任何一个国家,劳务派遣都是辅助用工形式,而非主流形式。可现实是,国内一些企业,正如案例中的国有公司那样,在《劳动合同法》规定不严谨的情况下,大范围使用劳务派遣,损害了部分员工的合法权益。针对这种现实情况,《关于修改〈中华人民共和国劳动合同法〉的决定》中明确了"劳动合同用工是我国的企业基本用工形式。劳务派遣用工是补充形式,只能在临时性、辅助性或者替代性的工作岗位上实施。"与此同时,还对"三性"岗位作了进一步界定:"临时性工作岗位是指存续时间不超过六个月的岗位;辅助性工作岗位是指为主营业务岗位提供服务的非主营业务岗位;替代性工作岗位是指用工单位的劳动者因脱产学习、休假等原因无法工作的一定期间内,可以由其他劳动者替代工作的岗位。"

从上述规定中可以看出,关于"临时性"和"替代性"岗位的界定,应该说是比较明确的。其中"临时性"有 6 个月的限制;"替代性"中脱产学习、休假等情况也都是有期限的。但"辅助性"岗位仍然界定得不是很清晰,理由是:不同行业、不同单位的"辅助性"岗位差别很大,从国家立法的角度要想做出"一刀切"的界定确实不太现实。考虑到这一情况,《关于修改〈中华人民共和国劳动合同法〉的决定》中对劳务派遣的用工数量又实行了比例控制:"用工单位应当严格控制劳务派遣用工数量,不得超过其用工总量的一定比例,具体比例由国务院劳动行政部门规定。"

由此可见,《关于修改〈中华人民共和国劳动合同法〉的决定》,主要是针对以往几年里,用工单位为了规避《劳动合同法》,滥用劳务派遣导致社会矛盾突出,背离了《劳动合同法》立法的本意而作出的修正。该修正案的实施,对原来大量使用劳务派遣的单位和准备大量使用劳务派遣的单位,均产生了较大的冲击。这部分用工单位有必要在用工方面进行较大幅度的调整,以正确应对法律。否则,如用工单位继续违法使用劳务派遣,则由劳动行政部门依法责令限期改正;逾期不改正的,以每人五千元以上一万元以下的标准处以罚款。用工单位给被派遣劳动者造成损害的,用工单位与劳务派遣单位承担连带赔偿责任。

下面,就广大用工单位在实际工作中如何正确落实修法后有关劳务派遣的新规定,本书作者提出粗浅建议。

(一)转变观念,正确看待劳务派遣用工给用人单位带来的利与弊

用工单位采用劳务派遣用工相比正式用工来说,尽管有管理成本相对略低,用工灵活性略大的优点,但也应该看到,劳务派遣用工相比正式用工,对于用工单位来说,有如下缺点:

(1)派遣员工的职业生涯无发展。派遣员工由于不是用人单位的正式职工,即使工作能力强、表现好也没有晋升机会,严重挫伤了职工的积极性。

(2)派遣员工没有组织归属感,不利于员工队伍的稳定。由于派遣员工在用人单位是“二等公民”,处处受到歧视,容易造成职工的自卑心理,就会频繁离职,对用工单位的正常生产造成一定负面影响。

因此,如果一个用工单位大量使用劳务派遣,特别是在一些关键岗位、一线工作岗位或其他重要岗位,使用劳务派遣的话,应该说对该用工单位是弊多利少的。

(二)坚决摒弃试图采用劳务派遣规避劳动合同法律责任的经营思维

《劳动合同法》修改决定颁布实施以后,就人工成本,特别是原来普遍存在的同工不同酬现象作出了明确的限制规定。用工单位如果想以劳务派遣减少这方面的用工成本,避免交纳社会保险和降低劳资风险的愿望可能是要落空的。另外,劳务派遣用工疏远了与员工的关系,员工工作稳定性较差,一旦有更好的单位或机会摆在面前,员工选

择离职而去的比率很大。因此，把握掌控人员频繁流动，建立更密切的劳资关系，让员工获得尊重，有晋升和发展机会的企业，更容易留住员工。基于此，逐渐地减少甚至摆脱劳务派遣，更有利于企业长足发展。

（三）适度地开展业务外包和承包，以代替劳务派遣

业务外包是近几年发展起来的一种新的经营策略，即企业把内部业务的一部分承包给外部专门机构，其实质是企业重新定位，重新配置企业的各种资源，将资源集中于最能反映企业相对优势的领域，塑造和发挥企业自己独特的、难以被其他企业模仿或替代的核心业务，构筑自己的竞争优势，获得使企业持续发展的能力。如企业将清洁承包给专业的保洁公司，将保安职责外包给专业的保安公司，将运输等业务外包或委托给专业的运输公司等。

采用外包方式之后，用工单位与外包单位的员工已经从用工关系转化为业务合作关系，其权利义务就根据我国《合同法》和《民法通则》处理，用工单位与外包单位的员工就不是劳务派遣关系，也不适用劳动法律体系，自然也不适用同工同酬的管辖范围。

法条重现

全国人民代表大会常务委员会《关于修改〈中华人民共和国劳动合同法〉的决定》

第十一届全国人民代表大会常务委员会第三十次会议决定对《中华人民共和国劳动合同法》作如下修改：

三、将第六十六条修改为："劳动合同用工是我国的企业基本用工形式。劳务派遣用工是补充形式，只能在临时性、辅助性或者替代性的工作岗位上实施。

"前款规定的临时性工作岗位是指存续时间不超过六个月的岗位；辅助性工作岗位是指为主营业务岗位提供服务的非主营业务岗位；替代性工作岗位是指用工单位的劳动者因脱产学习、休假等原因无法工作的一定期间内，可以由其他劳动者替代工作的岗位。

"用工单位应当严格控制劳务派遣用工数量,不得超过其用工总量的一定比例,具体比例由国务院劳动行政部门规定。"

四、将第九十二条修改为:"违反本法规定,未经许可,擅自经营劳务派遣业务的,由劳动行政部门责令停止违法行为,没收违法所得,并处违法所得一倍以上五倍以下的罚款;没有违法所得的,可以处五万元以下的罚款。

"劳务派遣单位、用工单位违反本法有关劳务派遣规定的,由劳动行政部门责令限期改正;逾期不改正的,以每人五千元以上一万元以下的标准处以罚款,对劳务派遣单位,吊销其劳务派遣业务经营许可证。用工单位给被派遣劳动者造成损害的,劳务派遣单位与用工单位承担连带赔偿责任。"

本决定自2013年7月1日起施行。

☞ 可否用"外包"替代"派遣"?

典型现象

用"假外包,真派遣"能否规避劳务派遣新规定?

《劳动合同法》修改后,用工单位可以无节制地滥用劳务派遣工的这扇门被关死了。但一些用工单位,为了不将非法派遣用工转变为直接用工,于是,想出了试图利用"业务外包"来代替"劳务派遣"的方法。劳务派遣与业务外包虽然有很多相似之处,比如:均无需与劳动者直接建立劳动关系;再比如:均可以规避对用工编制、工资总额的控制等。然而,劳务派遣要转向业务外包,真的可行吗?

案例展示

全国人大常委会《关于修改〈中华人民共和国劳动合同法〉的决定》(以下简称《修法决定》)出台之前,某公司72%的员工都是与劳务派遣公司签订劳动合同后,被派遣到该公司工作的派遣员工,这些派遣员工基本上都是在生产经营的一线岗位(即在公司的主营业务岗位)上长期工作。

由于《修法决定》明确指出,劳务派遣只能用在临时性、辅助性或者替代性,这“三性”岗位上。因此,《修法决定》对大量使用劳务派遣的企业产生了较大的冲击。该公司意识到,如果再像以前那样,在主营业务岗位上,大比例使用劳务派遣员工,就会因违法而行不通,准备改变这种用工方式。

许多派遣员工乐观地猜测,公司很可能因为《修法决定》的出台,而不得不将自己转为正式员工。但令他们没有想到的是,公司领导突然决定,将原有派遣员工的工作岗位,分门别类地转包给了几个外包公司。

由于公司对部分岗位采用业务外包的经营方式,于是,公司要求劳务派遣员工的劳动合同都要从派遣公司转签到外包公司。为了能让转签合同工作顺利,消除派遣员工对转签合同的疑虑和担心,公司特召开员工大会,领导在会上表示:派遣员工合同转签至外包公司后,工作内容及工资福利等均与以前完全一样,不会有任何变化。

尽管公司领导这样表态,但仍有一些派遣员工本能地表示要“拒签”,他们认为,公司的做法显然是为了规避法律(即《修法决定》),逃避直接用工的法律责任,使原本与派遣公司签署的派遣用工合同,改成“假外包”合同,对派遣员工来讲,本质上没什么变化,只是公司的用工看似好像合法化了。

几名带头“拒签”抵制公司搞“假外包”的派遣员工,鼓励大家坚持“拒签”:“‘拒签’的好处,就是保持‘真正的派遣工’身份,让公司领导‘不合法’(除非把我们的身份转成正式员工)。”在这几名员工的怂恿下,有超过60%的派遣员工都用“拒签”的行为,坚决抵制公司的做法。

公司领导恼羞成怒,决定辞退这几名带头“闹事”的员工。没想到这一举动更激怒了派遣员工,派遣员工们在这几名带头者的带领下,开展了罢工运动,致使公司内凡是有派遣员工的岗位,都出现了停工停产。

面对这种局面，公司领导束手无策。

追本溯源

“业务外包”与“劳务派遣”有什么区别？

2008年实施的《劳动合同法》给用人单位用工开了三扇门：第一扇门是全日制劳动合同用工（即直接用工），第二扇门是非全日制劳动合同用工（即俗称的“小时工”），第三扇门是劳务派遣用工。其中，非全日制劳动合同用工，只在某些特殊行业及少量存在，由于使用范围有限，几乎可以忽略不计。这就意味着，对用人单位来说主要有两种用工方式的选择，一个是直接用工，另一个是劳务派遣用工。一旦选择劳务派遣有利可图，劳务派遣用工成本比直接用工成本低，企业理性的选择就会把内部的劳动关系从直接用工转为劳务派遣用工，或优先使用劳务派遣用工，因此社会上就出现了一些类似于上述案例中的企业，在主营业务岗位上，大比例长期使用劳务派遣员工。

如果国家任由劳务派遣用工规模无限制地扩大滥用，则不仅直接损害劳动者的利益，而且会冲击常规的用工方式和劳动合同制度，甚至殃及劳动关系和谐与社会稳定。全国人大常委会《关于修改〈中华人民共和国劳动合同法〉的决定》（以下简称《修法决定》）的出台，就是要遏制这种随意滥用劳务派遣的行为，严格规范劳务派遣用工，让用工单位的劳务派遣用工仅可用在“三性”岗位且派遣用工人数占比很小。面对《修法决定》的出台，一些单位为了不将原有的非法派遣用工转变为直接用工，于是，想出了试图利用“业务外包”来代替“劳务派遣”的方法。那么，“业务外包”与“劳务派遣”有什么区别呢？

与直接用工相比，用工单位通过劳务派遣用工，让渡了劳动关系的建立，但是没有让渡对劳动者的管理控制权，包括待遇决定权、考核奖惩权，甚至于还通过行使将劳动者退回劳务派遣单位的做法而实质上提高了用工灵活性。

“业务外包”是指企业为了获得比单纯利用内部资源更多的竞争

优势,将其非核心业务交由合作企业完成,从而达到降低成本、提高效率、充分发挥自身核心竞争力和增强企业对环境的迅速应变能力的一种管理模式。在标准的业务外包下,发包单位与外包单位之间是基于契约的民事关系,与劳动者建立劳动关系的单位是外包单位,发包单位与劳动者之间没有建立劳动关系。与劳务派遣用工相比,企业通过业务外包,不仅让渡了劳动关系的建立,而且让渡了对劳动者的管理权。发包单位不具有对劳动者的用工权力,而主要基于契约,通过约定或明确业务成果的质量和数量要求,对外包单位的业务成果——劳动者的劳动成果或劳动产出进行购买。也就是说,劳务派遣用工,单位购买的是劳动力的投入,并通过对劳动力的拥有者——劳动者实施管理控制来实现企业经营管理目标;业务外包,单位购买的是劳动力的产出。

在实践中,有时发包单位因对外包服务或产品质量控制的客观需要,而介入到外包服务或产品生产过程,从而实质上对劳动力实施一定程度的管理控制。比如说,发包单位在业务外包后,指派员工在外包单位生产现场实施监工。这相当于外包单位将对劳动者的部分管理控制权让渡给了发包单位,在极端的情况下,甚至于外包单位实质上将对劳动者的管理控制权全部让渡给了发包单位。这种做法有一定的合理性,但这也正是业务外包与劳务派遣用工难以清晰划分的原因。在劳动法律规定下,只要发包单位介入到外包服务或产品的产出过程中,实施对劳动者的管理控制权,均无法与劳务派遣作一个彻底的切割——要不就是发包单位成了劳务派遣单位,向外包单位派遣承担管理控制权的劳动者,外包单位成了用工单位;要不就是以业务外包之名,行劳务派遣之实的“真派遣,假外包”。

通过上述分析,可以看出,案例中公司的做法,很显然是在搞“假外包,真派遣”,这种恶意规避法律的做法,遭到了多数派遣员工的抵制,最终导致罢工事件的发生,真可谓,“偷鸡不成蚀把米”。

☆ 专家锦囊

如何适度地使用真正的“业务外包”来替代“劳务派遣”？

建议用工单位一定要警惕以业务外包之名，行劳务派遣之实的“假外包，真派遣”。一旦出现这种现象，不但广大的劳务派遣员工会主动抵制，而且一旦发生劳动争议，仲裁或司法机关均会以“重实质、轻形式”的原则，对是属于业务外包还是属于劳务派遣作出认定。如果将用工单位的假外包认定为是实质上的劳务派遣关系，则会依据《劳动合同法》的相关规定，作出对用工单位不利的裁判。与此同时，劳动行政部门还可能会对这种违法的劳动派遣用工行为，依法给予相应的行政处罚。

实际上，为了防止这种“假外包，真派遣”的现象出现，我国一些地方政府已经作出了非常清晰的限制性规定。例如，在《江苏省劳动合同条例》中就有下列明确规定：

用工单位使用劳务派遣劳动者的人数占本单位用工总数的比例，不得超过国家规定的比例。

企业将其业务发包给其他单位，但承包单位的劳动者在企业的生产经营场所使用企业的设施设备、按照企业的安排提供劳动，或者以企业的名义提供劳动，以及其他名为劳务外包实为劳务派遣的，其劳动者的人数纳入前款规定的比例计算。

不过，话又说回来，虽然企业不应搞“假外包，真派遣”，但真正的业务外包还是应当得到倡导的。

业务外包的本质是分工深化，表现为产品内分工由企业内转向企业间；企业生产过程中原有的工序、工段等非独立产品转变为独立产品，取得方式由自制转为在外购买，即企业把内部业务的一部分承包给外部专门机构，把非核心的业务全部或者部分分包，从而专注于生产自身具有核心优势的产品。业务外包的虚拟化合作方式，不仅使得企业不同产品生产的成本趋于降低、效率提高，而且还可以推动企业不断顺应市场需求嬗变的态势，降低风险，从而营造企业高度弹性化运行的竞争优势。它促进了市场的分工，是企业发展的一种新的经营策略。其实质是企业在选择市场交易和界定企业边界之间所作的一个理性选择，企业重新定位，重新配置各种资源，将资源集中于最能反映企业相对优势的领域，塑造和发挥企业自己独特的、难以被其他企业模仿或替代的核心业务，构筑自己的竞争优势，获得使企业持续发展的能力。因此，对真正的业务外包，我们不仅无需担心其发展，反而应当鼓励其发展。

也就是说，在《修法决定》实施后，用工单位根据生产经营的需要，适度地将一些业务或项目，实施真正的业务外包或承包，应该是无可厚非的。从理论上讲，企业选择业务外包的实质是企业对市场交易行为的选择，是在比较企业自制与市场购买后的选择，其实质是分工深化与优势资源整合。如 Boeing——世界最大的飞机制造公司，却只生产座舱和翼尖；Nike——全球最大的运动鞋制造公司，却从未生产过一双鞋，等等。因此，对真正的业务外包，我们不仅无需担心其发展，恰恰是应当鼓励其发展。

法条重现

全国人民代表大会常务委员会《关于修改〈中华人民共和国劳动合同法〉的决定》

（2012 年 12 月 28 日公布　自 2013 年 7 月 1 日起施行）

第十一届全国人民代表大会常务委员会第三十次会议决定对《中华人民共和国劳动合同法》作如下修改：

三、将第六十六条修改为：“劳动合同用工是我国的企业基本用工形式。劳务派遣用工是补充形式，只能在临时性、辅助性或者替代性的工作岗位上实施。

“前款规定的临时性工作岗位是指存续时间不超过六个月的岗位；辅助性工作岗位是指为主营业务岗位提供服务的非主营业务岗位；替代性工作岗位是指用工单位的劳动者因脱产学习、休假等原因无法工作的一定期间内，可以由其他劳动者替代工作的岗位。

“用工单位应当严格控制劳务派遣用工数量，不得超过其用工总量的一定比例，具体比例由国务院劳动行政部门规定。”

《江苏省劳动合同条例》

（2003年10月25日通过 2013年1月15日修订 自2013年5月1日起施行）

第三十六条 劳务派遣只能在临时性、辅助性或者替代性的工作岗位上实施。

用工单位使用劳务派遣劳动者的人数占本单位用工总数的比例，不得超过国家规定的比例。

企业将其业务发包给其他单位，但承包单位的劳动者在企业的生产经营场所使用企业的设施设备、按照企业的安排提供劳动，或者以企业的名义提供劳动，以及其他名为劳务外包实为劳务派遣的，其劳动者的人数纳入前款规定的比例计算。

☞ 对派遣员工“同工同酬”的正确理解及应用

典型现象

使用不同的薪资分配办法是对派遣员工的歧视？

劳务派遣员工与企业正式员工同工不同酬的问题，是劳务派遣饱受诟病的最大原因之一。一些用工单位之所以很热衷使用派遣员工，一个重要的原因就是派遣员工工资水平较低，且没有正式员工的福利，使人工成本大大降低。

案例展示

吕某是某煤矿的货车驾驶员，该煤矿有部分员工是直接与该煤矿签订劳动合同的正式员工，另有部分员工是与劳务派遣公司签订劳动合同后派遣至煤矿工作的派遣员工，吕某属于后者。

吕某的工作是，将煤矿开采出来的煤炭，运往全国各地。所以，他经常跑长途，且工作量总是处于饱和状态，就连在家陪老婆、孩子的时间都非常少。然而，就是这样一位辛辛苦苦，每天驾车跑在长途路上的吕某，他的工资远低于与该煤矿签订劳动合同的正式员工。

与吕某从事同样工作的正式员工，每月工资由基本工资加公里数提成组成，每个月跑够 6 千公里可以拿到基本工资 2500 元，超过 6 千公里后可以另加提成工资，提成工资为一公里 4 毛钱。而像吕某一样的劳务派遣员工，工资虽然也是由基本工资加公里数提成组成，但标准与正式工大不相同，派遣员工每个月跑够 1 万公里才可以拿到基本工资 2200 元，超过 1 万公里后可以另加提成工资，提成工资为一公里 3 毛钱。

除此之外，正式员工的社保缴费基数根据上年度月平均工资来确定，而吕某的社保缴费基数是按照社平工资的 60% 来确定；正式员工有住房公积金，吕某没有；正式员工有其他各类补贴，吕某也没有……

当与吕某有同样情况的派遣员工向煤矿提出应当享有公平待遇时，煤矿矿长却称，你们是劳务派遣员工，不能跟正式员工比，正式员工与派遣员工理所当然执行不同的薪酬制度和福利标准。

追本溯源

为什么法律要让派遣员工与正式员工享受相同的劳动报酬分配办法？

《劳动法》第 46 条规定：“工资分配应当遵循按劳分配原则，实行“同工同酬”。原国家劳动部发布的《关于〈中华人民共和国劳动法〉若干条文的说明》中对“同工同酬”采用解释性定义方式明确规定：“‘同工同酬’是指用人单位对于从事相同工作，付出等量劳动且取得相同劳动业绩的劳动者，应支付同等的劳动报酬。”

从上述规定可以看出，同工同酬体现着两个价值取向：(1) 确保贯彻按劳分配这个大原则，即付出了同等的劳动应得到同等的劳动报酬；(2) 防止工资分配中的歧视行为，即要求在同一单位，对从事同样工作内容，在同样劳动条件下，不同性别、不同身份、不同户籍或不同用工形式的劳动者之间，只要提供的劳动数量和劳动质量相同，就应给予同等的劳动报酬。《劳动合同法》第63条还规定了“被派遣劳动者享有与用工单位的劳动者同工同酬的权利。用工单位无同类岗位劳动者的，参照用工单位所在地相同或者相近岗位劳动者的劳动报酬确定”，然而事实上能做到这点的并不多。

目前，劳务派遣领域中对劳务派遣工进行身份歧视的问题比较突出，集中体现为劳务派遣工与正式工之间虽从事相同的工作但工资待遇相差较大。有的企业中劳务派遣工比正式工的工资标准甚至会低一半。在缴纳社会保险方面，劳务派遣工与正式工也有差别，就如同案例中的煤矿那样，正式上的社会保险是按照煤矿上年度平均工资的标准缴纳的，而劳务派遣工的社会保险是按照当地社平工资的60%（即社保基数的最低限）来缴纳的。还有的用工单位是将劳务派遣工的工资待遇和劳务派遣单位的管理费一并交给劳务派遣单位，再由劳务派遣单位根据自己的薪酬制度确定劳务派遣工的工资待遇，因此对于用工单位而言，无法做到劳务派遣工与正式工的同工同酬。

随着《劳动法》的实施，我国已经消除“正式工”、“临时工”的二元用工体制。但是在劳务派遣中，出现了“正式员工”和“被派遣劳动者”这样新的二元结构。在用工单位中，被派遣员工承担一样的工作，为企业发展作出同样的贡献，却成为“二等”员工群体。同工不同权利、同工不同地位、同工不同酬，特别是像案例中吕某那样的劳务派遣员工，不能与正式员工享受相同的劳动报酬分配办法的现象，十分普遍。

针对上述情况，全国人常委会在《关于修改〈中华人民共和国劳动合同法〉的决定》中进一步规定：“用工单位应当按照同工同酬原则，对被派遣劳动者与本单位同类岗位的劳动者实行相同的劳动报酬分配办法。”这一规定，要求用工单位最起码在劳动报酬分配规则上，要做到规则面前人人平等，让派遣员工与本单位同类岗位的正式员工享受相同的工资分配办法，实现规则公平。很显然，案例中的煤矿因对正式员工和派遣员工分别实行了两套不同的劳动报酬分配办法，所以其做法是违反《关于修改〈中华人民共和国劳动合同法〉的决定》中的上述规定的。吕某作为合法权益被侵害者，完全可以采用向劳动监察部门举报的方式，由劳动监察部门纠正该煤矿对派遣员工实行的，同工不同酬的违法行为。

☆ ‖ 专家锦囊

工作中如何正确理解和应用“同工同酬”？

对于用工单位来说，劳务派遣用工、非全日制用工作为非典型用工形式，能否贯彻同工同酬是个很大的问题。从现实用工需要来看，用人单位使用这两种用工形式主要是出于灵活用工、节约成本的目的。而一旦贯彻同工同酬原则就往往使这一目的落空，这样就陷入了想采用非典型用工但又不敢采用的矛盾之中。从《劳动合同法》的规定来看，派遣工享有与用工单位的劳动者同工同酬的权利；而对非全日制劳动者，法律并未作出与其他劳动者同工同酬的要求，这符合短时用工的特点。不过，这一适用例外并不包含短时劳动者之间的同工同酬。简言之，雇用短时劳动者的工资待遇既要符合最低工资标准的要求，同时又要贯彻短时劳动者相互之间同工同酬的原则。

根据我国劳动法相关规定，“同工同酬”是指用人单位对于从事相同工作，付出等量劳动且取得相同劳动业绩的劳动者，应支付同等的劳动报酬。“同工同酬”在一定程度上并非是一个绝对的概念，劳动者因工作经验、工作技能、工作积极性等个人素质各不相同，因此相同工作岗位的劳动者在劳动报酬方面有所差别是在情理之中，也合乎法理。上海市高级人民法院和上海市人力资源和社会保障局在《关于适用〈劳动合同法〉若干问题的意见》中规定：“同工同酬是劳动法确立的一项基本规则，用人单位必须严格遵守。但由于劳动者存在个体差异，因此，不能简单以不同劳动者是否在相同岗位工作作为‘同工’的标准，而应综合考虑劳动者的个人工作经验、工作技能、工作积极性等特殊因素，允许用人单位依此对相对工作岗位的劳动者在劳动报酬方面有所差别。”

目前由于社会上一些部门或机构对民众的误导,使同工同酬原则存在被泛化或扩张适用的错误倾向。实践中,有些劳动者单纯以自己与别人从事同样工作为由而提起同工同酬之诉,或者干脆以自己的工资收入低于他人为由而提起同工同酬之诉。舍去其他考虑因素和必要佐证,单纯以工作岗位相同或者工作报酬差异为由的起诉往往属于无理之诉或乱诉。道理很简单,如果相同岗位的劳动者完成的工作数量和质量均不相同的情况下,主张要拿相同的劳动报酬,岂不是很无理的要求吗?这种无理之诉或乱诉如果大量发生,特别是再得到了司法裁判的支持,则后患无穷。这不仅会助长刁民习气,更会困扰企业正常之经营。

不过,话又说回来,在实践中,同工同酬的法律要求也极易被规避。同工同酬的关注点毕竟是横向比较上的报酬平等问题,是否同工同酬,需要与其他同工或同值劳动者的报酬所得进行比较才能认定。很显然,实现同工同酬或者说不违反同工同酬有两个路径选择:一是提高一方的报酬所得,以达到与他方之同酬;二是降低他方之报酬所得,以达到相互之同酬。从人权保障和同工同酬原则的初衷而言,前者显然是一种符合法律精神的路径选择。相反,后者虽然有最低工资标准的限制和保底,不至于使报酬水准在向下看齐的惯性下而无限降低,但如果任由此种规避做法泛滥,则必将导致同工同酬在功能上发生变异,特别是在工资增长缺少刚性约束和工资集体谈判机制尚不成熟的背景下,否定此种规避行为就更加具有现实意义。与此种微观规避行为相比,职业区隔更加具有宏观性和隐蔽性。对于职业区隔明显的工作,如有些企业把劳务派遣员工与正式员工区隔在不同工作岗位上,则此项同工同酬的规定便难以发挥作用,故派遣工与正式工的同工同酬问题在本单位内就不存在了。

毋庸置疑,“同工同酬”是富有思想感召力的响亮口号和美好追求,也是劳动生活领域里的一项重要法律原则,承载着现代劳动立法捍卫平等、反对歧视的价值理念。因此,同工同酬本身含有理想主义的成分，由此也就决定其尽管有规则化的实践需求和立法倾向但却难以转化为地地道道的法律规则，其法律原则的身份定位既描述了当下也昭示了未来。正因如此，我们对同工同酬的期许也应更多地关注其价值导引功能而不是技术操作功能。正如有学者所言："在现阶段，我们则不能机械理解这一原则，将其绝对化、完全化，同工同酬不能作为尺子，而更应作为一个框架。"依此论断，在实践中，我们似乎应该更为关注同工同酬原则在宏观层面（工资分配规则与适用）上的含义设定及其追求。

无论如何，建议用工单位还是应当按照《劳动合同法》的规定，对被派遣劳动者与本单位同类岗位的劳动者实行相同的劳动报酬分配办法。否则，如果长期让派遣员工感到同工不同酬、同工不同权利、同工不同地位，不仅拉大了收入差距，而且大大伤害了用工企业的凝聚力和发展后劲。同时，因劳动报酬不公平、不能正常融入用工单位，势必会引起劳务派遣工与正式员工之间的分化和劳务派遣工与企业之间的矛盾纠纷，成为不可忽视的不稳定隐患。

法条重现

《中华人民共和国劳动法》

（1994年7月5日公布　自1995年1月1日起施行　2009年8月27日修正）

第四十六条　工资分配应当遵循按劳分配原则，实行同工同酬。

工资水平在经济发展的基础上逐步提高。国家对工资总量实行宏观调控。

全国人民代表大会常务委员会《关于修改〈中华人民共和国劳动合同法〉的决定》

（2012年12月28日公布　自2013年7月1日起施行）

第十一届全国人民代表大会常务委员会第三十次会议决定对《中华人民共和国劳动合同法》作如下修改：

二、将第六十三条修改为："被派遣劳动者享有与用工单位的劳动者同工同酬的权利。用工单位应当按照同工同酬原则，对被派遣劳动者与本单位同类岗位的劳动者实行相同的劳动报酬分配办法。用工单位无同类岗位劳动者的,参照用工单位所在地相同或者相近岗位劳动者的劳动报酬确定。

“劳务派遣单位与被派遣劳动者订立的劳动合同和与用工单位订立的劳务派遣协议,载明或者约定的向被派遣劳动者支付的劳动报酬应当符合前款规定。”

劳动部《关于〈中华人民共和国劳动法〉若干条文的说明》

(1994年9月5日　劳办发〔1994〕289号)

第四十六条　工资分配应当遵循按劳分配原则,实行同工同酬。

工资水平在经济发展的基础上逐步提高。国家对工作总量实行宏观调控。

本条中的“同工同酬”是指用人单位对于从事相同工作,付出等量劳动且取得相同劳绩的劳动者,应支付同等的劳动报酬。

本条中的“工资水平”是指一定区域一定时期内平均工资的高低程度。

本条中的“工资总量”是指一定时期内国民生产总值用于工资分配的总数量。

本条中的“宏观调控”的具体办法,可执行《关于加强企业工资总额宏观调控的实施意见》(劳部发〔1993〕299号)。

上海市高级人民法院、上海市人力资源和社会保障局《关于适用〈劳动合同法〉若干问题的意见》

(2009年3月3日　沪高法〔2009〕73号)

十四、如何把握同工同酬的标准

同工同酬是劳动法确立的一项基本规则,用人单位必须严格遵守。但由于劳动者存在个体差异,因此,不能简单以不同劳动者是否在相同岗位工作作为“同工”的标准,而应综合考虑劳动者的个人工作经验、工作技能、工作积极性等特殊因素,允许用人单位依此对相对工作岗位的劳动者在劳动报酬方面有所差别。

第九单元　商业秘密保护与竞业限制

☞ 怎样防范员工泄露商业秘密?

典型现象

可将这种违反保密义务的员工告上法庭

虽然现代企业已经越来越重视对自有知识产权的保护,然而更多情况下,企业关注的只是已为大家所熟知的对专利、商标、著作权的保护,而忽略了对同属知识产权范畴的,并且相对企业而言更为重要的企业商业秘密保护。

案例展示

李某与某广告策划公司签订了3年的劳动合同。合同中特别约定,李某必须保守该公司的商业秘密,否则承担违约损害赔偿责任。李某在与该公司另外签署的保密协议中,也书面承诺:在其受雇用期间,从公司获悉或得知的秘密资料、相关情报,诸如策划文案、顾客资料、价格体系、与客户签署的合约事项等,全部作为保密事项。如有违反,李某愿意接受公司给予的解雇处分,同时赔偿公司的经济损失。

3年后,由于李某工作出色,公司对其颇为满意,又与其续签了5年的劳动合同。李某的职务也从一个普通的业务员,陆续升迁至了中层管理职位,当上了业务部门的经理。然而就在不久前,这家公司发现,李某在工作之余又同别的广告策划公司签订了一份兼职协议书,偷偷在该公司从事兼职工作。这份兼职协议中约定,李某作为这家公司的兼职员工,所联系签署的广告设计业务或完成的广告策划文案,按广告收入的20%提成。李某没有向自己的受聘公司提起这件事。公司认为,李某此举违反双方之间的保密协议约定,公司领导与其面谈时,对其提出了严厉的批评。

李某一看自己的事情暴露,索性带着自己的全部客源及其所在业务部门的策划文案和广告创意设计,离开了"老东家",单方面解除了双方的劳动合同。

不久,他将自己掌握的客户信息披露给了"新东家",导致两家大型客户最终与其"新东家"签订了业务合同,而且,李某还将"老东家"的策划文案和广告设计创意用在了为"新东家"客户所做的设计当中。

"老东家"依据与李某签署的保密协议,将李某告上了法庭。对此,李某不以为然。他认为客户选择"新东家"作为合作伙伴,是在市场机制下自由选择的结果,并没有违反法律。自己当初的确曾经在合同中约定为公司保守商业秘密,但这是合同中的不平等条款。李某认为,合同规定了自己应当承担保守商业秘密的义务,但公司并未对此予以经济补偿。作为一项权利与义务不对等的条款,在法律上应该是无效的。

法庭对该案件进行审理后认为,李某的行为已经违背了双方劳动合同及保密协议中对于保密事项的约定,即李某侵犯了原公司的商业秘密。李某作为原公司的员工,向原公司隐瞒其同时兼职服务于另一家同行业公司的事实,并在辞职后带走原公司的客户源和技术或设计资料为新公司服务,这种行为违背了双方劳动合同及保密协议中对于保密事项的约定。进而判决,李某应对原公司的损失承担赔偿责任。

追本溯源

给员工设定保密义务是否应向其支付保密费?

《劳动合同法》第23条规定:"用人单位与劳动者可以在劳动合同中约定保守用人单位的商业秘密和与知识产权相关的保密事项。"李某与原公司签订的劳动合同中的保密条款,以及在保密协议中李某作出的书面承诺,均为双方真实意思表示,合法有效,李某应受其约束。

李某关于“合同规定了自己应当承担保守商业秘密的义务，但公司并未对此予以经济补偿，应属无效”的说法，没有法律依据。我国《劳动合同法》对企业与负有保密义务的员工，签署竞业限制协议的，规定企业要支付竞业限制经济补偿；而对企业与员工仅签署保密协议（没有竞业限制要求）的，并没有规定要支付任何的补偿金。

李某作为原公司员工，辞职后带走自己在原公司工作期间积累的全部客户源和技术或设计资料为新公司服务，这种行为已严重违反了双方在劳动合同及保密协议中对于保密事项的约定。李某应对原公司的损失承担违约赔偿责任。因此，上述法院判决是正确的。

☆ 专家锦囊

企业可采取哪些办法和措施保护商业秘密？

现代企业竞争好比一场虚拟战场的竞争力战争，企业商业秘密保护战略便是这场战争的制胜因素之一。可以说，对身处知识经济时代的现代企业而言，商业秘密是其企业财富和市场竞争力的核心体现，企业必须建立自己的商业秘密保护机制，更确切地说，企业应该将商业秘密保护提升到企业发展战略的高度予以重视和把握，因为在经济高度发展的竞争社会，丧失或泄露企业商业秘密意味着对企业的毁灭性颠覆。

由于我国目前尚未有专门的商业秘密保护法，关于商业秘密的保护规定分别以法律、行政法规、部门规章等形式散见于各类法律法规之中，总结起来主要有：从侵犯商业秘密的法律救济途径看，有民法上的救济、行政法上的救济、刑法上的救济和劳动法上的救济。从侵犯商业秘密的法律责任看，有民事责任、行政责任和刑事责任。

对于企业而言，应以民法上的救济为最基本和最主要。对于可能接触商业秘密的公司雇员和商业伙伴，公司应告知其负有保护商业秘密的义务并与其签订保密协议。在商业秘密被侵犯后，可以选择要求行为人承担侵权或违约的民事责任。

本书作者建议，为了保护商业秘密，用人单位除了要与关键岗位的员工签署保密协议以外，还应该做好如下几项工作：

（1）应当通过多种方式培养员工的商业秘密保护意识。商业秘密的保护重点在于预防，应采取必要的手段使商业秘密不能泄露给非应掌握该商业秘密的任何人。所以使每个员工意识到商业秘密对企业是至关重要的无形资产，树立保密及防范意识是非常重要的。

（2）要通过建立全面的保密制度，落实企业保护商业秘密战略。对内管理领域，应当建立和健全企业商业秘密保护的规章管理制度及措施，确保秘密信息不致泄露。应当在制度管理、程序管理、人员管理等不同方面予以建制，制度和措施至少应当包括：建立企业商业秘密保护制度、设置商业秘密保护职能部门及区域、明确确定商业秘密的程序、建立载有商业秘密的文档及电子文档管理制度、内部员工管理制度、限制接触商业秘密的雇员人数且定期重新评估需要接触商业秘密的雇员名单，并作调整；保留所有接触商业秘密的原始记录等。

（3）对外经营管理领域，应当在商业秘密的运用过程中，通过健全的商业秘密保护措施防止商业秘密的流失，在此过程中，应当至少建立以下制度：制定与商业合作伙伴合作开发或委托开发的商业秘密保密协议，建立企业生产、销售、物流、售后服务阶段保密制度，完善商业合同中的保密条款，制定与企业商业伙伴之间的保密协议等。

法条重现

《中华人民共和国劳动合同法》

（2007年6月29日公布　自2008年1月1日起施行　2012年12月28日修正　《修正决定》自2013年7月1日起施行）

第二十三条　用人单位与劳动者可以在劳动合同中约定保守用人单位的商业秘密和与知识产权相关的保密事项。

《中华人民共和国反不正当竞争法》

（1993年9月2日公布　自1993年12月11日起施行）

第十条　经营者不得采用下列手段侵犯商业秘密：

（一）以盗窃、利诱、胁迫或者其他不正当手段获取权利人的商业秘密；

（二）披露、使用或者允许他人使用以前项手段获取的权利人的商业秘密；

（三）违反约定或者违反权利人有关保守商业秘密的要求，披露、使用或者允许他人使用其所掌握的商业秘密。

第三人明知或者应知前款所列违法行为，获取、使用或者披露他人的商业秘密，视为侵犯商业秘密。

第二十五条　违反本法第十条规定侵犯商业秘密的，监督检查部门应当责令停止违法行为，可以根据情节处以一万元以上二十万元以下的罚款。

《中华人民共和国刑法》

（1979年7月1日通过　2011年2月25日第八次修正　《修正案（八）》自2011年5月1日起施行）

第二百一十九条　有下列侵犯商业秘密行为之一，给商业秘密的权利人造成重大损失的，处三年以下有期徒刑或者拘役，并处或者单处罚金；造成特别严重后果的，处三年以上七年以下有期徒刑，并处罚金：

（一）以盗窃、利诱、胁迫或者其他不正当手段获取权利人的商业秘密的；

（二）披露、使用或者允许他人使用以前项手段获取的权利人的商业秘密的；

（三）违反约定或者违反权利人有关保守商业秘密的要求，披露、使用或者允许他人使用其所掌握的商业秘密。

明知或者应知前款所列行为，获取、使用或者披露他人的商业秘密的，以侵犯商业秘密论。

本条所称商业秘密，是指不为公众所知悉，能为权利人带来经济利益，具有实用性并经权利人采取保密措施的技术信息和经营信息。

本条所称权利人，是指商业秘密的所有人和经商业秘密所有人许可的商业秘密使用人。

☞ 竞业限制协议难点问题解析

典型现象

竞业限制补偿金最迟应在何时支付给员工？

竞业限制制度本身蕴含着太多的冲突和矛盾，既有对维护市场秩序的追求，又有着保护劳动者劳动权的朴素情怀。竞业限制以双方自由协商的方式开始，其中多元利益冲突的张力又不断冲击着竞业限制制度的运行。竞业限制制度中，涉及劳动者、原用人单位、新用人单位三元主体，涉及劳动权益、竞争优势、经济利益等多元利益。

案例展示

方某入职南京某网络公司后，与该公司签订了劳动合同，在公司担任程序员，月工资为13,500元。考虑到方某在工作中可以接触到公司的技术秘密，属负有保密义务的人员，因此公司又与方某签署了《保密与竞业限制协议》，该协议中约定"乙方（指方某）保证，在离开甲方（指网络公司）的一年内，不在与甲方同行业的其他企业内就职。在这一年内，甲方每个月向乙方发放竞业限制补偿费5000元。如乙方违约，应向甲方双倍返还从甲方所领取的竞业限制补偿费总额，作为违约金"。

在网络公司工作两年后，方某有一天向公司提交了辞职报告。辞职理由是：自己老家在农村，且父母现仍在老家常年生活，房屋有点漏雨，急需回老家帮助父母修缮房屋，故申请辞职。两天后，公司以书面形式同意了方某的辞职。方某很快办完离职手续，回到老家帮父母修缮房屋。

半个月后，方某老家的房屋修好，自己回到南京开始找新的工作。这时，一家与方某原公司有竞争关系的网络公司，非常看好方某以往的工作履历和经验，马上聘用了方某。方某在新网络公司刚刚工作一个星期，原网络公司就用特快专递通知方某回公司领取竞业限制补偿金，并要求方某履行竞业限制义务，离开现在的新网络公司。方某对此没有理睬。既没有去领竞业限制补偿，也没有离开新网络公司。

原网络公司以方某违反竞业限制条款为由，提起劳动仲裁申请，要求方某承担竞业限制违约金并继续履行竞业限制义务，与新网络公司解除劳动关系。

方某认为，自己离职原网络公司未支付竞业限制补偿金，偏偏在知道自己在同行业找到新工作后，原网络公司才向自己发出领取竞业限制补偿通知。很明显，是恶意促使竞业限制条款生效的行为。

原网络公司则认为，双方签署的竞业限制协议中，仅约定每月支付一次竞业限制补偿金，并未约定何时支付，因此公司并不一定要在离职时或每月月初支付，只要在当月，哪怕是月底支付都是符合约定的。

追本溯源

员工能以没领到竞业限制补偿为理由，违反竞业限制条款吗？

所谓竞业限制，是指为防止商业秘密在同行业间的泄露，用人单位与掌握商业秘密的员工通过竞业限制协议约定，员工在离职后一定期限内，不得自己生产与原单位有竞争关系的同类产品或经营同类业务，也不得到生产同类产品或经营同类业务且具有竞争关系的其他单位任职，用人单位将给予员工一定经济补偿。竞业限制协议是近年来我国向社会主义市场经济体制转轨的过程而逐渐自西方发达国家引进的，竞业限制义务最早来源于西方资本主义发达国家，目前，它也是各国立法对商业秘密的一种高标准的保护方法。

随着经济社会的快速发展，员工跳槽现象普遍，而一些对企业经营和技术情况了如指掌的员工在跳槽后，往往选择与其以前业务特长相同或近似的业务，不但易成为原就职企业强劲的竞争对手，而且可能会情不自禁地使用原企业的商业秘密。为防止出现这种局面，企业开始采取与员工订立竞业限制协议的办法，以保护企业的竞争利益和商业秘密。

考虑到竞业限制协议是双务有偿合同，离职员工承担保守原企业商业秘密、不与原企业竞争的义务，同时应享有获取一定经济补偿的权利。离职员工如果得不到相应的补偿，择业自主权利又受到竞业限制合同的限制，双重的不利势必影响其生存状况和发展前景。保护企业的商业秘密不能以损害离职员工的生存权为代价。因此，我国《劳动合同法》第23条中明确规定："对负有保密义务的劳动者，用人单位可以在劳动合同或者保密协议中与劳动者约定竞业限制条款，并约定在解除或者终止劳动合同后，在竞业限制期限内按月给予劳动者经济补偿。劳动者违反竞业限制约定的，应当按照约定向用人单位支付违约金。"

上述案例中，方某与原网络公司签署的竞业限制协议中，约定了方某离职后需要履行的竞业限制义务，同时也约定了在竞业限制期限内，公司每月向方某支付竞业限制补偿费5000元。应该说，这种约定是符合《劳动合同法》的，是合法有效的合同。但由于原网络公司在方某离职当时没有支付竞业限制补偿金，方某在离职两个星期后即到与原公司有竞争关系的企业就职，而原公司在方某离职一个月即将届满之时才向其发出领取竞业限制补偿金的通知，由此引发竞业限制条款的效力问题。因此，本案的争议焦点在于：用人单位在劳动者离职后一个月支付竞业限制补偿金，竞业限制条款对劳动者是否具有法律约束力？如果有，则方某应承担违约责任；如果无，则原网络公司应承担败诉后果。对此，劳动争议仲裁委员会中有以下两种不同观点：

观点一：原网络公司在方某离职时没有支付竞业限制补偿金，那么离职时约定的竞业限制条款对方某就没有约束力。方某到与原公司有竞争关系的企业任职不受竞业限制条款约束，而原公司得知方某在同行业找到新工作后，才向方某发出领取竞业限制补偿通知。很明显，是恶意促使竞业限制条款生效，恶意促使条件成就应视为条件不成就，所以竞业限制条款对方某不应有法律上的约束力。

观点二:方某提出辞职后与原网络公司解除了劳动关系,而方某重新就职和原网络公司通知其领取竞业限制补偿金都是发生在方某离职后的一个月内,方某在有竞业限制条款的约束下仍到与原公司有竞争关系的企业就职,其行为可以视为已违反竞业限制约定。同时,双方在签订合同时并未约定支付竞业限制补偿金的时间必须在劳动者离职当时,无论是月初还是月底,原网络公司只要在一个月内支付方某竞业限制补偿金即符合法律规定,使竞业限制条款对方某发生约束力,方某应当承担相应的违约责任。

本书作者比较赞同观点二。其理由如下:

用人单位与劳动者签订的有效竞业限制协议是一个双务合同:用人单位负有按月支付经济补偿的义务;劳动者负有竞业限制的义务。劳动者获得的经济补偿,是劳动者履行竞业限制义务期间的主要生活来源。如果因用人单位方面的原因导致其未按协议约定向劳动者支付经济补偿的,用人单位的行为构成根本违约,按照合同法原理,一方根本违约,另一方享有法定解除权。据此,最高人民法院在《关于审理劳动争议案件适用法律若干问题的解释(四)》(以下简称《解释(四)》)第 8 条中规定:当事人在劳动合同或者保密协议中约定了竞业限制和经济补偿,劳动合同解除或者终止后,因用人单位的原因导致三个月未支付经济补偿,劳动者请求解除竞业限制约定的,人民法院应予支持。

由于竞业限制涉及保护用人单位的商业秘密,不同于其他一般合同。如果用人单位仅一个月未支付经济补偿,劳动者即可解除竞业限制,这对于用人单位而言过于苛刻,也不利于对商业秘密或者与知识产权有关事项的保密;同样如果用人单位很长时间未支付经济补偿,劳动者却还要履行竞业限制,则不利于对劳动者生存权的保护。因此,《解释(四)》借鉴其他司法解释规定,确定了三个月的合理期限。

综上所述,对于上述案例,仲裁庭应该采用观点二的思路作出裁决。即裁决支持原网络公司所提出的仲裁请求,方某应向原网络公司支付竞业限制违约金并继续履行竞业限制义务,与新网络公司解除劳动关系。

专家锦囊

处理好哪些问题才能签好竞业限制协议?

企业高级技术人才是企业赖以生存的必要条件,这些人的轻易离职带给企业的不仅是岗位的缺失,还有企业核心竞争力的丧失。但是,在目前中国法律上高级技术人才依然属于劳动者,享有劳动者离职的权利;尽管法律上规定了企业可与高级技术人员约定竞业限制条款。

《劳动合同法》实施后,法律为竞业限制制度规定了诸多条件。在此,本书作者提醒广大企业,在有关竞业限制协议的实际运作中,应该注意下面几个方面的问题:

(一)限制的对象

竞业限制协议是企业与特定的接触、知悉、掌握商业秘密的员工签订的,对于签订对象的合理性,应依员工职位的高低以及有无接触商业秘密机会,作出不同的认定。对于经常接触商业秘密的高级职员,如董事、经理,可与之签订竞业限制协议。对于有机会接触商业秘密的一般员工,对其离职后的竞业限制应有合理的限制,以免损害其生计。一般来说,需与企业签订竞业限制合同的通常包括下列人员:高级研究开发人员、技术人员、经营管理人员、关键岗位的技术工人、市场计划或销售人员、财会人员、机要秘书员等。凡不知悉企业商业秘密的人员签订竞业限制协议对企业来说是没有实际意义的。

(二)竞业限制的行业和范围

竞业限制的范围应与员工在本单位任职时接触或者可能接触的商业秘密的范围相对应,而不应扩至其他行业领域,实践中应当权衡是否不当地剥夺了员工的生存权。竞业限制协议应当明确约定离职者在什么范围内不得开展与原企业竞争的业务或受雇于竞争对手。另外,竞业限制的区域必须合理。区域的大小一般与原单位的业务影响区域以及市场份额等因素有关。应当以可能与企业产生实质性竞业危险的区域为禁止区域或以竞争利益是否受影响来判断具体的竞业区域,应该比较合理。企业任意或无节制地扩大竞业限制范围不但对企业没有价值,而且还可能涉嫌构成对劳动者择业自主权的侵犯。

(三)员工离职后竞业限制的期限

一般而言,竞业限制的期限应当取决于该商业秘密在市场竞争中所具有的竞争优势持续的时间和员工掌握该商业秘密的程度和技术水平的高低。对于不同类型和性质的商业秘密,其竞业限制期限可以不同,但不能超过法律规定的最长期限两年。

(四)对价的补偿性

竞业限制协议限制了员工的自由择业及获得劳动报酬权,根据权利义务对等原则,应给予员工一定的补偿费。企业为保护其商业秘密而与员工订立竞业限制协议,该协议对于员工施加的是不利的限制。基于权利义务对等的公平原则,企业必须支付相应的对价来补偿员工由于就职被限制而可能受到的损失。

(五)注意明确违约责任

在竞业限制协议中最好明确约定有关违约责任。比如,当事人可事先约定违约金的数额幅度,可以预先约定损害赔偿额的计算方法,同时也可以设定免责条款和免除将来可能发生的责任,法律责任的事先约定可以避免竞业限制协议违约后确定损害赔偿额的困难,有利于合同纠纷的解决,也有助于减少当事人在未来可能承担的风险。

另外,法律没有规定竞业限制补偿金的标准和劳动者违反竞业限制的违约金标准,可由合同双方进行约定,这也是劳动合同法中少见的赋予用人单位较高自由度的条款,用人单位可充分把握和利用,但应当遵循公平原则。另外,法律也没有规定支付竞业限制补偿和履行竞业限制义务的先后顺序,竞业限制补偿金是月初支付还是月底支付,法律没有规定,这也可由双方约定。

目前,随着员工的“跳槽”频率呈现大幅上升的态势,会有越来越多的企业使用竞业限制协议来保护商业秘密。希望企业能采纳本书作者的上述建议,从而可以尽量避免或减少劳动争议的发生。

法条重现

《中华人民共和国劳动合同法》

(2007年6月29日公布 自2008年1月1日起施行 2012年12月28日修正 《修正决定》自2013年7月1日起施行)

第二十三条 用人单位与劳动者可以在劳动合同中约定保守用人单位的商业秘密和与知识产权相关的保密事项。

对负有保密义务的劳动者,用人单位可以在劳动合同或者保密协议中与劳动者约定竞业限制条款,并约定在解除或者终止劳动合同后,在竞业限制期限内按月给予劳动者经济补偿。劳动者违反竞业限制约定的,应当按照约定向用人单位支付违约金。

第二十四条 竞业限制的人员限于用人单位的高级管理人员、高级技术人员和其他负有保密义务的人员。竞业限制的范围、地域、期限由用人单位与劳动者约定,竞业限制的约定不得违反法律、法规的规定。

在解除或者终止劳动合同后,前款规定的人员到与本单位生产或者经营同类产品、从事同类业务的有竞争关系的其他用人单位,或者自己开业生产或者经营同类产品、从事同类业务的竞业限制期限,不得超过二年。

《最高人民法院关于审理劳动争议案件适用法律若干问题的解释(四)》

(2013年1月18日 法释〔2013〕4号公布 自2013年2月1日起施行)

第八条 当事人在劳动合同或者保密协议中约定了竞业限制和经济补偿,劳动合同解除或者终止后,因用人单位的原因导致三个月未支付经济补偿,劳动者请求解除竞业限制约定的,人民法院应予支持。

☞ 这种情况是否导致竞业限制协议无效?

典型现象

竞业限制条款不完备容易引发劳动争议

根据《劳动合同法》规定,对负有保密义务的劳动者,用人单位可以在劳动合同或者保密协议中与劳动者约定竞业限制条款或单独签署竞业限制协议,一份完备的竞业限制协议一般应当包括如下内容:(1)竞业限制的人员范围;(2)竞业限制的地域范围;(3)竞业限制期限;(4)竞业限制补偿;(5)违约责任等。但在现实中,有些企业与员工签署的竞业限制条款并不完备,因此很容易引发劳动争议。

案例展示

北京中关村科技园区内的某 IT 公司通过职介公司的推荐,聘用了黄某担任本公司的行政部职员。在公司与黄某签订劳动合同时,黄某看到合同中有如下的条款:"员工在离开本公司后一年内不得在生产同类产品或经营同类业务且有竞争关系的单位内任职。"黄某明白,该条款是竞业限制条款,按照法律规定,在履行竞业限制期间,公司应向员工支付竞业限制补偿费。但奇怪的是,公司在合同中并没有约定要给员工竞业限制补偿,更没有约定竞业限制补偿标准。当然,合同中也没有约定员工如果违约的话要承担何种违约责任。

黄某看完劳动合同文本后,向人事经理提问道:"我只是一个行政部的一般员工,并不接触企业的商业秘密,为什么还要给我设定竞业限制条款呢? 另外,为什么合同中没有提到竞业限制补偿金标准呢?"

"这是公司的统一合同文本,每个人都这么签,你只管签就行了,条款内容就是个形式,不用太当真。至于竞业限制补偿金问题是这样,公司在员工离职时,如果需要其履行竞业限制义务,会与员工签订补充协议,到那时,才会在补充协议中明确竞业限制补偿金标准。"听了人事经理这番话，黄某就在劳动合同落款处签上了自己的名字。

一年后，该IT公司由于经营亏损，依据《劳动合同法》第41条规定实施了经济裁员，黄某是被裁减的富余员工之一，在办理离职手续时，黄某向人事部询问，在自己离职后要不要按劳动合同中的条款履行竞业限制义务？如果需要履行该义务的话，公司打算按什么标准向自己支付竞业限制补偿？面对上述问题，人事经理不置可否，没有给出黄某任何答复。

黄某离职后开始找新的工作时，就很纠结：一方面，新工作如果要在IT行业寻找的话，就很可能会违反与原公司签署的竞业限制条款。另一方面，如果不在IT行业寻找的话，可能薪水就会相对低些。纠结来纠结去，黄某最终认为，守约一直是自己做人的准则，因此决定还是履行敬业限制条款，到IT行业以外的企业去找新工作。

很快，黄某在一家酒店找到了新工作，尽管工资比原来少了一些，但毕竟没有违约，黄某心里很踏实。在新单位工作后，黄某认为自己既然履行了竞业限制义务，那么原IT公司就应该向自己支付竞业限制补偿金。但黄某试图与原IT公司联系并交涉该补偿金一事，但IT公司对黄某所提问题一直置之不理。无奈，黄某只能将此事诉至劳动争议仲裁庭。

IT公司在仲裁庭抗辩道：黄某是被公司裁减的多余员工，是属于对本公司没有价值的人员。因此，其离职后公司根本没有必要要求其履行竞业限制义务。劳动合同文本中的竞业限制条款只是泛泛而谈，既没有约定竞业限制补偿标准，也没有约定员工如果违约的话要承担何种违约责任，我公司认为，只有竞业限制条款但未约定竞业限制补偿的协议是无效的，黄某没必要履行这种无效合同条款，更不能依据该无效条款向公司主张任何权利。实际操作中，对于仅有劳动合同这种泛泛约定条款的员工，我公司从来没有真正要求过其一定要履行竞业限制义务。据此，我公司认为，黄某提出要求我公司支付其竞业限制补偿的仲裁请求，没有法律依据，建议仲裁庭予以驳回。

追本溯源

竞业限制协议是否会因未支付竞业限制补偿而无效?

处理上述案例中的争议,首先要解决的两个问题是:(1)竞业限制条款的效力是不是要受劳动合同解除事由的影响?(2)竞业限制协议是否因未约定竞业限制补偿而导致无效?

(一)我们先讨论第一个问题:竞业限制条款的效力是不是要受劳动合同解除事由的影响?

用人单位和劳动者事先约定了竞业限制和经济补偿,但由于用人单位对劳动者实施裁员后,竞业限制条款对劳动者是否仍然具有约束力?这是一个司法实践中争议强烈又必须解决的问题。我们认为,不论是用人单位还是劳动者导致的劳动合同解除或终止,也无论因何原因解除劳动合同,都不必然导致竞业限制的约定失效。劳动合同解除实行的是法定制度,而竞业限制实行的是约定制度,竞业限制具有相对独立性,其与解除劳动合同属于并列关系,而非逻辑递进关系。当用人单位违反不同的义务时,劳动者可以依据不同的法律规定获得相应的救济。所以,用人单位实施裁员解除员工劳动合同,不影响竞业限制约定的有效性。

最高人民法院在《关于审理劳动争议案件适用法律若干问题的解释(四)》(以下简称《解释(四)》)中明确规定:"当事人在劳动合同或者保密协议中约定了竞业限制和经济补偿,当事人解除劳动合同时,除另有约定外,用人单位要求劳动者履行竞业限制义务,或者劳动者履行了竞业限制义务后要求用人单位支付经济补偿的,人民法院应予支持。"应该说,《解释(四)》将竞业限制条款的有效性与解除劳动合同的事由相分离,有助于正确区分二者的关系。由此可见,竞业限制条款的效力不受劳动合同解除事由的影响。

(二)我们再讨论第二个问题:竞业限制协议是否因未约定竞业限制补偿而导致无效?

在实际工作中,一些用人单位在与劳动者签订的竞业限制协议中根本没有用人单位需支付经济补偿的约定，或者虽有约定，但用人单位实际上并未支付，在这样的情况下，竞业限制协议是否有效？对劳动者是否还有约束力？《劳动合同法》以及《劳动合同法实施条例》并未对此作出规定，导致在《解释（四）》出台之前，司法实践中对此类案件处理不一，主要有如下三种观点：

1.“有效说”，以上海为代表。

上海市高级人民法院《关于适用〈劳动合同法〉若干问题的意见》第13条关于“当事人对竞业限制条款约定不清的处理”规定，劳动合同当事人仅约定劳动者应当履行竞业限制义务，但未约定是否向劳动者支付补偿金，或者虽约定向劳动者支付补偿金但未明确约定具体支付标准的，基于当事人就竞业限制有一致的意思表示，可以认为竞业限制条款对双方仍有约束力。补偿金数额不明的，双方可以继续就补偿金的标准进行协商；协商不能达成一致的，用人单位应当按照劳动者此前正常工资的20%～50%支付。协商不能达成一致的，限制期最长不得超过两年。根据该指导意见，用人单位未在竞业限制协议中约定向劳动者支付经济补偿，或者未约定支付标准的，竞业限制协议仍有效，劳动者需履行竞业限制义务，用人单位也需支付经济补偿，经济补偿标准可协商约定，协商不了的按照劳动者此前正常工资的20%～50%支付。

2.“无效说”，以江苏、浙江为代表。

江苏省高级人民法院、江苏省劳动争议仲裁委员会《关于审理劳动争议案件的指导意见》第13条规定，用人单位与劳动者约定了竞业限制条款但未约定经济补偿，或者约定了经济补偿但未按约定支付的，该竞业限制条款对劳动者不具有法律约束力。江苏省的指导意见对于用人单位未约定经济补偿，或者约定了但未按约定支付经济补偿的，直接否认竞业限制协议的效力，竞业限制协议对劳动者没有法律约束力。没有法律约束力当然可以理解为没有法律效力。但是，该指导意见在第13条第2款中又增加了一句，劳动者依约遵守了竞业限制条款，但用人单位未按约支付经济补偿，劳动者请求用人单位支付经济补偿的,应予支持。双方没有约定补偿标准或约定的补偿标准低于《江苏省劳动合同条例》第 17 条规定的标准,劳动者请求按照《江苏省劳动合同条例》第 17 条规定的标准补足的,应予支持。

浙江省劳动争议仲裁委员会《关于劳动争议案件处理若干问题的指导意见(试行)》的通知第 31 条规定,用人单位与劳动者约定竞业限制但未同时约定经济补偿,或者约定经济补偿的数额明显过低、不足以维持劳动者在当地的最低生活标准的,属于《劳动合同法》第 26 条第 2 项规定的"用人单位免除自己的法定责任、排除劳动者权利的"情形,该竞业限制条款或协议无效。第 32 条规定:"具有以下情形之一的,竞业限制条款对劳动者不再具有约束力:……(4)用人单位未按约定支付经济补偿的"。

3."效力待定说",以北京、广东为代表。

北京市劳动和社会保障局、北京市高级人民法院《关于劳动争议案件法律适用问题研讨会会议纪要》第 39 条规定,用人单位与劳动者在劳动合同或保密协议中约定了竞业限制条款,但未就补偿费的给付或具体给付标准进行约定,不应据此认定竞业限制条款无效,双方可以通过协商予以补救,经协商不能达成一致的,可按照双方劳动关系终止前最后一个年度劳动者工资的 20% ~60% 支付补偿费。用人单位明确表示不支付补偿费的,竞业限制条款对劳动者不具有约束力。

广东省高级人民法院、广东省劳动争议仲裁委员会《关于适用〈劳动争议调解仲裁法〉、〈劳动合同法〉若干问题的指导意见》第 26 条规定,用人单位与劳动者约定竞业限制的,应当在竞业限制期限内依法给予劳动者经济补偿,用人单位未按约定支付经济补偿的,劳动者可要求用人单位履行竞业限制协议。至工作交接完成时,用人单位尚未承诺给予劳动者经济补偿的,竞业限制条款对劳动者不具有约束力。

基于上述三种不同观点,导致了司法实践中各地仲裁机构和法院对此类案件处理不一,严重损害了法律适用的严肃性、统一性。为了改变这一局面,最高人民法院在《解释(四)》中对此类案件的处理做出统一规定如下:

当事人在劳动合同或者保密协议中约定了竞业限制，但未约定解除或者终止劳动合同后给予劳动者经济补偿，劳动者履行了竞业限制义务，要求用人单位按照劳动者在劳动合同解除或者终止前12个月平均工资的30%按月支付经济补偿的，人民法院应予支持。

前款规定的月平均工资的30%低于劳动合同履行地最低工资标准的，按照劳动合同履行地最低工资标准支付。

由此可见，尽管案例中的IT公司在劳动合同中并没有约定应向黄某支付竞业限制补偿，更没有约定竞业限制补偿标准，但因黄某已经按照劳动合同中的条款，履行了竞业限制义务，故根据上述《解释(四)》的规定，IT公司应该按照黄某在劳动合同解除前12个月平均工资的30%按月支付经济补偿。

☆ ‖ 专家锦囊

怎样运用保密协议和竞业限制协议，有效保护企业合法权益？

在实践中，用人单位与劳动者往往在一份协议中同时约定保守商业秘密和竞业限制义务，比如订立《保密及竞业限制协议》，常常导致人们一种模糊认识，认为保密协议和竞业限制协议没有什么区别，二者是一回事。实际上保密协议和竞业限制协议是两个不同的法律概念。保密协议是指用人单位针对知悉企业商业秘密的劳动者签订的要求劳动者保守用人单位商业秘密的协议。保密协议应当以书面形式签订，一般应具备以下主要条款：(1)保密的内容和范围；(2)保密协议双方的权利和义务；(3)保密协议的期限；(4)违约责任。在保密协议有效期限内，劳动者应严格遵守本企业保密制度，防止泄露企业技术秘密，不得向他人泄露企业技术秘密，非经用人单位书面同意，不得使用该商业秘密进行生产与经营活动，不得利用商业秘密进行新的研究和开发。竞业限制协议是指用人单位与劳动者约定在解除或者终止劳动合同后一定期限内，劳动者不得到与本单位生产或者经营同类产品、从事同类业务的有竞争关系的其他用人单位任职，或者自己开业生产或者经营同类产品的书面协议。竞业限制是保密的手段，通过订立竞业限制协议，可以减少和限制商业秘密被泄露的概率。保密是竞业限制的目的，订立竞业限制协议最终的目的是保护用人单位的合法权益。

保密协议和竞业限制协议有如下区别：(1)保密义务一般是法律的直接规定或劳动合同的随附义务，不管用人单位与劳动者是否签订保密协议，劳动者均有义务保守商业秘密。而竞业限制是基于用人单位与劳动者的约定产生，没有约定的，无须承担竞业限制义务。(2)保密义务要求保密者不得泄露商业秘密，侧重的是不能“说”，竞业限制义务要求劳动者不能到竞争单位任职或自营竞争业务，侧重的是不能“做”。(3)保密义务中劳动者承担的义务仅限于保密，并不限制劳动者的就业权，而竞业限制义务不仅仅限制劳动者泄密，还限制劳动者的就业，劳动者的负担重很多。(4)保密义务一般期限较长，只要商业秘密存在，劳动者的保密义务就存在，而竞业限制期限较短，最长不超过 2 年。

在此，需要特别提醒用人单位注意的是，竞业限制补偿金是劳动者履行竞业限制义务的对价，也是用人单位要求劳动者履行竞业限制义务的前提条件，用人单位应当依照协议的约定支付竞业限制补偿金。特别是要避免，用人单位与劳动者在竞业限制协议中根本不约定竞业限制补偿金的情形出现。否则，根据上述最高人民法院《解释（四）》中的规定，只要劳动者按约定履行了竞业限制义务，就有权要求用人单位按照其在劳动合同解除或者终止前 12 个月平均工资的 30% 按月支付竞业限制补偿。

法条重现

《中华人民共和国劳动合同法》

（2007 年 6 月 29 日公布　自 2008 年 1 月 1 日起施行　2012 年 12 月 28 日修正　《修正决定》自 2013 年 7 月 1 日起施行）

第二十三条　用人单位与劳动者可以在劳动合同中约定保守用人单位的商业秘密和与知识产权相关的保密事项。

对负有保密义务的劳动者,用人单位可以在劳动合同或者保密协议中与劳动者约定竞业限制条款,并约定在解除或者终止劳动合同后,在竞业限制期限内按月给予劳动者经济补偿。劳动者违反竞业限制约定的,应当按照约定向用人单位支付违约金。

第二十四条　竞业限制的人员限于用人单位的高级管理人员、高级技术人员和其他负有保密义务的人员。竞业限制的范围、地域、期限由用人单位与劳动者约定,竞业限制的约定不得违反法律、法规的规定。

在解除或者终止劳动合同后,前款规定的人员到与本单位生产或者经营同类产品、从事同类业务的有竞争关系的其他用人单位,或者自己开业生产或者经营同类产品、从事同类业务的竞业限制期限,不得超过二年。

《最高人民法院关于审理劳动争议案件适用法律若干问题的解释(四)》

(2013 年 1 月 18 日　法释〔2013〕4 号公布　自 2013 年 2 月 1 日起施行)

第六条　当事人在劳动合同或者保密协议中约定了竞业限制,但未约定解除或者终止劳动合同后给予劳动者经济补偿,劳动者履行了竞业限制义务,要求用人单位按照劳动者在劳动合同解除或者终止前十二个月平均工资的 30% 按月支付经济补偿的,人民法院应予支持。

前款规定的月平均工资的 30% 低于劳动合同履行地最低工资标准的,按照劳动合同履行地最低工资标准支付。

第十单元　违约金及离职手续

☞ 能这样让员工承担违约金吗?

典型现象

是否应让这种背信弃义的员工承担违约金?

劳动合同是在《劳动合同法》严密控制下的契约,在有限的空间遵循契约自由的法则。用人单位与劳动者,在什么情况下,不能在劳动合同中约定由劳动者承担的违约金?在什么情况下,可以约定由劳动者承担的违约金?以及违约金应怎样约定?这些问题是在劳动合同运作中,用人单位必须要弄清的。

案例展示1

户口问题一直是困扰大学生就业的一个非常重要的问题,甚至成为很多大学生就业时首要考虑的问题。因此能够解决大学生落户的单位尽管其发展前景、工资待遇等不好,仍然是大学生眼中的香饽饽。这样就给大学生成为单位的劳动者之后跳槽因为户口问题约定的违约金发生争议埋下了隐患。

户口制度一直遭人诟病。“农业户口”与“非农业户口”截然分立,省际或城际户口互为壁垒,其中以北京的户口壁垒最为严重。外地人在北京,如果没有北京户口,就相当于是“二等公民”,不要说子女上学很难,甚至连买车买房都受到很大限制。于是,大学应届毕业生如果能获得留京指标后落户在北京,则就是一件天大的好事。但是,每年北京都有数以万计的大学生毕业,而进京或留京指标一般只有1

万多个。区区一个户口正是决定他们是否能在北京找到安全感和归属感的关键指标。为了求得户口,他们往往“饥不择业”,很多人为此进入了自己并不喜欢的行业或企业。刘某就是这些人中的一个。

前年,刘某大学毕业后,与北京某公司签订了为期 5 年的劳动合同。由于公司帮刘某办理了北京户口,所以在劳动合同中约定了服务期和违约金条款。其中,服务期约定为 5 年,违约金条款为:如果 5 年服务期内刘某提出辞职,则要向公司支付总额为 10 万元的违约金。

刘某拿到北京户口并在该公司工作 1 年后,向该公司提出辞职。辞职理由是,自己在其他单位找到了一个与自己所学专业完全对口的工作,故决定另谋高就。

刘某在办理离职手续时,公司要求刘某按照劳动合同违约条款的约定,履行向公司支付 10 万元违约金的义务。但刘某却以自己没钱为理由,拒绝支付。公司无奈,只得以劳动合同约定为依据,将刘某告上劳动仲裁庭。

案例展示 2

上海某公司从国外引进了一套新型加工设备,由于该公司的技术人员无法掌握这套设备的全部技术。于是将一名高级技术人员郑某派往国外参加技术培训,以便全面掌握新设备的有关技术。

郑某在接受培训之前,与公司签署了专项《培训协议》,作为劳动合同的补充条款,其中约定:郑某培训结束后,要为公司提供 5 年服务;服务期内如郑某辞职或提前解除劳动合同,则郑某应向公司支付 100 万元违约金。若郑某的违约行为给企业造成了损失,则在其承担违约金的同时,还应当承担损失赔偿责任。

上述《培训协议》签订后不久,公司便出资将郑某送往国外接受了为期半年的技术培训,为此公司共花费培训费用 18 万元。郑某回国后,公司在他的指导下很快解决了技术难关,取得了丰厚的经济效益。公司将郑某的职位晋升为技术部经理,但工资并没有增加。此时,同行业另一家公司看好郑某,准备以高薪为诱饵“挖走”郑某。郑某终因抵不住高薪诱惑,决定“跳槽”至这家公司。

郑某向公司经理这样口头辞职道:“从国外接受技术培训后,我已将这套技术全部传授给了相关技术人员,我的任务已经完成了,我要求提前离职。”公司经理坚决反对:“我们为了培养你花了 18 万元的培训费,咱们的《培训协议》中规定你有 5 年的服务期,现在还处在服务期内,你要走,就得承担违约金 100 万元。”

“我在咱们公司才工作三年多,就是把我这三年多的工资全加起来也只有 16 万多元,现在让我赔 100 万元,就是把我自己卖了,我也赔不起。”郑某的意思很清楚,自己是不可能向公司支付违约金的。

郑某为了达到“跳槽”且不支付违约金的目的,最终采用了不辞而别的手段,离开了公司。

公司想通过劳动争议仲裁向郑某索要 100 万元违约金,但不知是否能打赢这场官司。

追本溯源

在满足哪些条件下,
用人单位有权要求员工承担违约金?

近年来,劳动合同的解除纠纷日益增长,其中管理人员和科技人员服务期内因解除劳动合同与用人单位产生纠纷的案例不在少数,主要原因在于用人单位希望通过约定服务期来实现劳动者的长期服务,而劳动者基于各种因素考量却不愿受此约束。

服务期的概念目前并没有统一定义,主要有两种观点,一种观点认为,服务期是指“用人单位与劳动者约定的用人单位对劳动者出资进行专业技术培训后劳动者应该为用人单位服务的年限”;另一种观点认为,服务期是指“劳动者与用人单位约定的,劳动者因享受用人单位给予的特殊待遇而应当为用人单位工作的期限”。两种不同的观点代表了两个不同的方向,前者强调培训,后者突出待遇。

服务期从性质上看其实就是劳动合同的某个特殊阶段而已,服务期还是属于劳动关系存续期。这个阶段是用人单位通过提供培训或特殊待遇作为对价而取得的，在该阶段，劳动者除了通过劳动合同确认存在劳动关系并履行劳动义务外，还通过服务期协议或培训协议再次承诺向用人单位提供服务。所以，服务期与劳动合同期限之间的关系是特殊与一般的关系，本质上并没有区别，但由于用人单位额外提供了待遇或出资提供了培训，双方之间的关系不仅仅建立在劳动法基础之上，而且还建立在传统民法基础之上，有必要同时从劳动法与民法的维度设计用人单位与劳动者在服务期期间的关系，双方在服务期期间的权利义务在一定程度上确实应当有所区别。这种权利义务集中体现在服务期内劳动合同解除方面，在服务期期间，用人单位的目的在于维系双方劳动关系，以获得劳动者持续服务，所以并不希望劳动者离职，正常情况下用人单位也不会主动解除劳动合同，因而焦点在于劳动者在服务期内解除劳动合同的权利义务平衡。

《劳动合同法》在规制服务期的同时，收紧了劳动者适用的违约责任，确认了劳动者的预告解除权。该法同时规定，除下列两种情形外，用人单位不得与劳动者约定由劳动者承担的违约金：(1)用人单位为劳动者出资提供专项技术培训并约定了服务期；(2)双方在劳动合同中约定了竞业限制条款且员工在离职后企业依约支付了竞业限制补偿。

从《劳动合同法》的规定来看，用人单位能够与劳动者约定服务期的原因在于用人单位提供了费用，承担了区别于一般劳动者的成本，所以得以与该劳动者约定服务期。从这个角度分析时，给予特殊待遇往往也是用人单位另行承担费用，数额往往较大，所以也应该允许用人单位与劳动者约定服务期。不过解决劳动者户籍可以另论，虽然在一些特定的城市，户籍涉及小孩上学、买车或买房资格等众多劳动者切身利益，实际价值也很高，而且一般情况下会有名额限制，但用人单位因此而承担的费用很少或根本不用承担任何费用，所以此情形下不应允许用人单位与劳动者约定服务期。目前司法实践中，对于用人单位为劳动者办理城市户口手续等福利，而因此设定服务期及违约金的做法，均不予支持。由此可见，案例1中的公司提请劳动争议仲裁后所面临的,将是败诉的结果。

接下来,我们分析一下案例 2 中的问题。

《劳动合同法》第 22 条规定:“用人单位为劳动者提供专项培训费用,对其进行专业技术培训的,可以与该劳动者订立协议,约定服务期。劳动者违反服务期约定的,应当按照约定向用人单位支付违约金。违约金的数额不得超过用人单位提供的培训费用。用人单位要求劳动者支付的违约金不得超过服务期尚未履行部分所应分摊的培训费用。”

由此可见,约定服务期的一个重要的前提是,由于用人单位通过出资培训等提供特殊待遇的劳动者在劳动力市场具有与用人单位谈判的能力。如果他们觉得有利可图就签带有服务期的《培训协议》。在《培训协议》中,用人单位与劳动者要依法约定违约金,即用人单位与劳动者约定违约金时不得违法,即约定违反服务期违约金的数额不得超过用人单位提供的培训费用。违约时,劳动者所支付的违约金不得超过服务期尚未履行部分所应分摊的培训费用。

案例 2 中,公司为郑某共提供专项培训费用 18 万元人民币,却要求郑某违反服务期约定时支付违约金 100 万元,可以说,公司给郑某设定的违约金数额畸高,既不合理,更不合法。如果公司要提起劳动争议仲裁,则劳动争议仲裁委员会将依法对违约金数额进行变更减少,减少到 18 万元以下,即劳动争议仲裁委员会在审理劳动争议案件时,应根据法律规定,对这种数额畸高的违约金条款进行变更,变更到不超过服务期尚未履行部分所应分摊的培训费用。

☆ 专家锦囊

如何依法向应承担违约责任的员工收取违约金?

应该说,《劳动合同法》的实施,结束了一些用人单位给劳动者随意设定违约金的习惯,同时也使许多企业管理者担心,如果没有违约金的震慑,员工,特别是核心及关键岗位的员工,会随意违约跳槽,从而给企业的正常生产经营带来严重的不利影响。但本书作者认为,这种担心虽然可以理解，但在市场经济的今天，法律做了这样的选择和规定，企业也必须要正确面对。用人单位在当今的法律环境下，试图利用给员工设置违约金，甚至高额违约金的手段留住优秀人才，是徒劳的，更是违法和无效的。

当然，法律还是允许在出资向劳动者提供专业技术培训后，可以约定其服务期和违约金的。现实中，用人单位对劳动者进行专业技术培训，一般包括专业知识和职业技能。比如从国外引进一条生产线、一个项目，必须有能够操作的人，为此，把劳动者送到国外去培训，回来以后干这个活，这个培训就是本条所指的培训。用人单位对劳动者进行必要的职业培训不可以约定服务期。例如，用人单位按照国家规定提取和使用职业培训经费，根据本单位实际，有计划地对劳动者进行职业培训。又如：从事技术工种的劳动者，上岗前必须经过培训等。

至于培训的形式，可以是脱产的，半脱产的，也可以是不脱产的。在实践中，用人单位往往因某个项目或者某种技术革新，给员工提供费用较大的培训，但脱产时间一般不会很长，更多地采取非脱产方式的专业技术培训。但这种情况仍然不影响员工服务期的设定。

服务期的长短可以由劳动合同双方当事人协议确定，但是，用人单位在与劳动者协议确定服务期年限时要注意体现公平合理的原则，不得滥用权利，设置过分超长的服务期。同时，按照《劳动合同法》的规定，用人单位与劳动者约定的服务期较长的，用人单位应当按照工资调整机制提高劳动者在服务期间的劳动报酬。

目前在企业诉员工的劳动争议官司中，关于培训费赔偿的争议占的比重很高。主要原因是，企业和员工往往在员工违约"跳槽"后，在该怎样依法承担培训费赔偿的问题上，均存在模糊认识造成的。其实，根据我国现行的有关政策法规，只有以下三个条件同时满足时，劳动者才需赔偿用人单位为其支付的培训费：(1)用人单位给员工提供了除安全卫生教育、岗前或转岗等义务性培训以外的培训。(2)用人单位必须有其为劳动者参加培训出资的货币支付凭证。一般来说，这个凭证应当是具有培训资格的培训单位(或学校)出具的,而不是本单位自己开具的。(3)劳动者在服务期内有违约解除劳动合同的事实。

现实中,用人单位在处理员工承担培训费的问题上,特别应当注意以下两个问题:

(1)对于用人单位内部所开展的没有货币支付凭证,也无劳动合同或培训合同约定须赔偿的岗前培训、轮岗培训等内部培训所支付的相关费用,即使是劳动者违约解除劳动合同也无须赔偿相关培训费用。

(2)员工在服务期内提前解除劳动合同,用人单位要求员工支付违约金时,违约金的数额不得超过用人单位提供的培训费用。如果劳动者是履行了一部分服务期后离开的,用人单位要求劳动者支付的违约金不得超过服务期尚未履行部分所应分摊的培训费用。

法条重现

《中华人民共和国劳动合同法》

(2007 年 6 月 29 日公布　自 2008 年 1 月 1 日起施行　2012 年 12 月 28 日修正　《修正决定》自 2013 年 7 月 1 日起施行)

第二十二条　用人单位为劳动者提供专项培训费用,对其进行专业技术培训的,可以与该劳动者订立协议,约定服务期。

劳动者违反服务期约定的,应当按照约定向用人单位支付违约金。违约金的数额不得超过用人单位提供的培训费用。用人单位要求劳动者支付的违约金不得超过服务期尚未履行部分所应分摊的培训费用。

用人单位与劳动者约定服务期的,不影响按照正常的工资调整机制提高劳动者在服务期期间的劳动报酬。

第二十三条　用人单位与劳动者可以在劳动合同中约定保守用人单位的商业秘密和与知识产权相关的保密事项。

对负有保密义务的劳动者,用人单位可以在劳动合同或者保密协议中与劳动者约定竞业限制条款,并约定在解除或者终止劳动合同后,在竞业限制期限内按月给予劳动者经济补偿。劳动者违反竞业限制约定的，应当按照约定向用人单位支付违约金。

第二十五条　除本法第二十二条和第二十三条规定的情形外，用人单位不得与劳动者约定由劳动者承担违约金。

☞ 企业和员工的合同后义务有哪些？

典型现象

员工离职时拒付违约金，
企业可扣留其档案和社保关系吗？

劳动关系解除或终止后，用人单位常以劳动者尚未办理离职交接、未支付培训违约金或在职期间有违纪、侵权行为为由，拒绝或拖延办理退工手续（包括办理人事档案和社会保险关系转移手续）。一旦用人单位未出具解除或终止劳动关系的证明且拒绝办理退工手续，劳动者将无法获得正当的社会保障。目前，这种“拒不作为”成了一些用人单位报复劳动者跳槽、阻止劳动者再就业的“杀手锏”。

案例展示

韩某是某公司的技术骨干。一年前，公司进行了大规模技术改造和技术革新，为此公司将韩某在内的一批技术骨干派往日本，进行了为期一年的技术培训，以便适应新技术的要求。

公司在将韩某派往日本培训之前，与其签署了《培训协议》。该协议中约定：韩某接受培训后，要为公司提供5年服务；服务期内如因韩某辞职提前解除劳动合同，则韩某应承担违约金，违约金金额相当于公司为培训韩某所付出的全部培训费用。若韩某的违约行为给企业造成了损失，则在其承担违约金的同时，还应当承担损失赔偿责任。

一年后韩某的赴日培训结束，公司为其共花去培训费约20万元人民币。回国后，公司将韩某的职位晋升为技术部副部长。但韩某因嫌企业给的工资较同行业的相同职位偏低，同时也为了让其自身价值得到更好的体现，韩某提出辞职，准备跳槽到其他公司工作。公司经理得知此事后，坚决不同意韩某的辞职："我们为了培养你花了 20 万元的培训费，咱们的《培训协议》中规定你有 5 年的服务期，现在培训刚结束，你还没给公司做出任何回报，就想走，那可不行！"

"不行也得行！"韩某丝毫不示弱，"新单位我已经找好了，今天办完离职手续，下周我就去新单位报到上班了。"

听了韩某这话，经理知道人是留不住了。于是说道："你要非走不可，那就按约定，先交 20 万元违约金吧。"

"对不起，我没那么多钱，"韩某摆出一副完全不讲理的样子，"你们去劳动仲裁告我吧，就算你们告赢了，我手头也没那么多钱！"说完这话，韩某转身离开了经理办公室。

当天下午，韩某办结了工作移交和所有离职手续，要求公司为其出具解除劳动合同证明书，并转移社会保险手续和本人人事档案。没想到，他的要求遭到了公司的拒绝。公司经理明确地告诉韩某："不把违约金交齐了，公司就不会给你出具解除劳动合同证明书，至于你的人事档案和社保关系，也得先暂扣在公司，什么时候交齐 20 万元违约金，公司才能放走你的人事档案和社保关系。"

追本溯源

面对违约员工，采用"以暴制暴"的行为不可取！

首先可以肯定的是，韩某接受公司的出资培训后，在培训服务期内提前解除劳动合同的行为是违约行为，根据《劳动合同法》及《培训协议》的规定，应该向公司支付违约金。韩某拒不支付违约金的行为，显然是完全错误的。但是，即便如此，公司以不为其出具解除劳动合同证明，不转移社保和人事档案关系为要挟，逼迫韩某履行支付违约金义务的行为也是不妥的。

劳动者与用人单位解除劳动合同后，用人单位有义务为劳动者办理解除合同的相关手续。包括向劳动者出具解除劳动合同的证明、转移其个人人事档案等。《劳动合同法》第 50 条规定："用人单位应当在解除或者终止劳动合同时出具解除或者终止劳动合同的证明，并在十五日内为劳动者办理档案和社会保险关系转移手续。”现实中，由于用人单位不为劳动者办理解除劳动合同手续，拒绝或扣押职工档案，造成劳动者向劳动监察部门举报的案例时有发生。

原劳动部、国家档案局在《企业职工档案管理工作规定》第 18 条规定：企业职工调动、辞职、解除劳动合同或被开除、辞退等，应由职工所在单位在一个月内将其档案转交其新的工作单位或其户口所在地的街道劳动（组织人事）部门。第 19 条规定，转递档案应遵守下列规定：（一）通过机要交通或派专人送取，不准邮寄或交本人自带。（二）对转出的档案，必须按统一规定的“企业职工档案转递通知单”的项目登记，并密封包装。（三）对转出的材料，不得扣留或分批转出。（四）接收单位收到档案经核对无误后，应在回执上签名盖章，并将回执立即退回，逾期一个月转出单位未收到回执应及时询问，以防丢失。

由此可见，不管劳动者以哪种方式与企业解除劳动合同，企业均应及时将其个人档案转出，企业以扣押个人（人事）档案和社保关系作为手段威胁劳动者的做法，是错误的。应该说，许多用人单位也有它们的苦衷，有的员工给用人单位造成损失而被辞退或者开除，但员工本人不赔偿损失，用人单位只好把档案扣着；有的员工在离开时不退住房、不交纳违约金；有的员工和单位签订了在职培训协议，但提前离职，却不愿意向单位退培训费等。现实中，有些单位想约束员工，就把档案和社保关系扣留着。只有员工缴纳了违约金，单位才把档案和社保关系转走，以为这样就可以制约住员工，殊不知企业以这种非法的手段来纠正员工的违法行为，是一种“以暴制暴，以无理对无理”的错误行为，也是错误的。应该说，企业无权以任何理由扣留已离职的员工档案和社保关系。如果员工因为拒绝承担违约责任或赔偿企业的损失不辞而别，企业正确的做法应该是，通过劳动争议仲裁等法律手段来恢复自己的合法权益，而不应该扣押其个人档案和社保关系。

当然，大部分企业与员工解除劳动合同后，还是能够按规定向劳动者出具解除劳动合同证明、转移员工个人档案和社保关系的，但相当一部分企业让员工本人将档案自己带走的做法,也是不符合《企业职工档案管理工作规定》的,应当按规定通过机要交通或派专人送取的办法转移档案,这才是既符合国家规定又对员工负责的正确做法。

综上所述,用人单位为劳动者办理档案和社会保险关系转移手续是用人单位的一项法定义务,用人单位必须依法履行。《劳动合同法》还为有关手续办理规定了时间限制,用人单位应依据《劳动合同法》在依法解除或者终止劳动合同之日起 15 日内办理。《劳动合同法》第 84 条第 3 款规定,劳动者依法解除或者终止劳动合同,用人单位扣押劳动者档案或者其他物品的,由劳动行政部门责令限期退还劳动者本人,并以每人 500 元以上 2000 元以下的标准处以罚款;给劳动者造成损害的,应当承担赔偿责任。

专家锦囊

员工离职时,单位和员工应分别履行哪些各自的法律义务?

劳动合同依法解除或者终止,劳动关系结束后,劳动者与用人单位之间的权利义务关系即已消灭。但是,劳动关系作为社会法的调整对象,其所独具的人身性与隶属性之特征,决定了劳动者与用人单位在双方的权利义务关系消灭后,还必须履行各自的附属义务。双方劳动权利义务关系消灭的同时,又附随产生新的权利义务关系。

我国《劳动合同法》对于双方当事人的劳动合同后附随义务也作了一些规定,具体主要包括如下一些义务。

(一)用人单位对劳动者的后附属义务

1. 为劳动者办妥退工手续。该手续主要包括三个方面的内容:(1)出具解除或者终止劳动合同证明书;(2)办理员工档案转移手续;(3)办理社会保险关系转移手续。需要指出的是,用人单位的办妥退工手续义务,因其具有促进就业的社会功能而具有强制性,故不得事先抛弃,也不能以劳动者尚存劳动合同履行过程中的未了事宜或未履行其附随义务为由加以抗辩。且劳动者的办妥退工手续请求权,不因未在法定期限内主张而不受法律保护。而劳动者要求赔偿的权利,则须在法定期限内提出,否则,不能得到法律保护。

2. 支付经济补偿。现实中,可能涉及的经济补偿种类如下:

(1)解除或终止劳动合同经济补偿金。凡用人单位依据《劳动合同法》第40条、第41条规定,解除员工劳动合同的,或者因合同期满由用人单位终止劳动合同的,用人单位均应依法向员工支付经济补偿金。支付标准为:按劳动者在本单位工作的年限,每满1年支付1个月工资的标准向劳动者支付。6个月以上不满1年的,按1年计算;不满6个月的,向劳动者支付半个月工资的经济补偿。劳动者月工资高于用人单位所在直辖市、设区的市级人民政府公布的本地区上年度职工月平均工资3倍的,向其支付经济补偿的标准按职工月平均工资3倍的数额支付,向其支付经济补偿的年限最高不超过12年。

(2)支付一次性医疗补助费。用人单位因劳动者患病或者非因工负伤,医疗期满后,不能从事原工作也不能从事由用人单位另行安排的工作的,而解除劳动合同的,应当给付一次性医疗补助费。对此,原国家劳动部《违反和解除劳动合同的经济补偿办法》中明确规定:"发给不少于六个月工资的医疗补助费。患重病和绝症的还应增加医疗补助费,患重病的增加部分不低于医疗补助费的百分之五十,患绝症的增加部分不低于医疗补助费的百分之百。"

(3)支付一次性伤残就业补助金。根据《工伤保险条例》第37条规定,职工因工致残被鉴定为七级至十级伤残的,劳动合同期满终止,或者职工本人提出解除劳动合同的,由工伤保险基金支付一次性工伤医疗补助金,由用人单位支付一次性伤残就业补助金。一次性工伤医疗补助金和一次性伤残就业补助金的具体标准由省、自治区、直辖市人民政府规定。

(4)竞业限制补偿费。《劳动合同法》第23条中规定,对负有保密义务的劳动者,用人单位可以在劳动合同或者保密协议中与劳动者约定竞业限制条款,并约定在解除或者终止劳动合同后,在竞业限制期限内按月给予劳动者经济补偿。劳动者违反竞业限制约定的,应当按照约定向用人单位支付违约金。

3. 其他义务。如果用人单位依据劳动法的规定,裁减人员,那么用人单位在6个月内录用人员的,应当优先录用被裁减人员。另外,《劳动合同法》第50条中还规定,用人单位对已经解除或者终止的劳动合同的文本,至少保存2年备查。实践中,发生在劳动合同解除或者终止之后的一些劳动争议,往往因为时过境迁,劳动合同文本灭失,导致劳动合同的约定内容无从查证,法院难以判明事实,有时对劳动者极其不利。考虑到劳动合同文本是记载劳动合同双方权利义务的基本文件,用人单位有保留相关档案的义务,因此用人单位在实践中应注意对已经解除或者终止的劳动文本保存2年以上。

(二)劳动者对用人单位的后附属义务

1. 办理工作移交手续。劳动合同解除、终止后,劳动者对其负责的事务或归其保管的物品没有移交的,应以其忠诚义务继续办理移交手续。《劳动合同法》第50条中规定,劳动者应当按照双方约定,办理工作交接。用人单位依照本法有关规定应当向劳动者支付经济补偿的,在办结工作交接时支付。

2. 履行竞业限制义务(如有约定)。如果劳动者在与用人单位签署的合同中有关于竞业限制的条款,且用人单位也依约定履行了支付竞业限制补偿金,则劳动者应严格履行竞业限制义务。即在约定的竞业限制期限内,劳动者不得到与本单位生产或者经营同类产品、从事同类业务的有竞争关系的其他用人单位工作,也不得自己开业生产或者经营同类产品、从事同类业务。

3. 支付违约金或赔偿金。用人单位对劳动者曾进行过出资培训的,双方的劳动关系消灭时,所约定的服务期未满的,如果劳动者对该劳动关系的消灭负有过错,应当依照法定或约定的要求,支付违约金或赔偿金。如果劳动者接受培训后在用人单位工作一定期间的,违约金或赔偿金额应当按相应的比例递减。注意:培训费用不应包括培训期间付给劳动者的工资、奖金等待遇。

法条重现

《中华人民共和国劳动合同法》

（2007年6月29日公布　自2008年1月1日起施行　2012年12月28日修正　《修正决定》自2013年7月1日起施行）

第二十二条　用人单位为劳动者提供专项培训费用，对其进行专业技术培训的，可以与该劳动者订立协议，约定服务期。

劳动者违反服务期约定的，应当按照约定向用人单位支付违约金。违约金的数额不得超过用人单位提供的培训费用。用人单位要求劳动者支付的违约金不得超过服务期尚未履行部分所应分摊的培训费用。

用人单位与劳动者约定服务期的，不影响按照正常的工资调整机制提高劳动者在服务期期间的劳动报酬。

第二十三条　用人单位与劳动者可以在劳动合同中约定保守用人单位的商业秘密和与知识产权相关的保密事项。

对负有保密义务的劳动者，用人单位可以在劳动合同或者保密协议中与劳动者约定竞业限制条款，并约定在解除或者终止劳动合同后，在竞业限制期限内按月给予劳动者经济补偿。劳动者违反竞业限制约定的，应当按照约定向用人单位支付违约金。

第四十六条　有下列情形之一的，用人单位应当向劳动者支付经济补偿：

（一）劳动者依照本法第三十八条规定解除劳动合同的；

（二）用人单位依照本法第三十六条规定向劳动者提出解除劳动合同并与劳动者协商一致解除劳动合同的；

（三）用人单位依照本法第四十条规定解除劳动合同的；

（四）用人单位依照本法第四十一条第一款规定解除劳动合同的；

（五）除用人单位维持或者提高劳动合同约定条件续订劳动合同，劳动者不同意续订的情形外，依照本法第四十四条第一项规定终止固定期限劳动合同的；

（六）依照本法第四十四条第四项、第五项规定终止劳动合同的；

(七)法律、行政法规规定的其他情形。

第四十七条 经济补偿按劳动者在本单位工作的年限,每满一年支付一个月工资的标准向劳动者支付。六个月以上不满一年的,按一年计算;不满六个月的,向劳动者支付半个月工资的经济补偿。

劳动者月工资高于用人单位所在直辖市、设区的市级人民政府公布的本地区上年度职工月平均工资三倍的,向其支付经济补偿的标准按职工月平均工资三倍的数额支付,向其支付经济补偿的年限最高不超过十二年。

本条所称月工资是指劳动者在劳动合同解除或者终止前十二个月的平均工资。

第五十条 用人单位应当在解除或者终止劳动合同时出具解除或者终止劳动合同的证明,并在十五日内为劳动者办理档案和社会保险关系转移手续。

劳动者应当按照双方约定,办理工作交接。用人单位依照本法有关规定应当向劳动者支付经济补偿的,在办结工作交接时支付。

用人单位对已经解除或者终止的劳动合同的文本,至少保存二年备查。

第八十四条 用人单位违反本法规定,扣押劳动者居民身份证等证件的,由劳动行政部门责令限期退还劳动者本人,并依照有关法律规定给予处罚。

用人单位违反本法规定,以担保或者其他名义向劳动者收取财物的,由劳动行政部门责令限期退还劳动者本人,并以每人五百元以上二千元以下的标准处以罚款;给劳动者造成损害的,应当承担赔偿责任。

劳动者依法解除或者终止劳动合同,用人单位扣押劳动者档案或者其他物品的,依照前款规定处罚。

第八十九条 用人单位违反本法规定未向劳动者出具解除或者终止劳动合同的书面证明,由劳动行政部门责令改正;给劳动者造成损害的,应当承担赔偿责任。

《工伤保险条例》

(2003年4月27日公布　2010年12月20日修订　自2011年1月1日起施行)

第三十七条　职工因工致残被鉴定为七级至十级伤残的，享受以下待遇：

（一）从工伤保险基金按伤残等级支付一次性伤残补助金，标准为：七级伤残为13个月的本人工资，八级伤残为11个月的本人工资，九级伤残为9个月的本人工资，十级伤残为7个月的本人工资；

（二）劳动、聘用合同期满终止，或者职工本人提出解除劳动、聘用合同的，由工伤保险基金支付一次性工伤医疗补助金，由用人单位支付一次性伤残就业补助金。一次性工伤医疗补助金和一次性伤残就业补助金的具体标准由省、自治区、直辖市人民政府规定。

《违反和解除劳动合同的经济补偿办法》

(1994年12月3日　劳部发〔1994〕481号　自1995年1月1日起施行)

第六条　劳动者患病或者非因工负伤，经劳动鉴定委员会确认不能从事原工作、也不能从事用人单位另行安排的工作而解除劳动合同的，用人单位应按其在本单位的工作年限，每满一年发给相当于一个月工资的经济补偿金，同时还应发给不低于六个月工资的医疗补助费，患重病和绝症的还应增加医疗补助费，患重病的增加部分不低于医疗补助费的百分之五十，患绝症的增加部分不低于医疗补助费的百分之百。

《企业职工档案管理工作规定》

(1992年6月9日)

第十八条　企业职工调动、辞职、解除劳动合同或被开除、辞退等，应由职工所在单位在一个月内将其档案转交其新的工作单位或其户口所在地的街道劳动（组织人事）部门。职工被劳教、劳改，原所在单位今后还准备录用的，其档案由原所在单位保管。

第十九条　转递档案应遵守下列规定：

（一）通过机要交通或派专人送取，不准邮寄或交本人自带。

（二）对转出的档案，必须按统一规定的“企业职工档案转递通知单”(见附件二)的项目登记,并密封包装。

(三)对转出的材料,不得扣留或分批转出。

(四)接收单位收到档案经核对无误后,应在回执上签名盖章,并将回执立即退回。逾期一个月转出单位未收到回执应及时催问,以防丢失。

第十一单元　劳动争议及罢工

☞ 法院为何不受理社会保险补缴争议？

典型现象

法院不受理社保补缴争议，让员工无法理解

自从《劳动法》实施以来，用人单位与劳动者之间所发生的劳动争议案件中，涉及社会保险的，占有相当大的比例，争议最常见的问题主要是：用人单位没有依法为劳动者缴纳社会保险或没有足额缴纳社会保险，这种社会保险争议是否属于劳动争议的受案范围等，尽管我国《劳动法》、《社会保险法》都规定劳动者享有社会保险的权利，用人单位应依法为劳动者缴纳社会保险，但由于法律法规对社会保险的规定过于笼统，甚至对相关问题根本就没有规定，导致法律实践中劳动争议仲裁委员会、人民法院以及人民法院内部的裁判尺度不一致，使许多劳动者和用人单位无所适从。

案例展示

孟某系某市城镇户籍职工。几年前，进入某私营公司工作，与公司签订了劳动合同，但该公司一直没有为孟某缴纳社会保险。工作中，孟某曾经向经理提示过，公司应依法为自己缴纳社会保险。但经理的回答是，公司在社保经办机构还没有办理社会保险登记，公司整体上都没有缴纳社保，因此，无法为孟某一个人单独缴纳社保。经理同时表示，将来公司会在开始为全体员工缴纳社保时，一次性为孟某补缴此前应缴的所有社保。

2012年5月,孟某向公司提出辞职后,离开了该公司。同时,以其在职期间公司未缴纳社会保险费为理由,向当地劳动争议仲裁委员会申请仲裁,要求补缴其在该公司工作期间的城镇社会保险费并支付未付加班工资6858元。

劳动争议仲裁委员会经审理后认为,缴纳社会保险费及支付加班工资均系用人单位的法定义务,故裁决公司应在30日内为孟某补缴在职期间的城镇社会保险费,并向王某支付加班费6858元。

公司在收到裁决书后向当地基层人民法院(即一审法院)提起了诉讼,要求不支付加班费及补缴社会保险。法院经审理后,维持了仲裁委员会关于加班费的裁决结论,但法院同时认为,社会保险补缴争议不属于劳动争议的受案范围,孟某应该通过诉请劳动行政部门或社保部门追缴社保金的方式,来解决社保补缴问题。因此裁定,有关社会保险问题法院不予处理。孟某不服一审法院的上述裁定,向二审法院提出了上诉。但没想到,二审法院认为,一审法院有关社会保险补缴问题的裁定是正确的,故维持了一审裁定。

对于二审法院作出的上述终审裁定,孟某实在难以接受,便向当地高级人民法院提出了再审申请。孟某在再审申请书中称:我与该公司之间存在劳动关系,依法购买社保是《劳动法》和《社会保险法》中明确规定的。因此,不交社保应当属于劳动纠纷,我与公司之间是平等的民事关系。我诉请的是让公司补缴社保金,不是诉请劳动行政部门或社保部门追缴社保金,与社保行政部门没有直接关系,并不属于行政关系。一、二审裁定以本案属于行政关系,不属于劳动争议纠纷为由,驳回我的起诉是错误的。故请求对本案再审。

高级人民法院受理孟某的再审申请后依法组成了合议庭,经过审查,合议庭认为,征缴社会保险费是社保管理部门的职责,社保管理部门与缴费义务主体之间是管理与被管理的行政法律关系。本案中的公司不按规定为孟某缴纳社会保险金,孟某起诉请求该公司为其补缴社会保险费,不属于劳动争议案件受案范围,应向社保管理部门寻求解决。二审裁定并无不当。

综上所述，法院认为：孟某的再审申请缺乏充分理据，不符合《中华人民共和国民事诉讼法》第一百七十九条所规定应予再审的情形。依照《中华人民共和国民事诉讼法》第一百八十一条第一款的规定，裁定如下：驳回孟某的再审申请。

追本溯源

法院不受理社保补缴争议的理由和依据

社会保险补缴争议是否属于劳动争议的受案范围？关于这一问题，曾经在社会上长期存在着两种不同观点：

观点一认为，根据2008年5月1日实施的《劳动争议调解仲裁法》第2条规定，中华人民共和国境内的用人单位与劳动者发生的下列劳动争议，适用本法：(四)因工作时间、休息休假、社会保险、福利、培训以及劳动保护发生的争议。而2011年7月1日实施的《社会保险法》第83条亦规定，个人与所在用人单位发生社会保险争议的，可以依法申请调解、仲裁，提起诉讼。由于国家法律并没有将社会保险补缴争议排除在劳动争议范围之外，仲裁委员会和人民法院均应对补缴争议进行处理。

观点二认为，《劳动法》第100条规定："用人单位无故不缴纳社会保险费的，由劳动行政部门责令其限期缴纳；逾期不缴的，可以加收滞纳金。"《社会保险法》第86条规定："用人单位未按时足额缴纳社会保险费的，由社会保险费征收机构责令限期缴纳或者补足，并自欠缴之日起，按日加收万分之五的滞纳金；逾期仍不缴纳的，由有关行政部门处欠缴数额一倍以上三倍以下的罚款。"

因此，社会保险的征缴应属于行政机关的行政职责，司法权不应对社会保险的征缴进行处理，否则，有司法干预行政的越权嫌疑。司法实践中有一些地区的法院赞同这种观点，例如，安徽省高级人民法院《关于审理劳动争议案件若干问题的意见》(试行)中第3条规定：依法律、行政法规、政策规定用人单位必须为劳动者办理社会保险而未予办理，或用人单位拖欠应缴的社会保险费用，劳动者为此起诉的，不予受理。

为了统一思想，规范劳动争议案件受理标准，2010年年底，最高人民法院在《关于企业为职工补缴养老保险费引发纠纷问题的答复》中明确指出："2010年9月最高人民法院颁发的《关于审理劳动争议案件适用法律若干问题的解释（三）》第一条规定了劳动者以用人单位未为其办理社会保险手续，且社会保险经办机构不能补办导致其无法享受社会保险待遇为由，要求用人单位赔偿损失而发生争议的，人民法院应予受理。而对用人单位欠缴社会保险费或者因缴费年限、缴费数额等发生争议的，未规定由法院受理。因社保机构对用人单位欠缴费用负有征缴的义务，如果劳动者、用人单位与社保机构就欠费等发生争议，是征收与缴纳之间的纠纷，属于行政管理的范畴，带有社会管理性质，不是单一的劳动者与用人单位之间的社保争议。因此，此类争议不宜纳入民事审判的范围，劳动者对用人单位欠缴社会保险费或者因缴费年限、缴费数额等发生争议的，应向相关部门申请解决。"

综上所述，上述案例中孟某所提出的，要求其所在公司为自己补缴在职期间的城镇社会保险费的诉讼请求，不属于劳动争议纠纷，法院做出不予受理的裁定是正确的。

☆ 专家锦囊

用人单位不按时足额为劳动者缴纳社保可能会承担哪些法律责任？

尽管劳动者因单位没有依法为其缴纳社保或没有足额缴纳社保而提起仲裁或诉讼的，仲裁和法院均不予受理，但这并不意味着，用人单位可以不依法为劳动者缴纳社会保险。下面就简单介绍一下，用人单位未为劳动者缴纳社会保险的法律后果。

（一）劳动者有权无条件单方解除劳动合同，并请求经济补偿

根据《劳动法》及《社会保险法》的规定，用人单位和劳动者必须按时足额缴纳社会保险。因此，用人单位未依法缴纳社会保险的情形，既包括用人单位未为劳动者缴纳任何社会保险，也应包括用人单

位未足额为劳动者缴纳各种社会保险,实践中常见的现象是,用人单位拒不按照劳动者上年度月平均工资数额缴纳社会保险,而是按照当地社会保险的最低缴费标准为劳动者缴纳社会保险。《劳动合同法》第38条规定,用人单位有下列情形之一的,劳动者可以解除劳动合同:“(三)未依法为劳动者缴纳社会保险费的。”同时,《劳动合同法》第46条规定,有下列情形之一的,用人单位应当向劳动者支付经济补偿:“(一)劳动者依照本法第三十八条规定解除劳动合同的。”因此劳动者在2008年1月1日以后,因用人单位未依法为其缴纳社会保险而解除劳动合同的,劳动者可以要求经济补偿金,但经济补偿金的补偿年限应自2008年1月1日开始计算。这里所说的“经济补偿金”的支付标准为:按劳动者在本单位工作的年限,每满1年支付1个月工资的标准向劳动者支付。6个月以上不满1年的,按1年计算;不满6个月的,向劳动者支付半个月工资的经济补偿。劳动者月工资高于用人单位所在直辖市、设区的市级人民政府公布的本地区上年度职工月平均工资3倍的,向其支付经济补偿的标准按职工月平均工资3倍的数额支付,向其支付经济补偿的年限最高不超过12年。这里所称月工资是指劳动者在劳动合同解除或者终止前12个月的平均工资。包括计时工资或者计件工资以及奖金、津贴和补贴等货币性收入。

由此可见,当用人单位未依法为劳动者缴纳社会保险时,劳动者可以行使随时解除劳动合同的权利,并可依法向用人单位主张解除劳动合同经济补偿金。

(二)用人单位未办理社保登记或欠缴保险费的,社保机构有权予以处罚

按照《社会保险法》第84条的规定,对不办理社保登记的用人单位,社保机构有权责令限期改正,逾期不改正的,处应缴社会保险费数额1倍以上3倍以下的罚款;对其直接负责的主管人员和其他直接责任人员处500元以上3000元以下的罚款。同时,第86条规定,对未足额缴纳社会保险费的用人单位,责令限期缴纳或者补足,并自欠缴之日起,按日加收万分之五的滞纳金;逾期仍不缴纳的,处欠缴数额1倍

以上3倍以下的罚款。

（三）用人单位不依法缴纳社会保险费导致劳动者无法享受相关社会保险待遇的，劳动者有权请求赔偿

《最高人民法院关于审理劳动争议案件适用法律若干问题的解释（三）》第1条规定："劳动者以用人单位未为其办理社会保险手续，且社会保险经办机构不能补办导致其无法享受社会保险待遇为由，要求用人单位赔偿损失而发生争议的，人民法院应予受理。"例如，有的单位没有给员工缴纳社会保险，导致员工被解聘后，无法享受失业保险，为此，员工要求用人单位赔偿失业保险金损失的，仲裁机构和法院均予以支持。再如，有的单位没有给员工缴纳社会保险，员工发生工伤后，无法享受工伤保险基金给予的工伤待遇，为此，员工要求用人单位承担赔偿责任的，仲裁机构和法院会依据《工伤保险条例》中的规定处理：应当参加工伤保险而未参加工伤保险的用人单位职工发生工伤的，由该用人单位按照工伤保险待遇项目和标准支付费用。

法条重现

《中华人民共和国劳动法》

（1994年7月5日公布　自1995年1月1日起施行　2009年8月27日修正）

第七十二条　社会保险基金按照保险类型确定资金来源，逐步实行社会统筹。用人单位和劳动者必须依法参加社会保险，缴纳社会保险费。

第一百条　用人单位无故不缴纳社会保险费的，由劳动行政部门责令其限期缴纳；逾期不缴的，可以加收滞纳金。

《中华人民共和国社会保险法》

（2010年10月28日公布　自2011年7月1日起施行）

第八十六条　用人单位未按时足额缴纳社会保险费的，由社会保险费征收机构责令限期缴纳或者补足，并自欠缴之日起，按日加收万分之五的滞纳金；逾期仍不缴纳的，由有关行政部门处欠缴数额一倍

以上三倍以下的罚款。

《工伤保险条例》

(2003年4月27日公布 2010年12月20日修订 自2011年1月1日起施行)

第六十二条 用人单位依照本条例规定应当参加工伤保险而未参加的,由社会保险行政部门责令限期参加,补缴应当缴纳的工伤保险费,并自欠缴之日起,按日加收万分之五的滞纳金;逾期仍不缴纳的,处欠缴数额1倍以上3倍以下的罚款。

依照本条例规定应当参加工伤保险而未参加工伤保险的用人单位职工发生工伤的,由该用人单位按照本条例规定的工伤保险待遇项目和标准支付费用。

用人单位参加工伤保险并补缴应当缴纳的工伤保险费、滞纳金后,由工伤保险基金和用人单位依照本条例的规定支付新发生的费用。

《最高人民法院关于审理劳动争议案件适用法律若干问题的解释(三)》

(2010年9月13日 法释〔2010〕12号公布 自2010年9月14日起施行)

第一条 劳动者以用人单位未为其办理社会保险手续,且社会保险经办机构不能补办导致其无法享受社会保险待遇为由,要求用人单位赔偿损失而发生争议的,人民法院应予受理。

《最高人民法院关于企业为职工补缴养老保险费引发纠纷问题的答复》

(2010年12月21日)

2010年9月最高人民法院颁发的《关于审理劳动争议案件适用法律若干问题的解释(三)》第一条规定了劳动者以用人单位未为其办理社会保险手续,且社会保险经办机构不能补办导致其无法享受社会保险待遇为由,要求用人单位赔偿损失而发生争议的,人民法院应予受理。而对用人单位欠缴社会保险费或者因缴费年限、缴费数额等发生争议的,未规定由法院受理。因社保机构对用人单位欠缴费用负有征缴的义务,如果劳动者、用人单位与社保机构就欠费等发生争议,是征收与缴纳之间的纠纷，属于行政管理的范畴，带有社会管理性质，不是单一的劳动者与用人单位之间的社保争议。因此，此类争议不宜纳入民事审判的范围，劳动者对用人单位欠缴社会保险费或者因缴费年限、缴费数额等发生争议的，应向相关部门申请解决。

☞ 加班工资为何原则上只保护两年?

典型现象

人们很难理解：对员工提起的加班
工资争议为何法院原则上只保护两年

《劳动合同法》实施以来，加班工资纠纷案件在劳动争议纠纷中的比例不断提高。随着劳动者工资收入的提高，加班工资计算基数也随之有了大幅提高，于是很多企业的加班工资成本在整个人力成本中的占比也越来越高。从劳动争议仲裁的角度看，员工所提出的加班工资请求金额，也越来越高。有些案件，甚至提出若干年累计下来的加班工资争议金额，动辄十几万元，直至上百万元。加班工资争议如何处理？法律保护加班工资多长时间？是当前劳动争议面临的重要问题。

案例展示

几年前，姜某进入某酒店工作，每天工作 8 小时，每周工作 5 天，偶尔会有些加班。特别当有些法定节假日酒店生意特别好时，因人手不够，可能就会安排姜某加班。加班后有时酒店会支付加班费，但有时也不支付。鉴于总体待遇还不错，姜某在该酒店工作得很踏实，也很稳定。直到前不久，因姜某的劳动合同期满酒店不续订，双方的劳动关系才在维系 8 年后终止了。

接到酒店发给自己的终止劳动合同通知书后，姜某仔细核算后认为，在该酒店工作的 8 年时间里，共有 32 天加班没拿到过加班工资。于是，在离职结算时，姜某要求公司给自己一次性结清这 8 年的加班工资共计21120元,但酒店对姜某的要求不予理睬。无奈,姜某向当地劳动争议仲裁委员会申请仲裁,请求裁决酒店向其支付上述加班工资。

在仲裁庭审过程中,仲裁员要求酒店向仲裁庭提交姜某所在部门的8年考勤记录和工资清单,但酒店仅提供了近两年的考勤记录,并称:"酒店按规定仅保留两年的考勤记录,之前的考勤记录没有保存,故无法提供。"

从酒店提交的最近两年考勤记录和工资清单上看,姜某共有6天的法定节日加班,其中有3天的加班工资酒店已经支付,另外3天加班没有支付加班工资。但对于姜某前6年里是否有加班,因没有考勤记录,而无法查证。于是,仲裁员向姜某发问道:"对于你所主张的在公司前6年的工作时间里所发生的加班,你能提供相应证据吗?"

"不能,考勤是由酒店保管的,我怎么能有证据呢?"姜某答道。

"可问题是,酒店目前只提供了最近2年的考勤记录,前6年的考勤记录酒店称没有保存,那怎么证明你在这6年里有加班呢?你有没有在当时就向酒店索要过加班工资呢?"

"在职期间,谁敢向酒店索要加班费呀!"姜某解释道,"其实,相关规定我早就知道,怎么计算节假日期间的加班费,我也很清楚,但从来不敢向酒店提。在酒店不主动发加班费的情况下,自己主动去索要,这完全是个伪命题。作为劳动者虽然有这个权利,但谁也不想为此得罪酒店。"

尽管姜某在仲裁庭振振有词,但在拿到仲裁裁决书时,姜某发现,仲裁庭在自己所提的8年加班工资请求中,仅支持了其中后2年中的3天未付加班工资;而对于姜某所提的前6年加班工资请求,全部予以驳回了。

对此,姜某很想不通:为什么加班工资仅保护两年呢?

追本溯源

对加班工资争议法院原则上只保护两年的理由和依据

《劳动争议调解仲裁法》第27条第1款规定："劳动争议申请仲裁的时效期间为一年。仲裁时效期间从当事人知道或者应当知道其权利被侵害之日起计算。"该条第2款又规定："劳动关系存续期间因拖欠劳动报酬发生争议的，劳动者申请仲裁不受本条第一款规定的仲裁时效期间的限制；但是，劳动关系终止的，应当自劳动关系终止之日起一年内提出。"由此可见，员工在职期间和离职一年之内，向仲裁机构所提起的，与加班工资相关的争议，均不超过仲裁申请时效，因此，仲裁和司法机关均应该予以保护。也就是说，案例中姜某所提出的在职8年期间得到加班工资请求，没有超过时效，从理论上讲，均应得到保护。但为什么仲裁机构只保护了其中的两年且加班工资争议原则上只保护两年，已成为当前仲裁和司法事件的惯例呢？

《劳动争议调解仲裁法》中规定："劳动者无法提供由用人单位掌握管理的与仲裁请求有关的证据，仲裁庭可以要求用人单位在指定期限内提供。用人单位在指定期限内不提供的，应当承担不利后果。"最高人民法院《关于审理劳动争议案件适用法律若干问题的解释(三)》第九条规定："劳动者主张加班费的，应当就加班事实的存在承担举证责任。但劳动者有证据证明用人单位掌握加班事实存在的证据，用人单位不提供的，由用人单位承担不利后果。"

一般来说，记载加班的最主要的证据是考勤记录，而这一证据是由用人单位掌握管理的，劳动者在提起加班工资争议时，无法提供出考勤记录。实践中，仲裁庭和法庭通常会根据上述法律规定和司法解释，要求用人单位提供出加班争议期间的考勤记录。但对于涉及的年限较长的加班工资争议，如本案例中所涉及的8年加班争议，用人单位不太可能一直保留所有这些年的考勤记录及所对应的工资发放资料，而按照下列国家规定，用人单位有义务保留的年限应该是两年：

原国家劳动部《工资支付暂行规定》第 6 条第 3 款:“用人单位必须书面记录支付劳动者工资的数额、时间、领取者的姓名以及签字,并保存两年以上备查。”

按照上述逻辑。目前各地法院所出台的,有关劳动争议案件处理的指导意见,几乎都规定加班工资原则上只保护两年。举例如下:

(1)广东省高级人民法院、广东省劳动争议仲裁委员会《关于适用〈劳动争议调解仲裁法〉、〈劳动合同法〉若干问题的指导意见》第 29 条规定:劳动者追索两年前的加班工资,原则上由劳动者负举证责任,如超过两年部分的加班工资数额确实无法查证的,对超过两年部分的加班工资一般不予保护。

(2)武汉市中级人民法院《关于审理劳动争议案件若干问题纪要(2008)》第 4 条规定:因解除或终止劳动关系产生的争议,劳动者提出用人单位欠发工资或其他劳动报酬的请求未超过劳动仲裁时效的,对劳动者实体权利的保护一般不得超过 2 年诉讼时效期间,从劳动者主张之日溯及至 2 年以前相应之日时止。对超过 2 年的拖欠工资或其他劳动报酬的请求,用人单位提出时效抗辩,若无诉讼时效中断、中止等法定事由的,不予支持。

(3)浙江省高级人民法院《关于审理劳动争议案件若干问题的意见(试行)》第 13 条规定:劳动者与用人单位之间因加班工资发生争议的,其申请仲裁的时效期间为 2 年,从当事人知道或者应当知道其权利被侵害之日起计算;但劳动关系终止的,其申请仲裁的时效期间为一年,从劳动关系终止之日起计算。

(4)北京市劳动和社会保障局、北京市高级人民法院《关于劳动争议案件法律适用问题研讨会会议纪要(2009)》第 17 条规定:用人单位应当按照工资支付周期编制工资支付记录表,并至少保存二年备查。劳动者与用人单位因劳动报酬问题产生争议时,在二年保存期间内,由用人单位承担举证责任。超出这一期间的则应适用“谁主张,谁举证”的证明责任分配规则。

由此可见,案例中的仲裁委员会认为:两年内的加班情况,由公司出具考勤进行证明，两年之前的6年加班情况，由姜某负责举证。姜某不能举证前6年的加班情况，故仲裁庭只能支持其近两年内的加班工资，而两年之前的6年加班工资请求，只能被驳回。

☆ 专家锦囊

在管理上做好哪些工作，可以有效预防加班工资争议？

为了避免加班工资争议，一些从事理论研究的学者认为，用人单位应该合理安排劳动者工作量，尽量不要加班，进而可以避免加班工资争议。但这完全是一种脱离现实的想法。就目前我国的企业现状，很多用人单位因企业自身生产或经营的特点，是无法避免加班出现的。

为了节约用人单位的加班工资成本，减少因加班引发的劳动争议，本书作者建议用人单位做好下面几个方面的工作。

1. 用人单位应当制定合法有效的规章制度，建立健全加班审批管理制度，严格规定出加班的申请和审批流程，并规定未经审批在单位延长或逗留的时间，不应视作加班。

2. 用人单位可以在公司制度中规定，单位对管理人员原则上不安排或少安排加班，希望员工在法定时间里完成自己的工作。如出现确实需要加班的情形时，应提出书面申请，经本人主管经理审核批准并报工会同意，送人力资源部门备案后方可加班。

3. 对于一般员工来说，可要求其充分利用规定的工作时间完成工作量，提高工作效率，严格控制加班。通过实行加班与绩效考核相挂钩的薪酬制度，尽量避免不必要的加班情况的发生。为了更好地向劳动者公示，用人单位也可以将加班审批制度约定在劳动合同中。

4. 用科学合理的劳动定额管理操作岗位上的员工，避免不必要的加班出现。企业管理的基础是实现定员、定额管理，一个岗位上需要几个员工、一个员工8小时产出多少，都应有科学、定量的分析。加班工资的发放是有一定额度的，如果长期超过额度，增加了用工成本，说明定额不准，管理有漏洞，应当对相关管理者予以相应惩罚。

5. 企业制定加班制度的出发点，不是为了少发加班工资，而是为了提高员工的工作效率，保护他们的身体健康，应当把这个信号传递给员工。企业要把监控的重点落在管理人员身上，因为他们手中握有对员工加班申请进行批准的权力，只有加强对他们的监控，设立批准申请的标准，才能保证加班的必要性和公平性。相反，如果把员工作为监控对象，会伤害到他们的感情，不利于工作效率和工作环境的稳定。

6. 正确计算劳动者加班工资。建议用人单位在劳动合同中具体载明劳动者的工资数额，这样也避免了将来争议不清的状况。在发放工资时必须制定包含加班工资在内的工资对账结算单，由员工亲笔签字后才能领取当月各项工资。这样做的好处是有效保存了相关证据，避免了以后员工随便追索加班工资情况的发生。

7. 利用补休取代休息日加班工资。《劳动法》第 44 条第 2 项规定，"休息日安排劳动者工作又不能安排补休的，支付不低于工资的百分之二百的工资报酬"。因此，如果用人单位安排劳动者休息日加班的，有权优先选择安排劳动者补休代替支付加班工资。

法条重现

《中华人民共和国劳动争议调解仲裁法》

（2007 年 12 月 29 日公布　自 2008 年 5 月 1 日起施行）

第三十九条　当事人提供的证据经查证属实的，仲裁庭应当将其作为认定事实的根据。

劳动者无法提供由用人单位掌握管理的与仲裁请求有关的证据，仲裁庭可以要求用人单位在指定期限内提供。用人单位在指定期限内不提供的，应当承担不利后果。

《最高人民法院关于审理劳动争议案件适用法律若干问题的解释（三）》

（2010 年 9 月 13 日　法释〔2010〕12 号公布　自 2010 年 9 月 14 日起施行）

第九条　劳动者主张加班费的，应当就加班事实的存在承担举证责任。但劳动者有证据证明用人单位掌握加班事实存在的证据，用人单位不提供的，由用人单位承担不利后果。

广东省高级人民法院、广东省劳动争议仲裁委员会《关于适用〈劳动争议调解仲裁法〉、〈劳动合同法〉若干问题的指导意见》

第二十九条 劳动者主张加班工资，用人单位否认有加班的，用人单位应对劳动者未加班的事实负举证责任。用人单位以已经劳动者确认的电子考勤记录证明劳动者未加班的，对用人单位的电子考勤记录应予采信。劳动者追索两年前的加班工资，原则上由劳动者负举证责任，如超过两年部分的加班工资数额确实无法查证的，对超过两年部分的加班工资一般不予保护。

武汉市中级人民法院《关于审理劳动争议案件若干问题纪要》

（2008年9月25日）

4.因解除或终止劳动关系产生的争议，劳动者提出用人单位欠发工资或其他劳动报酬的请求未超过劳动仲裁时效的，对劳动者实体权利的保护一般不得超过二年诉讼时效期间，从劳动者主张之日溯及至二年以前相应之日时止。对超过二年的拖欠工资或其他劳动报酬的请求，用人单位提出时效抗辩，若无诉讼时效中断、中止等法定事由的，不予支持。

浙江省高级人民法院《关于审理劳动争议案件若干问题的意见（试行）》

（2009年4月16日）

第十三条 劳动者与用人单位之间因加班工资发生争议的，其申请仲裁的时效期间为二年，从当事人知道或者应当知道其权利被侵害之日起计算；但劳动关系终止的，其申请仲裁的时效期间为一年，从劳动关系终止之日起计算。

北京市劳动和社会保障局、北京市高级人民法院《关于劳动争议案件法律适用问题研讨会会议纪要》

（2009年8月17日）

17.用人单位应当按照工资支付周期编制工资支付记录表，并至少保存二年备查。劳动者与用人单位因劳动报酬问题产生争议时，在二年保存期间内，由用人单位承担举证责任。超出这一期间的则应适用“谁主张,谁举证”的证明责任分配规则。

☞ 令企业最头疼的员工群体事件与罢工

典型现象

员工的群体事件或罢工往往
给企业带来致命打击

中国社会科学院发布的2013年《社会蓝皮书》中指出,劳动关系紧张的程度仍在加剧,仅据人力资源和社会保障部的统计,2012年1至9月,全国各级劳动争议仲裁机构立案受理劳动争议案件47.9万件,同比增长11.9%;涉及劳动者66.0万人,同比增长19.4%。从一些典型案例看,劳动密集型企业和小微型企业仍然是劳动争议多发点,但一些大型企业,特别是外资企业的劳动争议也频频发生,甚至引发罢工、游行等群体性事件。

案例展示

一天,某公司几名车间工人因多年没有涨工资对公司有所不满,向本车间工人提议集体停工,来表达对工资待遇的不满。因这一提议,上百名一直对工资待遇颇感不满的工人情绪被点燃,纷纷聚集在车间门口,以停工的形式要求公司方加薪。与该车间临近的三个车间的工人们见此状,也纷纷效仿、与之呼应并一同表达对公司的不满。

公司总经理得知此事后震怒,并在当天下班后召开的经理办公会上说道:“很显然,这些车间工人这是想用罢工来要挟公司呀!罢工在中国是违法的,凡是在车间门外聚集闹事,不进车间上班的员工一律按旷工处理。”

第二天一早,公司领导这番话传到停工工人那里,就像是火上浇了一桶油,彻底点燃了工人们的对立情绪。

“既然总经理说我们是罢工,那我们索性就真来个大罢工,给他看看吧!”停工车间的工人们群情激奋,“按旷工处理我们,你休想!我们让所有员工都上不了班,看你能把全体职工都按旷工处理吗?!”于是,这些工人们争先恐后地用自己的身体,分别将公司的几个出入门口都堵得水泄不通,让早上想来上班的部分员工无法进入公司。其中,一些本来也不太想上班的员工,看到这种局面心里暗自高兴,但嘴上却对自己的主管经理说,“这可不能怪我们不上班,是我们无法进入公司,我们只能回家等着什么时候可以进公司门的时候,再来上班了。”说完,这些员工转头回家去了。就这样,大部分员工陆续都不上班了。但是仍有少部分骨干员工通过翻越公司围墙的方式,进到公司开始工作。

带头罢工的一些人为了让公司彻底停工停产,组织了一个清场队,目的是将公司内坚守工作岗位的人都清离出工作场所,实现彻底清空公司,造成全面罢工的态势。清场队一行 20 多人,手持大棒、铁管、钢筋等砸向正在工作的员工。来不及躲闪的几名员工被打伤了,其他员工一看来势不妙,都纷纷逃离出公司。当天下午,公司就完全停工停产了。

面对这种局面,公司领导首先找当地公安局,试图让公安局抓捕那些故意打伤职工的清场队员。但公安人员来到公司进行了两天调查,却没得到任何线索,没有任何人指证打人凶手是谁,也无从找出是谁做了伤人的行为,公安人员第三天就撤离了该公司,不再过问此事了。

接下来,公司又找到当地政府,请求政府出面介入此事,试图用政府的力量震慑罢工职工。但当地政府了解到此事后,并没有将此次罢工视为严重的“突发性事件”或“不稳定事件”,进而强力介入,也没有简单宣布“工人违法”并直接干涉工人的行动,而只是将这一事件作为一种因工资问题引发的劳资冲突,试图对劳资双方进行斡旋、调停,引导员工和公司通过集体谈判的方式来解决矛盾。可问题是,员工们根本不配合政府的调停工作。当政府要求员工推选代表与公司谈判时,员工们异口同声地说:“我们谁也当不了员工代表,因为我们每个人只代表自己,代表不了别人!”这样一来,政府也束手无策了。

公司无奈之时,听说本书作者多年致力于罢工及员工群体事件的理论研究,并且有帮助一些企业和地方政府妥善化解或处理数十起群体事件或罢工的丰富实战经验,于是该公司联系本书作者,希望能帮助其妥善处理此次罢工事件。

本书作者来到公司后,进行了必要的调查了解,在弄清事件的来龙去脉和深层次的诱因后,与公司领导和当地政府一起,制定了解决此次事件的整体方案,并在两天后开始实施了该方案。首先,以公司的名义发出《致员工的公开信》及《员工所关注问题的公司答复》;然后,又通过采取召开员工复工动员大会等措施,逐渐扭转了公司的被动局面。从开始有部分员工自愿复工,直到三天后所有部门和车间都开始复工。

至此,这场持续了20多天的罢工事件才算平息了。员工复工后,公司测算了一下,按保守计算,员工每罢工一天给公司造成的损失就是60多万元,20多天罢工下来,合计给公司造成的经济损失至少在1千万元以上,加上给员工加薪后的成本上升,公司总经理感叹道:“今年无论怎样努力,也肯定是个效益亏损年了!”

追本溯源

罢工权缺失所带来问题
以及建立和完善罢工立法的重要性

新中国成立以后,罢工一直存在,但在法律上,新中国第一部宪法(1954年《宪法》)没有规定罢工自由。1956年11月15日,毛泽东在中共八届二中全会指出:“要允许工人罢工,允许群众示威……以后修改宪法,我主张加上一个罢工自由,要允许工人罢工。这样,有利于解决国家、厂长同群众的矛盾。”1975年、1978年两部宪法中都规定了罢工权。而1982年颁布的《中华人民共和国宪法》则取消了罢工的权利,理由是:在社会主义公有制条件下,职工的利益与企业的利益是一致的,劳动争议不可能存在,或者不存在劳资关系,不需要也不应该通过罢工这种对抗性的斗争方式解决。此后至今,我国宪法中没有罢工权的规定。

在现代中国,罢工权缺失,劳动者群体在企业主的经济强势面前拿什么与之平衡?劳动者群体怎样才能遏止企业主在追求利润最大化过程中的侵犯人的基本生存权的种种恶行?在经济上劳动者群体怎样才能提高福利与待遇?劳动纠纷仅靠检举、控告、申诉等方式能解决吗?罢工权缺失是法制社会的巨大遗憾。有学者尖锐地指出:“罢工是工人进行经济斗争的最激烈手段,也是不得已的终极手段,是与劳动力使用者相抗衡的最有效的手段。剥夺了工人的这一手段,就剥夺了工人作经济斗争的最有力的工具,劳动关系失去了制衡因素,就不可能平衡发展,就会造成劳动关系紧张和混乱。”具体地讲,罢工权缺失所造成的负面影响有:

1. 加重政府工作负担。

当罢工事件出现时,本应是企业主与雇员之间的经济纠纷,通过正常协商、让步、调解等途径可以解决的问题,往往被看作“政治事件”,各级政府出面用行政干预的方法去解决、平息事态。政府干预企业行为,加重了政府的工作负担。

2. 不利于保护正当罢工和制止无序罢工。

由于没有罢工立法,罢工行为无法可依,正当罢工行为得不到合理保护,无序化罢工混杂其中难以区分。无序罢工有很多弊端:别有用心的罢工行为容易混迹其中,如政治性的和泄私愤的罢工等,使罢工者被人利用;破坏性的行为也混迹其中,如毁坏工厂设备、堵塞交通等,造成社会秩序的混乱,不利于社会的安定团结;另外无序罢工使人们对正常罢工行为产生误解,不利于正常罢工的进行。案例中企业所发生的罢工事件,就是一种典型的无序罢工。

3. 不利于与国际立法接轨。

我国已签署了《经济、社会、文化权利国际公约》,并于 2001 年 2 月 28 日由全国人大常委会正式履行了批准手续。该公约第 8 条要求公约的签署国承诺保证罢工权,罢工权的缺位难以使国际法的精神在国内法中得到体现。

4. 不利于平衡雇员与企业主之间的利益关系。

罢工立法的缺位，使劳动者这一相对弱势群体的利益缺乏有力的保护，正常劳动争议因缺乏有效手段得不到调节，劳动者有的滥用罢工或消极怠工，这样反而加深了企业主与劳动者的矛盾，破坏社会公共利益和社会生产力。

我国现阶段出现的员工群体事件和罢工现象是实行市场经济体制的必然结果。即使立法上没有确立职工有罢工权，但现实中罢工事件越来越多的事实是无法回避的，并且从目前我国劳资冲突的发展趋势上看，罢工将呈逐年上升趋势。因此，通过立法规制罢工是很有必要的，具体理由如下：

我国现阶段所发生的罢工及相关行为多处于自发状态，自发而起的罢工行为呈现的无序状态很容易对社会产生负面影响，有的甚至直接危害社会稳定与安全，例如，在曾经发生的“突发事件”中，有自发罢工、静坐，大规模集体上访，围困党政机关，甚至阻断交通等，上述行为虽是因劳动关系调整没有到位所致，但与市场经济国家合法的产业行为相距甚远，有的行为甚至已经触犯刑律。由于上述所谓的“突发事件”是因劳动关系主体冲突所致，目前，解决类似“突发事件”的手段仍属于行政手段，即使发生触犯刑律事件也因法不责众而由行政部门最终协调解决。因此，改变目前罢工等类产业行为无序状态的出路是以法律规制替代行政的临时处置，使罢工制度能够成为协调劳动关系的一个重要环节。法律对罢工主体、行为以及程序作出严格的规定，并严格限制非产业行为，如严格限制静坐、大规模集体上访、阻断交通等行为，合法罢工法律予以保护，而非法罢工将被取缔。将罢工这一市场经济体制下的社会现象纳入法律的调整是非常必要的。

下面我们看一下，某些有罢工权的国家对罢工所采用的法律规制。目前有罢工权的国家，在员工行使罢工权时，法律一般都要求首先要经过必要的法定程序，并且在罢工时，要遵守相应的法律规定，不可以进行非法罢工。各国相关法律规定虽有所不同，但一般来说，大体会有如下类似的规定内容：

1. 在罢工前，需要向相关的劳动主管部门进行罢工申请，在获得许可后才可以罢工；未获得相关部门许可的罢工则为非法罢工。

2. 罢工日期前要书面通知公司领导人，书面通知要写明罢工的目的、罢工的原因、罢工的时间、地点、参加人员和发起委员会的名单。这样公司在接到罢工通知后，就有时间选择是放松条件、同意要求或是让其罢工；如果公司在考虑之后宁可支付罢工的成本也不愿意让步，则是公司经营者出于经济理性考虑的选择。未向相关的企业或有关主管部门履行通知义务的罢工属于非法罢工。只有在罢工通知交给公司后，其在规定的期限内没有作出任何反应或作出拒绝，工人的罢工才属于合法罢工。

3. 罢工权行使时有一定程度的法律责任豁免，即合法罢工时只要不违反法律对罢工相关的禁止性规定，可以免除由此产生的违约和侵权责任。

4. 但罢工权的法律责任豁免有适当的限度，一般认为下列情形已超越合理限度：(1) 占领工厂，堵塞厂门，阻止所有雇员进厂，该行为既妨碍了非罢工人员劳动权的行使，也侵害了雇主的财产权和从事生产经营的自由权；(2) 阻止雇主雇用其他工人维持营业运转；(3) 用暴力、大规模纠察行动恫吓、阻碍或封锁企业的出入通道；(4) 阻止本企业所生产商品的自由流通 ；(5) 强迫或诱使和本企业有来往的外企业的雇主停止业务往来；(6) 劝使外企业雇员参与罢工，以对本企业雇主施加间接压力。上述这些罢工行为超出了合理必要的限度，一旦发生即便获得了罢工许可，企业仍可向法院起诉其为非法罢工。

5. 非法罢工造成经营者的经营损害不享有法律责任豁免。经营者可以就侵权提起民事诉讼，要求民事赔偿，赔偿主体为工会或者为非法罢工人员。还有些法律规定对非法罢工进行罚款处罚。如 2005 年纽约公交工会的罢工，由于法律规定铁路公交部门不允许罢工，纽约州最高法院判决罢工工会每天支付 100 万美元的罚款，工人每罢工一天，扣发两天工资。加上罢工期间不发工资，员工每罢工一天就要损失3倍的日薪。支持3天后，工会因支付罚款财政告罄，不得不停止罢工。

6. 如果是工会组织的，只有在该工会会员占员工总数超过半数的比例，并且工会中半数以上的会员同意罢工时，才可提出；没有工会时，应举行员工大会，经半数以上员工投票同意罢工才可通过，员工大会上也要选出员工代表或罢工委员会，作为和公司的交谈者。这是为了保证罢工形式的一致性，避免出现混乱的情形。事实上，一些宪法保护罢工权利的国家规定，没有组织的罢工行为属于非法罢工。

综观各国法律规定，罢工权一般是由工会来组织劳动者行使，工会要真正代表劳动者集体的利益，就必须独立于用人单位。目前我国工会与政府不具有完全独立的关系。我国工会在政治上"协助人民政府开展工作"，在经济上则依靠用人单位的拨款，工会这种与政府和企业主之间的依赖关系，的确影响了工会代表劳动者的利益来组织工人进行罢工。基于目前工会存在的上述问题，给我国罢工立法增加了一定难度。因此，本书作者建议，首先要对我国现行的工会体制进行改革，并尽快启动国家对罢工的立法。

☆ 专家锦囊

如何预防和应对现阶段的员工群体事件与罢工？

罢工是市场经济条件下正常的经济现象。中国市场化改革以来，罢工就注定成为社会发展进程中无可避免的一部分。最近几年各地罢工事件有"频发"的趋势，说明问题已经日益突出并逐渐激化，在不久的将来有可能会进入"密集爆发"的时期。

（一）员工群体事件或罢工的主要原因

当前，引发罢工或群体性事件的常见诱因如下：

1. 员工的现有法定权益在一些企业内受到广泛的侵害，例如社会保险、公积金等法律明文的规定并没有得到有效的实行，而在中国现行行政体制和作风的条件下，员工这些权益往往得不到合理的重视和解决。

2. 员工对于外在的行业薪水与福利感觉不公平，而对直接向公司提出加薪的要求又觉得不现实，或者觉得公司方一定会以各种方式托辞，难以得到目的的迅速实现，而罢工往往能够有效解决问题。

3. 中国的劳动关系正在从“个别调整”向“集体调整”转变。其原因就在劳动者权利保障仍然是劳资关系中的一个突出问题，而劳动者也已经意识到，仅靠个人的力量无法维护自己的权利，劳动者的权利意识和集体意识不断提高。因而劳资冲突形式将主要表现为“集体争议”和工人的“集体行动”。

4. 最根本的原因在于生存危机的压迫，在经济发展的同时国人的生存成本也在不断地上升，上学难、看病难、物价上涨和通货膨胀等等，加上农村养老福利体系的缺失，都在预示着生存的危机在不断加大，因此增加收入要求加薪就成了员工最迫在眉睫的第一诉求。

5. 出现罢工事件，本应成为工人坚强后盾的工会却“不作为”，难辞其咎。中国《劳动法》和《工会法》中明确规定工会应“代表和维护劳动者合法权益”，工会组织事实上也有着相当强的实力，无论从经济实力、企业内部地位，抑或是政治地位看都有着绝对的优势，完全有能力为工人争取权益。

（二）预防员工群体事件或罢工

员工的群体事件或罢工不仅会影响正常的生产经营，而且会损害到企业发展前景和社会形象。如果罢工事件长期持续，那么将最终损害到企业和职工双方的利益，所付出的社会成本极大。更有甚者，在罢工的过程中发生破坏厂房机器、阻塞交通甚至故意伤人等过激行为，严重损害了社会的公共秩序。如何预防和应对员工群体事件与罢工，是摆在每个企业主和管理者面前的迫切问题。

本书作者给出如下建议：

1. 学会如何应对和处理罢工或员工群体事件固然重要，但平时的预防措施则更为重要。企业管理者应站在以人为本、与员工共享发展成果的高度，积极构建企业和谐劳动关系。这是有效防范罢工和员工群体事件的根本措施，但其前提是企业实现持续、健康发展，这样，员工的待遇才有保障,荣誉感、自豪感才能建立起来。在新的形势下,企业管理者应改变"依靠低劳动力成本换取高利润率"的旧观念,转而通过完善激励机制,增强员工凝聚力和积极性等来提高企业的竞争力。

另外,企业应该顺应潮流,及时改进企业管理方式。随着中国员工素质的提高,员工的权利意识也在不断觉醒。如果企业还沿用过去一贯的做法对企业和员工进行管理,那么劳资双方的矛盾必然激化。因此,企业应该实施人性化的管理模式,给予员工应有的尊重,对员工给予更多的关怀和鼓励,对员工的打骂的粗暴管理是万万不可行的。

2. 充分发挥工会的沟通与桥梁作用。《工会法》第 27 条规定:"企业、事业单位发生停工、怠工事件,工会应当代表职工同企业、事业单位或者有关方面协商,反映职工的意见和要求并提出解决意见。对于职工的合理要求,企业、事业单位应当予以解决。工会协助企业、事业单位做好工作,尽快恢复生产、工作秩序。"员工合法选举出的工会是企业管理层与职工沟通的桥梁,充分发挥其作用可以掌握职工的最新动态,防止罢工和员工群体事件发生。企业工会应利用会费开展丰富多彩的娱乐活动,管理层也应参加该活动,直接倾听职工的呼声,缩短与职工的距离,这样一旦发生什么不测也便于迅速化解。

3. 企业应建立健全罢工和员工群体事件的预警机制。首先,企业应对同行业职工的薪资福利水平变动情况进行定期追踪,尽量确保本企业职工的薪资福利及各方面的待遇能与同行业其他企业处于同一水平,防止员工因横向比较而心生不满。其次,企业应对社会上的各种容易引发罢工或员工群体事件的思潮保持充分的警觉,要经常性地对员工进行有针对性的教育,避免员工产生非理性的情绪,或者盲目跟风。最后,管理层应对企业内部的各种迹象和矛盾明察秋毫,一旦有不好的苗头产生,就应果断采取措施。总之,企业应对各种不利因素防患于未然。

(三)应对和处理员工群体事件或罢工的措施

如果万一发生罢工或员工群体性事件,企业也不要一下就乱了阵脚,建议可以按下列几点操作:

1. 立刻调查清楚,员工罢工的事实形成的来龙去脉,非常清楚地掌握整个事件进展的每一个步骤和环节,从而正确判断可能存在的走向以及如果矛盾无法得到控制可能产生和被激化的矛盾。

2. 重视员工提出的诉求并进行理性分析。员工所提诉求基本都是和员工的自身利益相关的,员工罢工事态的出现,都不会脱离诉求,员工主要是想通过罢工行为,希望给予企业一定压力,从而满足自身诉求。企业应理性分析部分员工提出的诉求是否具有代表性,可能会涉及哪些人员和部门。如果员工的诉求具有代表性,企业就要高度重视,并正确对待和处理员工所提出的合理诉求。

3. 在罢工或员工群体事件出现后,第一时间做好为参与该事件的员工思想工作,安抚未参与该事件的员工,这项工作非常重要,这项工作是防止罢工扩大化必须做的工作。在安抚员工的时候,公司要从法律、规章制度的角度向员工阐明事态的起因以及公司的积极态度,最主要的是向正在动摇的员工阐明罢工者的不合理以及不合法的地方,同时向员工讲述如果存在异议或想法或者认为自己的诉求得不到保护,应当通过正常的渠道进行反应或者通过仲裁以及法院解决。

4. 一旦出现罢工或局部罢工,影响公司正常生产经营或者罢工人员与非罢工人员之间可能会产生冲突的时候,可以立即报警,由公安机关维持现场秩序,这一点非常重要,因为在公安机关在场的情况下,罢工或闹事人员在法律的威慑下可能会非常平和地进行谈判协调,不容易产生过激行为,如果存在过激行为,公安机关可能会采取相关强制措施。

5. 公司应当立即成立危机公关处理小组,与罢工员工进行调解、协商、谈判。谈判要讲究技巧,对于员工诉求合理的部分,可告知员工,公司将会认真研究,希望员工在研究结论出来以前保持冷静,正常上班。

6. 建议最好不要立即对于带头闹事的员工进行处理,比如开除等,这样会激化矛盾,因为在罢工刚开始的时候,带头罢工的人员往往会被认定为英雄,会被认定为他们利益的代表人,所以,在事情没有解决或化解之前，就对带头员工进行处理，会给大多数员工一个错觉，就是他们的整体利益无法得到实现，从而会为更多人员参与罢工找到借口。

7. 及时做好向劳动监察等相关部门的汇报准备工作，因为一旦涉及罢工，很多员工在单位无法满足的情况下，第一时间会向劳动监察部门进行投诉，所以，单位应当准备劳动监察部门介入后的处理方案，提出非常详尽的向劳动监察部门解释为什么会出现这种情况，最好能够说服劳动监察部门引导员工通过正常途径，如协商或仲裁方式解决问题。

8. 在罢工或员工群体事件结束以后，公司要有节奏的，对于那些在罢工中起到恶劣作用的员工做出应有的处罚。理由是，一般来说，罢工结束的前提是员工达到部分利益的满足，但是，公司在这场罢工中已经存在重大损失了，员工没有通过正常途径处理事项，本身存在过错，公司应当并且必须要根据过错程度进行处罚，做到奖罚分明，否则，不能保证不存在第二次罢工。对于那些恶意罢工、有意针对公司利益，无理取闹、胡搅蛮缠、情节特别恶劣的员工，能够移送公安机关处理的，坚决移送，不能移送的，视情况给予相应处罚，符合解除劳动合同条件的，可以解除其合同，绝不能姑息那些在罢工或群体事件中，借机寻衅滋事的坏人。

法条重现

《中华人民共和国工会法》

(1992 年 4 月 3 日公布施行　2001 年 10 月 27 日修正　2009 年 8 月 27 日第二次修正)

第二十七条　企业、事业单位发生停工、怠工事件，工会应当代表职工同企业、事业单位或者有关方面协商，反映职工的意见和要求并提出解决意见。对于职工的合理要求，企业、事业单位应当予以解决。工会协助企业、事业单位做好工作，尽快恢复生产、工作秩序。

☞ 如何防范劳动争议？

典型现象

企业内部劳动争议多发，
预示着劳资冲突加剧

随着我国市场经济的不断开放和发展，劳动纠纷日趋复杂，劳动关系、劳资矛盾等问题也日益突出，导致企业劳动争议不断出现，这对企业深化劳动制度改革，建立与现代企业制度相适应的新型人力资源管理体制，存在着不可忽视的阻滞作用，依法防范与化解企业的劳动争议显得尤为迫切。

案例展示

某大型企业集团因下属企业与员工之间所发生的劳动争议案件逐年上升，从整个集团范围内统计，现在至少有数十起的劳动争议案件，其中引起集团领导高度重视的是，近两年来，集体劳动争议数量大幅提高，部分员工以群体的方式质疑或挑战企业的薪资福利政策，说明集团内劳资冲突有愈演愈烈的趋势。

针对上述情况，集团召开了劳动争议专题研讨会，包括本书作者在内的，外部一些专家学者应邀参加了此次会议。

会上，集团法务总监对近几年劳动争议发生情况做了介绍：

近几年，集团及其下属全资子公司、控股子公司、参股子公司，以及分公司和关联公司，共计发生劳动争议案件 327 起，平均每年约 82 起案件。其中，案件的主要类型集中在工资争议（以加班工资和奖金争议居多）、解除劳动合同争议、社保争议、工伤争议、女工待遇争议等。另外，上述案件中，有 28% 左右是集体劳动争议，其中一起涉及 83 人的集体劳动争议是涉及人数最多的劳动争议案件。从案件处理结果来看，职工胜诉和职工大部分胜诉的案件，占了案件总数的

83.6%。可见，绝大部分案件的仲裁或诉讼处理结果，都是对企业不利的，企业败诉率居高不下已是不争的事实。

以上只是从仲裁和诉讼案件的角度进行的统计，还没有包括集团通过劳动争议内部调解组织而化解的劳动争议，特别是这两年集团下属某些企业曾出现几起群体性事件，个别部门甚至出现了短时局部罢工，造成了极其负面的影响。

接下来，集团人力资源总监在法务总监发言后，对近几年集团劳动争议产生的主要原因做了如下分析。

近几年，集团之所以产生这么多劳动纠纷，究其原因在于三方面：

1. 一些下属企业的多次并购或机构裁撤。因业务调整和战略转移，一些子公司不得不做一些必要的企业并购或部门的裁撤，当企业并购或部门合并时，在老员工的处理问题上，部门经理之间容易出现扯皮现象，对涉及员工的一些利益问题互相推诿，引发员工的不满情绪，与公司发生劳动纠纷。

2. 一些企业制度不完善，比如，考勤制度、考核制度等不健全，同时对员工的日常管理又没有做到位。有些员工借此消极怠工，出勤时间过于随意，企业管理时紧时松，且在制度欠缺的基础上对上述员工作出强硬处理，这些员工就以公司处理缺乏依据为理由，向仲裁或法院状告公司。

3. 一些企业在劳动用工方面存在一些问题。比如：(1)有个别员工的劳动合同是入职一个月以后才签订的，还有个别临时用工人员根本没签过劳动合同，这些情况都不符合劳动合同法的要求。(2)根据我国法律规定，考勤举证责任在企业，所以考勤记录和员工资料在员工离职后最少也要保存两年。一些部门的考勤记录和员工资料没有保存两年，当员工在加班时间上与公司发生分歧时，因找不到原始考勤记录而使分歧难以解决。(3)公司对有些个别员工至今没有缴纳社会保险，还有些员工的社保虽然已经缴纳，但没有足额缴纳，所采用的缴费工资基数大大低于本人的实际工资收入。以上种种问题，引发员工与企业产生劳动争议。

在以上两位总监的发言后，与会人员展开了分组讨论。讨论中，大家对今后集团劳动争议的预防和化解工作，纷纷献计献策。

最后，集团总经理总结道："劳资纠纷的产生对企业会产生不可估量的影响，不但给企业带来不好的声誉，而且在岗的员工也会产生不稳定感，因此，企业必须解决好劳动争议问题，避免劳资纠纷。"

追本溯源

当前企业劳动争议大幅增加的诱因

随着中国经济的快速发展和企业全球化竞争的日益加剧，各种性质的企业在中国都得到了蓬勃的发展，外资企业在华投资办企业的数量和雇用规模迅速提升，国有企业改革力度进一步加大，私营企业、民营企业的数量和员工人数近几年也在不断提高，伴随着企业的发展和雇佣规模的扩大，企业劳动争议发生的数量、规模也在同比甚至以更快的速度在增长。目前看来，造成企业劳动关系出现问题的原因至少可以归纳为下列几个主要原因：

（一）企业片面追逐利润，损害劳动者的合法权益

在市场经济作用下，企业追求的是利润最大化，而劳动者则追求自身价值实现的最大化，这势必使劳资双方在利益方面构成矛盾性，形成利益冲突。有的企业主尤其是一些非公有制企业，以尽可能少的劳动力成本，驱动劳动者尽可能多地创造剩余价值，以获取丰厚利润，甚至减少劳动者正常的社会保障支出，不配备必要的劳动保障设施，其中建筑工人因受到损害而产生纠纷的最为典型；恶意拖欠克扣工人工资，随意安排职工加班，不依法支付加班工资，不依法缴纳社会保险费，尽量节省企业支出；无视劳动法，不签劳动合同或签订霸王合同，随意解除劳动关系等。

（二）政府部门有"扶弱"的立场偏差问题

在劳动关系问题发生或处理过程中，政府应该对自身的立场问题有清醒的认识。目前，受以往传统理论观点影响，有些部门习惯充当劳动者代言人的角色，以"扶弱"的形式站在与企业投资方对立的一

方,一定程度上扰乱了应有的立场关系和市场秩序。在社会主义市场经济条件下,投资者或为国家或为社会民众,员工作为劳动者参与社会经济活动,共同完成企业经营行为。政府在市场经营活动中发挥规则制订与秩序维护的作用,有关部门某些过度的"扶弱"选择实际有干扰"比赛"的潜在作用,是明显的立场偏差。

(三)一些员工思想观念尚不适应市场化的发展要求,缺乏运用正确方法和合法途径解决问题的意识

不少参与群体性劳动争议的劳动者仍然沿袭着计划经济时期的一切靠政府解决工资、就业等问题的传统观念,易于采取过激行为。其次,由于疏导、调处机制建设不到位,一些员工具有相同或相似的利益诉求,在从众心理的促使下,串联起来,导致群体性劳动争议。值得注意的是,相同的利益诉求,共同的利益关系往往是形成劳动者集体行动的最重要的内在因素。然而,在群体性劳动争议初始阶段,这种利益诉求往往是个别的、分散的。如果群体性劳动争议的调处机制在此时未能有效介入并及时解决矛盾,个别、分散的情绪就会很快影响、同化具有相同或相似利益诉求的劳动者,并在从众心理驱使下聚集起来主张权利,最终形成群体性劳动争议。

(四)工会组织角色缺位、形式大于内容,起不到真正的维权作用

在某些地方协调劳动关系的三方机制中,工会组织在协调劳动关系的影响力上相对较弱,在一定程度上制约了三方机制作用的发挥,制约了三方协调劳动关系的影响力。

在一些企业中虽然建立了工会组织,但其组织、活动等方面依然受到企业主或高管的控制和制约,工会缺乏相对独立性,起不到代表和维护职工利益的作用。一方面,在不是由投资方代表兼任负责人的情况下,作为企业雇员,工会负责人有因坚持为员工维权而被企业调离或另行处置的可能;另一方面,有的企业劳动者缺少维权意识,流动性强,没有主动加入工会组织、参与工会活动的积极性,使工会实际影响力弱小,一旦发生劳资冲突,不易通过工会出面与资方谈判,通常由劳动者采取个人行动或者自发的集体行动,容易演变为近年来频频发

生的劳资过激冲突。在现实中,各级工会的一些监督基本流于形式,也导致企业工会协调劳动关系能力弱化。地方工会也存在对企业基层工会建设的指导不足、对企业劳动法规执行过程中争议问题的解决支持不足的问题。

☆ 专家锦囊

HR 应注意做好哪些工作,才能有效防范劳动争议?

我们在对企业劳动争议的诱发原因进行分析时还发现,相当一部分企业劳动争议的形成都或多或少地与企业人力资源管理者中普遍存在的下列问题有关:(1)人力资源管理人员对劳动法律知识缺乏足够的了解,以致面对工作中出现的劳动法问题束手无策。(2)人力资源管理人员不能正确理解、应用国家或地方性劳动政策法规,不知怎样在不侵害员工合法权益的基础上,依法对员工进行管理,以保证企业的正常生产秩序、工作秩序。(3)人力资源管理人员缺乏依法调整劳动关系的知识和技能,导致企业内的劳动争议不断涌现。为了有效地解决上述问题,本书作者建议人力资源管理者注意做好以下几个方面的工作。

(一)学会正确使用劳动法律法规

应该说,一般的人力资源管理者目前基本上都已经掌握了劳动法律法规的基本知识,但是普遍存在的问题是,当法律法规之间出现冲突或出现地方之间的差异时,许多企业的人事经理就不知所措了。

由于我国目前在劳动立法上的不完善和滞后,一些地区为了弥补国家立法上的这一暂时缺憾,纷纷制定了一些地方性法规或规章,用以调整本地区的劳动关系。而不同地区制定的劳动政策,很自然会有许多不同之处。作为人力资源管理者,必须既要掌握国家的劳动法律,也要掌握地方劳动政策法规,特别是企业所在地区的具体规定或规范。对于全国性的集团公司或总公司,以及在不同地区设有子公司或分公司的企业,更要在懂得国家劳动法律的基础上,掌握各个地区的劳动政策法规,特别要注意和了解各地法规之间的差异。使不同地区的分、子公司在人力资源管理上，均能遵守当地的劳动政策法规，保障人力资源的管理真正依法进行。只有这样，才能预防因错误适用法律而引发的劳动争议。

(二)合法合理处罚违纪员工

企业为了保障在生产经营的过程中，有良好的工作秩序或劳动秩序，往往会制定各种规章制度和劳动纪律，要求员工遵守。在此，本书作者需要首先向人力资源管理者提醒的是，一定要注意本企业规章制度的合法性。

虽然我国《劳动法》第4条规定："用人单位应当依法建立和完善规章制度，保障劳动者享有劳动权利和履行劳动义务。"但总的来看，我国劳动法律对用人单位如何"依法"制定内部规章制度的规定较为简略，对于内部规章制度的调整缺乏一整套的法律规范，如应遵循哪些原则、应包括哪些内容、如何保证法定程序得到遵守、违法责任等问题，我国目前的劳动立法都存在着空白。好在最高人民法院在《关于审理劳动争议案件适用法律若干问题的解释》中，对规章制度的制定程序作了如下规定："用人单位根据《劳动法》第四条之规定，通过民主程序制定的规章制度，不违反国家法律、行政法规及政策规定，并已向劳动者公示的，可以作为人民法院审理劳动争议案件的依据。"因此，公司在制定内部规章制度时，至少应通过"民主程序"，并向劳动者进行"公示"。只有采用这种程序制定出的内部制度，才可能是合法的，发生劳动争议时这些规定才可以作为人民法院审理劳动争议案件的法律依据。

有了合法的规章制度后，当某个员工违反企业的规章制度时，企业通常采用给予该员工相应处罚的方式来维护制度的尊严。一般来说，企业对违纪员工的处罚有警告、经济处罚、解除劳动合同等。正是这些处罚，由于触动了员工的个人利益，如果处理不好的话，就极易引发劳动争议。因此，建议企业对违纪员工的处罚应建立在既合法又合理的基础之上。

众所周知，经济惩罚手段会对员工心理造成较大冲击，很容易产生劳动争议。因此，笔者认为应尽可能缩小经济处罚范围或者不用经济处罚，操作中可以通过其他的管理手段替代这种处罚，如企业可以将对员工的经济处罚通过另一种方式来实现，尤其是考核的方式实现。由于现在劳动力市场的残酷的竞争，即使劳动者没有立即得到经济处罚，将这些违反规章制度或劳动纪律的行为，从考核的角度作为其是否晋升或续签劳动合同的依据，比起经济处罚的效果更具威慑力。

另外，一些企业对违纪违规员工采取口头提醒、书面提醒、警告直至解除劳动合同这样循序渐进的处理办法，也起到了预防和减少劳动争议的目的。这样做，有利于优化企业内部的小气候，缓和上下级关系，激发员工的积极性，形成一套以人为本，注重人的尊严的观点及由此衍生的处理企业人际关系的程序。

这样操作的好处有两个：一是可以谨慎地通过使用经济处罚以外相对缓和的处罚手段，防止劳资关系发生破裂性的矛盾。二是通过考核评价体系，使劳动者因其违纪违规行为和收入直接挂钩，达到比处罚更好的正面效果。

一般来说，员工的薪酬构成包括固定工资和不固定的奖金两部分，企业可以把对员工的行为规范要求列入奖金发放的考评体系中，从而对违规违纪行为制约。用这种浮动奖金的方法来规范员工的行为，从管理心理学的角度来讲，员工也比较容易接受。因为企业承诺的工资部分并没有减少，而奖金多拿一点或少拿一点毕竟都是在“拿”，而不是在“扣”，而员工为了拿到更多的奖金，就会努力使自己的行为规范符合企业的要求。从企业的角度来说，成本没有丝毫的增加，没有损失。用这种方式来操作，同样可以达到对员工的约束作用，但却可以减少很多麻烦。

（三）构建有效的劳动争议内部防范机制

现代化企业应本着“建立以事前预防为主，以事中控制及事后补救为辅的企业风险控制体系”的原则，建立有效的劳动争议内部应对机制，这样一方面可以及时防范、化解因企业劳动争议可能导致的劳动关系、劳资矛盾等问题的激化或群体性事件，保障生产经营活动的正常顺利开展；另一方面，在仲裁诉讼程序中可以最大限度地维护企业的利益。

1. 建立职工参与或影响决策的管理机制。增强职工对企业工作环境的认识,减少和克服因不了解企业管理者意图和措施而引起的不满心理,加强彼此的沟通和信任。

2. 在企业内部创造有利的群体环境和交往气氛。企业要提出本企业组织全体员工的共同价值观、理想、信念和作风,用于统率企业内部员工的思想和行为,创造出一种团结共事的和睦气氛。

3. 创造良好的工作条件。良好的工作环境虽以精神环境为核心。然而,良好的物质环境是精神环境的前提和保证,是良好工作环境的外显特征。不好的工作条件既会降低工作效率,也会导致员工对企业产生不满和抵触情绪。

4. 做好员工关系管理。人力资源管理人员清楚地了解员工的需求与愿望,进行良好的沟通非常必要。这种沟通应更多采用柔性的、激励性的、非强制的手段,从而提高员工满意度,支持组织其他管理目标的实现。例如设立员工投诉信箱,是为了让那些平时根本没有机会和渠道向公司提出各种建议和意见的员工,能够有一个直接的沟通渠道。这样有利于真正了解广大员工的心声,促进相互交流。如果企业清楚地了解了每个员工的需求和发展愿望,并尽量予以满足,而员工也为企业的发展全力奉献,应该说在这个企业里建设"和谐的劳动关系"已经具备了最重要的条件。

5. 建立健全企业劳动争议调解委员会。通过推行企业内部的调解制度,尽最大可能地将劳动争议的苗头扼杀在企业内部。企业劳动争议调解委员会的调解工作,往往可以使劳动争议不出企业就及时妥善地得到化解,把劳动争议消灭在萌芽状态。

法条重现

《中华人民共和国劳动争议调解仲裁法》

(2007 年 12 月 29 日公布　自 2008 年 5 月 1 日起施行)

第三条　解决劳动争议,应当根据事实,遵循合法、公正、及时、着重调解的原则，依法保护当事人的合法权益。

第四条 发生劳动争议，劳动者可以与用人单位协商，也可以请工会或者第三方共同与用人单位协商，达成和解协议。

第五条 发生劳动争议，当事人不愿协商、协商不成或者达成和解协议后不履行的，可以向调解组织申请调解；不愿调解、调解不成或者达成调解协议后不履行的，可以向劳动争议仲裁委员会申请仲裁；对仲裁裁决不服的，除本法另有规定的外，可以向人民法院提起诉讼。

《中华人民共和国劳动合同法》

（2007年6月29日公布 自2008年1月1日起施行 2012年12月28日修正 《修正决定》自2013年7月1日起施行）

第四条 用人单位应当依法建立和完善劳动规章制度，保障劳动者享有劳动权利、履行劳动义务。

用人单位在制定、修改或者决定有关劳动报酬、工作时间、休息休假、劳动安全卫生、保险福利、职工培训、劳动纪律以及劳动定额管理等直接涉及劳动者切身利益的规章制度或者重大事项时，应当经职工代表大会或者全体职工讨论，提出方案和意见，与工会或者职工代表平等协商确定。

在规章制度和重大事项决定实施过程中，工会或者职工认为不适当的，有权向用人单位提出，通过协商予以修改完善。

用人单位应当将直接涉及劳动者切身利益的规章制度和重大事项决定公示，或者告知劳动者。